JN153113

本書の構成と内容

※Nは名詞、Vは動詞、Aは形容詞

課	タイトル	学習項目	学習内容
1	날씨	①V+는/(으)ㄴ/(으)ㄹ 듯하다 ②A+(으)ㄴ/(으)ㄹ 듯하다 ③V+는/(으)ㄴ/(으)ㄹ 것 같다 ④V/A+는/(으)ㄴ 데다가 ⑤V/A+는/ (으)ㄴ 탓에 ⑥V/A+ (으)ㄴ 덕분에 ⑦V/A+(으)면 좋겠다 ⑧V/A+았/었으면 하다	・推測の表現 ・追加・添加の表現 ・理由、恩恵の表現 ・希望・願望の表現 ・韓国の気候について
2	어버이날	①V+아/어야겠다 ②V/A+던데 ③V+는다던데/A+다던데 ④V/A+던데요 ⑤V+(으)ㄹ 만하다 ⑥V+아/어 달라고 하다 ⑦N+을/를 달라	・意志・必要性の表現 ・過去回想の状況説明の表現 ・価値、可能性の程度を表す表現 ・要求の表現を練習 ・韓国の記念日について
3	집들이	①V+(으)라는 ②N+(이)라는 ③N+을/를 위해서/위하여/위한 ④V+기 위해서/위한 ⑤V+(으)ㄹ 겸/ N겸 ⑥V+(으)려던 참이다 ⑦V+(으)려던	・命令形の引用の表現 ・間接引用の縮約の表現 ・目的・目標の表現 ・並行・ついでの表現 ・意図の表現 ・韓国の生活風習について
4	復習(1課, 2課, 3課)	①文型の復習 ②復習問題 ③リーディング練習	①1課～3課までの文型を復習する。 ②1課～3課までの文法と表現を復習する。 ③関連する文章を読む。
5	군대	①V/A+(ㄴ/는)다면서요? ②V/A+(ㄴ/는)다면서 ③V/A+(ㄴ/는)다니 ④V/A+아야/어야/여야 ⑤N+는/은커녕 ⑥V+기는커녕	・確認、反問の表現 ・伝聞の状況説明の表現 ・伝聞による判断の理由の表現 ・強い条件の表現 ・事柄の否定の表現 ・韓国の徴兵制度、大学生活について
6	돌	①V/A+(ㄴ/는)다니요? /N+(이)라니요? ②N+(이)란 ③V+(으)란 ④말이죠 /말이에요 ⑤V/A+(ㄴ/는)다기보다는 ⑥V/A+기보다는	・反問の表現 ・指定、定義の表現 ・語調を整える表現 ・適切性の比較の表現 ・韓国のお祝い事について
7	미역국	①V/A+더니 V+았/었더니 ②V/A+(ㄴ/는)다더니/자더니 /(으)라더니/(으)냐・느냐더니 ③N+뿐만 아니라 V+(으)ㄹ뿐만 아니라 ④V+곤 하다 ⑤V/A+ㄴ/는/은/(으)ㄹ 셈이다 ⑥V/A+ㄴ/는/은 셈치다	・理由・逆接などの状況説明の表現 ・限定の否定・包含の表現 ・反復・繰り返しの表現 ・結果・程度の表現 ・意図・仮定の表現 ・韓国の風習、縁起担ぎについて
8	復習(5課, 6課, 7課)	①文型の復習 ②復習問題 ③リーディング練習	①5課～7課までの文型を復習する。 ②5課～7課までの文法と表現を復習する。 ③関連する文章を読解する。

課	タイトル	学習項目	学習内容
9	예절	①V/A+기에/길래 ②V/A+(ㄴ/는)다기에/길래 ③V+(으)려다가 ④V+(으)ㄴ 채로 ⑤V/A+는/은데도 ⑥V/A+는/은데도 불구하고	・原因・理由の表現 ・意図、意図と異なる結果を表す表現 ・状態維持の表現 ・逆接、意外の表現 ・韓国の生活マナーについて
10	한복	①V+(으)ㄹ 뻔하다 ②V/A+아서/어서 죽을 뻔했다 ③V+(으)ㄹ걸 그랬다 ④V/A+(으)ㄹ걸 ⑤N+에 따라서 ⑥V/A+고 말고요	・悪い結果になる直前の意を表す表現 ・程度の強調の表現 ・後悔の表現 ・基準を表す表現 ・強い同意の表現 ・韓国の服装文化について
11	아리랑	①V+(으)ㄹ 만큼 V/A+(으)ㄹ 만큼 ②V/A+더군요 ③V/A+게 마련이다 ④V+기 십상이다 ⑤V/A+(으)ㄹ게 뻔하다 ⑥V+기 일쑤이다	・程度・限度の表現 ・感想・詠嘆の表現 ・当然・必然の表現 ・予想・判断の表現 ・日常的な繰り返しを表す表現 ・韓国の伝統音楽、民謡、について
12	復習(9課、10課、11課)	①文型の復習 ②復習問題 ③リーディング練習	①9課～11課までの文型を復習する。 ②9課～11課までの文法と表現を復習する。 ③長文読解を練習する。
13	떡	①여간 V/A+(으)ㄴ는/ 게 아니다 ②여간 V/A+지 않다 ③여간해서 V/A+지 않다 ④N+은/는 물론(이고) ⑤V/A+(으)ㄹ 리가 없다 ⑥V+(으)려면 멀었다	・程度の強調表現 ・当然の表現 ・可能性の否定の表現 ・不十分・未到達の表現 ・韓国の餅、料理について
14	추석	①V/A+(으)ㄹ지라도 ②V/A+(으)ㄹ망정 ③V/A+(으)ㄹ 테니까 ④V/A+(으)ㄹ 뿐이다 ⑤V/A+(으)ㄹ 따름이다 ⑥V/A+(으)ㄹ수록 V/A+(으)면 ～(으)ㄹ수록	・条件の表現を練習 ・逆接の仮定の表現 ・意志・推測の表現 ・限定の表現 ・程度の深化の表現 ・韓国の秋夕、祝日について
15	설날	①V+기 나름이다 V+(으)ㄹ 나름이다 ②V/A +는/(으)ㄴ 법이다 ③V/A +게/기 마련이다 ④V/A +거나 V/A +거나 말거나 V/A +거나 ～거나(간에) ⑤V/A +는/(으)ㄴ 척하다 V/A +는/(으)ㄴ 체하다 ⑥V/A +(으)ㄴ 척 만 척하다 V/A +는/(으)ㄴ 체 만 체하다	・決定要素を表す表現 ・当為・当然の意を表す表現 ・羅列・選択の表現 ・無関与の表現 ・偽りの態度や振る舞いの表現 ・韓国の正月、季節行事について
16	復習(13課、14課、15課)	①文型の復習 ②復習問題 ③リーディング練習	①13課～15課までの文型を復習する。 ②13課～15課までの文法と表現を復習する。 ③長文読解を練習する。

やさしく
仕組みがわかる

韓国語中級Ⅲ 講義ノート

ハン検3級～準2級対応

李昌圭 著

白帝社

本テキストの音声について

■『やさしく仕組みがわかる　韓国語中級Ⅲ講義ノート』の音声ファイル(MP3)を無料でダウンロードすることができます。

「白帝社」で検索、または下記サイトにアクセスしてください。

http://www.hakuteisha.co.jp/audio/kankokugo3note.html

・携帯電話からアクセスする場合は

※QRコードを読み取ってください。

■本文中の🔊マークの箇所が音声ファイル(MP3)提供箇所です。PCやスマートフォン(別途解凍アプリが必要)などにダウンロードしてご利用ください。

*デジタルオーディオプレーヤーやスマートフォンに転送して聞く場合は、各製品の取り扱い説明書やヘルプによってください。

*各機器と再生ソフトに関する技術的なご質問は、各メーカーにお願いいたします。

本書の構成と特長

―まえがきにかえて―

日本において長い韓国語教育の歴史がありますが、中級レベルから体系的に学習できる適切な教材はいまだに皆無に等しいのが現状です。本書はこのような状況を踏まえ、韓国語の中上級段階の学習が段階的で体系的に取り組めるように、『韓国語中級Ⅰ講義ノート』、『韓国語中級Ⅱ講義ノート』の後続編として作られたテキストです。大学や社会人教育などの週1回の授業で使われ、1年間で終えることを想定して構成していますが、関連文型を応用した会話や聞き取り、作文などの練習を取り入れれば週2回の授業にも対応できます。本書の主な構成と特長は次の通りです。

❶ 中級レベルで覚えるべき学習項目を厳選

ハングル検定3級～準２級レベル、TOPIK３級～４級レベルで学習すべき文法事項と表現を厳選して、12課に分けて段階的に学習できるように提示しています。

❷ 学習項目はすべて練習問題と見開きでリンク

各課は各6ページ、12課で構成されています。各課の学習項目と該当練習問題は見開きのページで配置し、学習項目と練習を連携して効率よく学習できるようにしています。

❸ 学習項目は表で示し、用例は実用的な対話形式で構成

学習項目はその活用の仕組みが一目で理解できるように表で示し、用例は実用的な対話形式で構成しています。

❹ 学習した文型は復習課で再度確認

三つの課ごとに復習の課を設け、学習した文法と表現を再確認しながら練習できるようにしています。学習内容を体系的にまとめて理解し、確実に定着させながら進めることができます。

❺ 長文の読解練習

復習の課では各課で学習した文法や表現と関連する長文を提示し、短文や対話文中心の学習では足りない長文読解の練習ができるようにしています。

❻ 文法と表現はハングル検定試験に対応

「文法と表現」編の各課の学習項目と用例はハングル検定３級～準2級前半の文法と語彙にほぼ対応しています。各課の学習を通してハングル検定中上級の文法と語彙が自然に身につきます。

❼ 正確な発音で学習表現の聞き取りの練習ができる

各課の「学習目標」、「文法と表現」、「ダイアローグ」、「文型復習」の読みはすべて出版社のHPからダウンロードできます。ネイティブの声優による正確な発音で学習事項の聞き取り練習ができます。

❽ 豊富な資料を収録

巻頭の資料編、文法と表現編、巻末の付録編に、助詞、語尾、慣用表現、補助用言、連語・慣用句、発音規則、語彙リストなどの文法と語彙関係の資料、検定関係の資料、韓国文化関係の情報など、学習と検定に役立つ資料を豊富に収録しています。

この段階まで来ると、普通の韓国語の文章が読める、書ける、話せるようになるまであと一歩です。「使える」言語として身につくように練習を重ねてください。韓国語との出会いをきっかけに韓国の人々や文化に対する関心と理解がより深まることを願っています。

李　昌圭

目次

文法と表現編

資料

付録

文法項目索引

やさしく仕組みがわかる

韓国語中級Ⅲ講義ノート

韓国地図

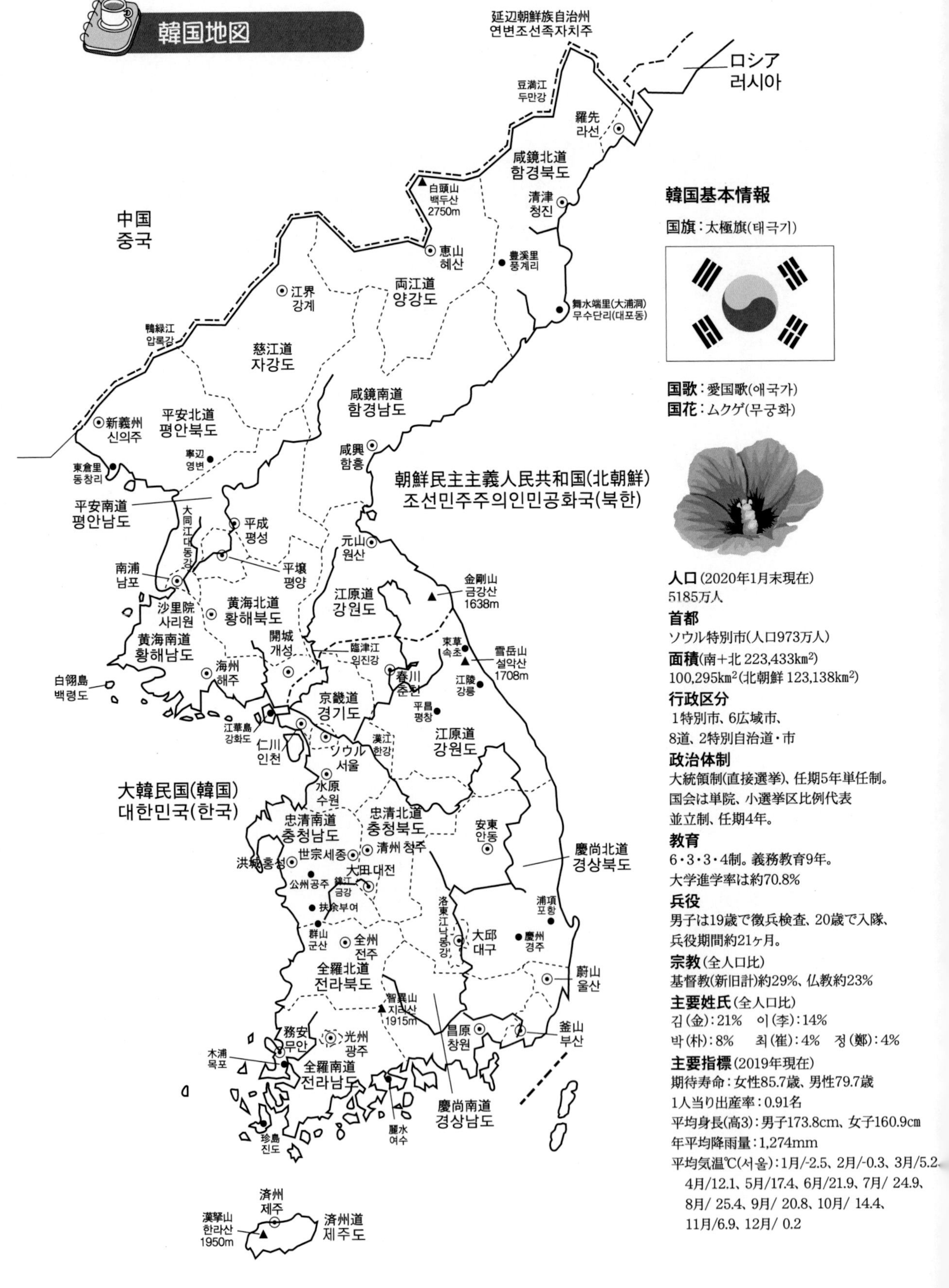

韓国基本情報

国旗：太極旗(태극기)

国歌：愛国歌(애국가)
国花：ムクゲ(무궁화)

人口(2020年1月末現在)
5185万人

首都
ソウル特別市(人口973万人)

面積(南＋北 223,433㎞²)
100,295㎞²(北朝鮮 123,138㎞²)

行政区分
1特別市、6広域市、
8道、2特別自治道・市

政治体制
大統領制(直接選挙)、任期5年単任制。
国会は単院、小選挙区比例代表
並立制、任期4年。

教育
6・3・3・4制。義務教育9年。
大学進学率は約70.8%

兵役
男子は19歳で徴兵検査、20歳で入隊、
兵役期間約21ヶ月。

宗教(全人口比)
基督教(新旧計)約29%、仏教約23%

主要姓氏(全人口比)
김(金)：21%　이(李)：14%
박(朴)：8%　최(崔)：4%　정(鄭)：4%

主要指標(2019年現在)
期待寿命：女性85.7歳、男性79.7歳
1人当り出産率：0.91名
平均身長(高3)：男子173.8cm、女子160.9㎝
年平均降雨量：1,274mm
平均気温℃(서울)：1月/-2.5、2月/-0.3、3月/5.2、
4月/12.1、5月/17.4、6月/21.9、7月/ 24.9、
8月/ 25.4、9月/ 20.8、10月/ 14.4、
11月/6.9、12月/ 0.2

あいさつのことば

00-1

1 안녕하세요? こんにちは　안녕하십니까? こんにちは

안녕히 가세요. さようなら（先に去っていく人に）　안녕히 계세요. さようなら（残っている人に）

2 안녕하세요? こんにちは。　야마다라고 합니다. 山田といいます。

(만나서) 반갑습니다. (お会いできて)うれしいです。　이하영 입니다. イハヨン です。

3 처음 뵙겠습니다. はじめまして　잘 부탁합니다. よろしくお願いします。

또 만나요. また会いましょう。　또 뵙겠습니다. またお目にかかります。

4 오래간만이에요 久しぶりです。　오래간만입니다. 久しぶりです。

실례합니다. 失礼します。　어서 오십시오. いらっしゃいませ。

5 감사합니다. ありがとうございます　천만에요. どういたしまして

축하합니다. おめでとうございます。　고맙습니다. ありがとうございます。

6 미안합니다. 괜찮아요.
すみません/ごめんなさい 大丈夫です

죄송합니다. 괜찮습니다.
申し訳ありません 大丈夫です

7 잘 먹겠습니다. 많이 드세요.
いただきます。 どうぞ召し上がってください。

맛있어요. 잘 먹었습니다.
美味しいです。 ごちそうさまでした。

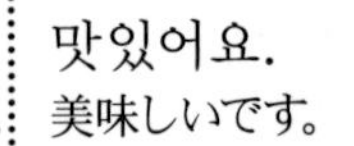

8 이름이 어떻게 되세요?
お名前は何といいますか。

나이가 어떻게 되세요?
おいくつですか。

9 여보세요. 잠깐만 기다리세요.
もしもし。 ちょっと待ってください。

네, 알겠습니다. 아뇨, 모르겠습니다.
はい、わかりました。 いいえ、わかりません。

10 그래요? 그렇습니다.
そうですか。 そうです。

어때요? 좋아요./싫어요.
どうですか。 いいです/いやです。

教室のことば

00-2

1 始め 終わり

① 출석을 부르겠습니다.
出席を取ります。

② 수업을 시작하겠습니다.
授業を始めます。

③ 수업을 마치겠습니다.
授業を終わります。

④ 오늘은 여기까지 하겠습니다.
今日はここまでにします。

2 聞く 発音する 読む 書く

① 잘 들어 보세요.
よく聞いてみてください。

② 따라하세요.
ついてやってください。

③ 발음해 보세요.
発音してみてください。

④ 같이 발음해 볼까요?
一緒に発音してみましょうか。

⑤ 읽어 보세요.
読んでみてください。

⑥ 써 보세요.
書いてみてください。

3 指示

① 다 같이.
みんなで一緒に。

② 다시 한번
もう一度

③ 큰 소리로
大きな声で

4 確認

① 알겠어요?
わかりますか。

② 네, 알겠습니다.
はい、わかりました。

③ 아뇨. 모르겠습니다.
いいえ、わかりません。

5 評価

① 좋아요.
いいです。

② 잘 했어요.
よくできました。

③ 틀렸어요.
間違っています。

6 質問

① 질문이 있어요.
質問があります。

② 질문 있어요?
質問ありますか。

③ 네, 있어요.
はい、あります。

④ 아니요, 없어요.
いいえ、ありません。

韓国語の辞書

❒ 主要な紙の辞書

	辞書名	収録内容	出版社	ページ数
1	標準 韓国語辞典	見出し語27000、複合・派生語13000、慣用語3200、用例9300項目を収録。	白帝社	1280ページ
2	デイリーコンサイス 韓日・日韓辞典	「韓日」8万項目、「日韓」5万項目を収録。	三省堂	1556ページ
3	小学館韓日辞典	「韓日」11万項目、用例6万5千項目収録。	小学館	2065ページ
4	小学館日韓辞典	「日韓」4万2千項目、用例6万5千項目収録。	小学館	1218ページ

❒ 電子辞書

1	CASIO Ex-word韓国語電子辞書 XD-SR7600	『朝鮮語辞典』、『小学館日韓辞典』、『Dong-a 韓韓辞典』収録。手書き対応。	カシオ	300 g
2	CASIO Ex-word韓国語コンパクトモデル XD-CV760	『朝鮮語辞典』、『小学館日韓辞典』等収録。	カシオ	114g

❒ 電子辞書用韓国語辞書データ追加コンテンツ&スマホ用辞書アプリ

1	CASIO Ex-word データ追加用CD-ROM XS-SH13	『朝鮮語辞典』、『小学館日韓辞典』収録。	カシオ	CD−ROM
2	CASIO Ex-wordデータ追加用CD-ROM XS-DN01A	韓国東亜出版社の『プライム韓日辞典』、『プライム日韓辞典』収録。	カシオ	CD−ROM
3	CASIO EX-word用データカード XS-SH18MC	『朝鮮語辞典』、『小学館日韓辞典』収録。	カシオ	miniSDカード
スマホアプリ	韓日・日韓辞典	小学館の『朝鮮語辞典』、『日韓辞典』収録。iPhone、iPad対応。	プライム日韓・韓日辞書	韓国東亜出版の『プライム韓日辞典』、『プライム日韓辞典』収録。SDカードにDL。

❒ スマホ用韓国語辞書&翻訳無料アプリ

日本語で単語や語句を入力して簡単に韓国語訳が調べられるアプリです。思いついた単語や語句をどんどん入力して韓国語で何というか、どのように発音するかを調べてみましょう。

	Naver 辞書	日⇔韓単語や文章を訳してくれる日⇔韓翻訳・通訳・辞書機能。翻訳精度は高い。アプリを起動して出て来た辞書リストの中で〔가⇔あ 일본어번역기(日本語翻訳機)〕、または〔あ일본어사전(日本語辞典)〕を選択、タップして調べたい単語や文章を入力する。
	Daum Dictionary	日⇔韓の辞書機能。翻訳精度は高い。アプリを起動して出て来た辞書リストの中で〔あ일본어사전(日本語辞典)〕を選択、タップして調べたい単語や文章を入力する。
	Google 翻訳App	日⇔韓の翻訳ができる。 語句を音声で入力したり、翻訳を音声で聞いたりすることができる。
	LINE韓国語通訳	日⇔韓単語や文を訳してくれるLINEの日韓通訳機能。LINEを起動➜「友だち」画面を開き、右上の人間のマークをタップ➜「友だち追加」の画面でおすすめ公式アカウントの「すべて見る」をタップ➜「LINE韓国語通訳」

韓国の世界遺産・人口・姓氏

❒ 世界遺産

석굴암・불국사	해인사 장경판전	종묘	창덕궁
石窟庵・仏国寺 (경상북도 경주)	海印寺蔵経板殿 (경상남도 합천군)	宗廟 (서울 종로구)	昌徳宮 (서울 종로구)
			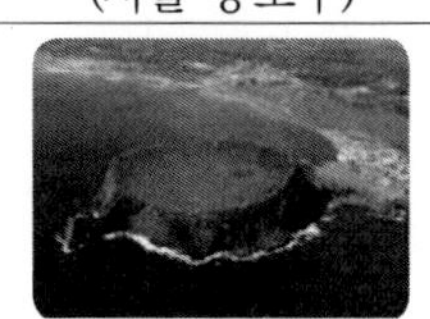
화성	경주역사유적지구	고창・화순・강화 고인돌 유적	제주화산섬과 용암동굴
華城 (경기도 수원)	慶州歴史遺跡地区 (경상북도 경주)	高敞・和順・江華支石墓遺跡 (전북,전남, 경기도)	済州火山島と溶岩洞窟 (제주도)

조선왕릉	한국의 역사마을: 하회와 양동	남한산성	백제역사유적지구
朝鮮王陵 (서울, 경기도)	韓国の歴史村河回と良洞 (경상북도 안동,경주)	南漢山城 (경기도 광주시)	百済歴史遺跡地区 (충남 공주/부여, 전북 익산)

❒ 市道別人口

市・道	市・道庁	人口	市・道	市・道庁	人口	市・道	市・道庁	人口
경기도	수원/의정부	1,259万	대구광역시	중구	248万	대전광역시	서구	152万
서울특별시	중구	999万	충청남도	홍성	208万	광주광역시	서구	147万
부산광역시	연제구	351万	전라남도	무안	190万	울산광역시	남구	117万
경상남도	창원	338万	전라북도	전주	187万	제주특별자치도	제주	63万
인천광역시	남동구	293万	충청북도	청주	159万	세종특별자치시	한솔동	23万
경상북도	안동	270万	강원도	춘천	155万			

※2016年5月末現在：韓国統計庁

❒ 代表的な姓氏

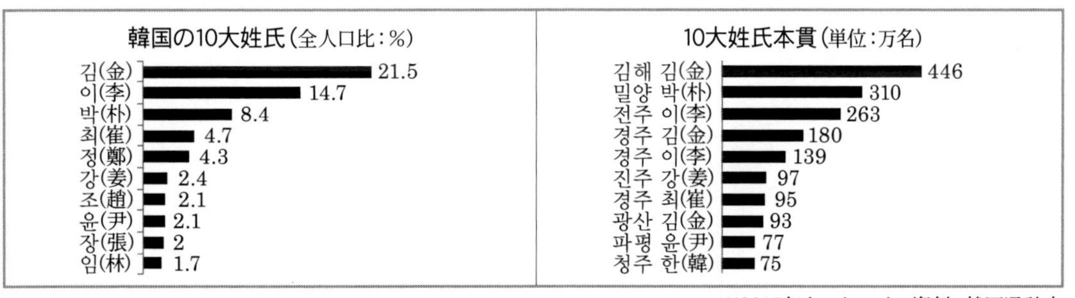

※2015年人口センサス資料：韓国通計庁

役に立つ韓国語関係スマホアプリ

スマートフォンのアプリショップでは韓国語の学習、辞書、音楽、文化、ラジオ、テレビなど多様なアプリが無料で公開されています。好きなジャンルのアプリを利用して韓国語の学習や興味のある分野を楽しんでみましょう。アプリはアプリショップで興味のある分野のキーワードを使って簡単に検索できます。

SBS 고릴라	**韓国の代表的な民間放送局SBS(ソウル放送)の公式ラジオアプリ。** 「LOVE FM」、「POWER　FM」の2つのFMラジオをリアルタイムで聴取できる。スタジオの様子を見ながらラジオ番組を楽しむことができる。
MBC mini	**韓国の三大ネットワークの一つ、MBC(文化放送)の公式ラジオアプリ。** ニュースやトーク中心の「標準FM」、若い人向けの音楽番組中心の「FM4U」、韓国歌謡・K-POP・洋楽の音楽専門チャンネルが受信できる。
EBS 온에어 (EBS on air)	**子供や学生のための教育専門チャンネルEBSの公式アプリ。** 5つのTVチャンネルとラジオをリアルタイムで視聴可能。幼児向け教育番組などは韓国語初級学習者に役立つ。
MBC TV	**MBC TVのオンエアーサービス。** MBCのドラマ、芸能、時事教養などの番組をダウンロードとリアルタイムサービスで視聴できる。
YTN for Phone	**韓国のニュース専門チャンネル。** YTNのニュース速報、分野別ニュース、芸能、スポーツなどの多様な番組が生放送で24時間視聴できる。
MBC 뉴스	**MBC TVのニュースアプリ。** テレビで放送されたニュースを番組別、ニュース別にほぼすべて試聴できる。ニュースはテキストでも表示されるのでリーディングの練習にも活用できる。
KBS kong	**韓国の公共放送、KBSが提供するラジオ専用アプリ。** チャネル別、番組別、分野別ニュース・音楽などが聴取できる。チャネル別の生放送はもちろん各番組の再生ボタンをタップして再聴取もできるので聴解力を鍛えるのにも有用である。
K-POP ラジオ	**最新のK-POP音楽ラジオをスマホやタブレットで聞ける!** Listen to streaming K-POP radio on your mobile or tablet from some of the best Korean pop channels around!
K-POP MUSIC	**K-POPのミュージックビデオとSNSを見ることができる。** 歌手のイメージを見ることができ、背景の画面に設定することもできる。
コネスト韓国地図	**韓国旅行に便利な完全日本語版の韓国地図アプリ。** ・日本語/韓国語の両方で可能なキーワード・住所検索 ・韓国全国の地下鉄乗り換え検索、ソウル市内の横断歩道・地下道の情報を表示 ・人気観光エリア一覧、1万件以上のショッピング・観光スポット情報を網羅
JCB韓国ガイド	**JCB提供の韓国旅行ガイドアプリ。** 地図や観光地ガイドから気候や交通情報、通貨、入国手続き時の記入例などまで旅行に役立つ情報を紹介。旅先で使える韓国語フレーズ集も収録されている。
スマート ツアーガイド	**韓国観光公社が制作した韓国文化を紹介するスマホ向け音声ガイドアプリ。** 国立博物館や慶州、扶余、公州の博物館案内、韓国の代表的な遺跡地や歴史遺産を日本語の音声で詳しく紹介してくれる。

 韓国文化院	①韓国文化院：http://www.koreanculture.jp/index.php 韓国関係の映像、美術ギャラリー、韓国関係図書の利用、各種韓国関連文化イベントなどの豊富な情報が得られる。 ②朝鮮日報：http://www.chosunonline.com/ ③東亜日報：http://japanese.donga.com/ 韓国の最新ニュースが日本語で読める。	 朝鮮日報	 東亜日報

※アプリは随時更新されます。最新の情報は各アプリショップで確認してください。

YouTubeで見てみよう! 韓国

❒ YouTubeへのリンク先が変更されている場合は下記の各項目のキーワードで検索してください。

	キーワード/ QRコード		キーワード/ QRコード	
1	한국의 사계절:韓国の四季 날씨:天気 한국의 봄 풍경:韓国の春 한국의 여름 풍경:韓国の夏 한국의 가을 풍경:韓国の秋		한국의 산:韓国の山 설악산:雪嶽山 금강산:金剛山 백두산:白頭山 한라산:漢拏山	
2		한국의 야생화:韓国の野生花 한국의 봄꽃:韓国の春の花 한국의 물고기:韓国の淡水魚 한국의 곤충:韓国の昆虫 한국의 새:韓国の鳥		김치 만들기:キムチ作り 한국 전통음식:韓国の伝統料理 한국요리 만들기:韓国料理作り 한국 포장마차 음식:屋台料理 먹방:モッパン(大食い)
3	한국 영화:韓国の映画 한국 드라마:韓国のドラマ 한국 연극:韓国の演劇 한국 뮤지컬:韓国のミュージカル 한국 전통뮤지컬:伝統ミュージカル		판소리:パンソリ 한국 민요:韓国民謡 아리랑:アリラン 정선,밀양,진도아리랑:アリラン 한국 탈춤:韓国の仮面劇	
4		한국의 동요:韓国の童謡 한국의 가곡:韓国の歌曲 한국 가곡 테너:歌曲・テノール 한국 가곡 소프라노:歌曲・ソプラノ 한국 인기 가요:韓国の人気歌謡		1980년대 가요:1980年代歌謡 1990년대 가요:1990年代歌謡 2000년대 가요:2000年代歌謡 2010년대 가요:2010年代歌謡 KPOP HIT SONGS
5	한국 영화 음악:韓国の映画音楽 인기 드라마 음악:ドラマ音楽 한국 전통 악기 :韓国の伝統楽器 국립국악원 공연:国立国楽院 한국 궁중 음악:韓国の宮中音楽		KBS교향악단 연주:KBS交響楽団 가야금 거문고:伽耶琴・コムンゴ 한국 전통무용:韓国伝統舞踊 한국 현대무용:韓国現代舞踊 사물놀이:打楽器合奏	
6		한국 민속놀이:韓国の民俗遊び 윷놀이:ユンノリ 한국 설날 풍습:旧正月の風習 설날 떡국:トックク(お雑煮) 추석 송편:ソンピョン(餅)		돌잔치:1歳の誕生日祝い 돌잡이:トルジャビ(将来占い) 집들이 선물 음식:新居祝い 시험 합격기원 선물:合格応援グッズ 한국 전통혼례:伝統婚礼
7	서울 관광코스:ソウル観光コース 서울 지하철 버스:ソウルの交通 서울 인사동:ソウル仁寺洞 남산 서울타워:ソウルタワー 서울 명동:ソウル明洞		서울 자전거 코스:自転車コース 제주도 관광코스:済州島観光 경주 역사 유적지구:慶州の遺跡 불국사 석굴암:仏国寺・石窟庵 한국 세계문화유산:世界文化遺産	
8		한복:韓服(伝統服) 세배 방법:新年の挨拶の仕方 한국의 대학 축제:大学の学祭 신병 교육 훈련:新兵訓練 고무신을 거꾸로:入隊中に彼女が		한복 노리개:韓服のアクセサリー 보자기 조각보:ポジャギ 연등 행사 :釈迦誕生日祝い行事 해인사:海印寺(八万大蔵経板) 서울 동대문시장:東大門市場

家族・親族の呼称

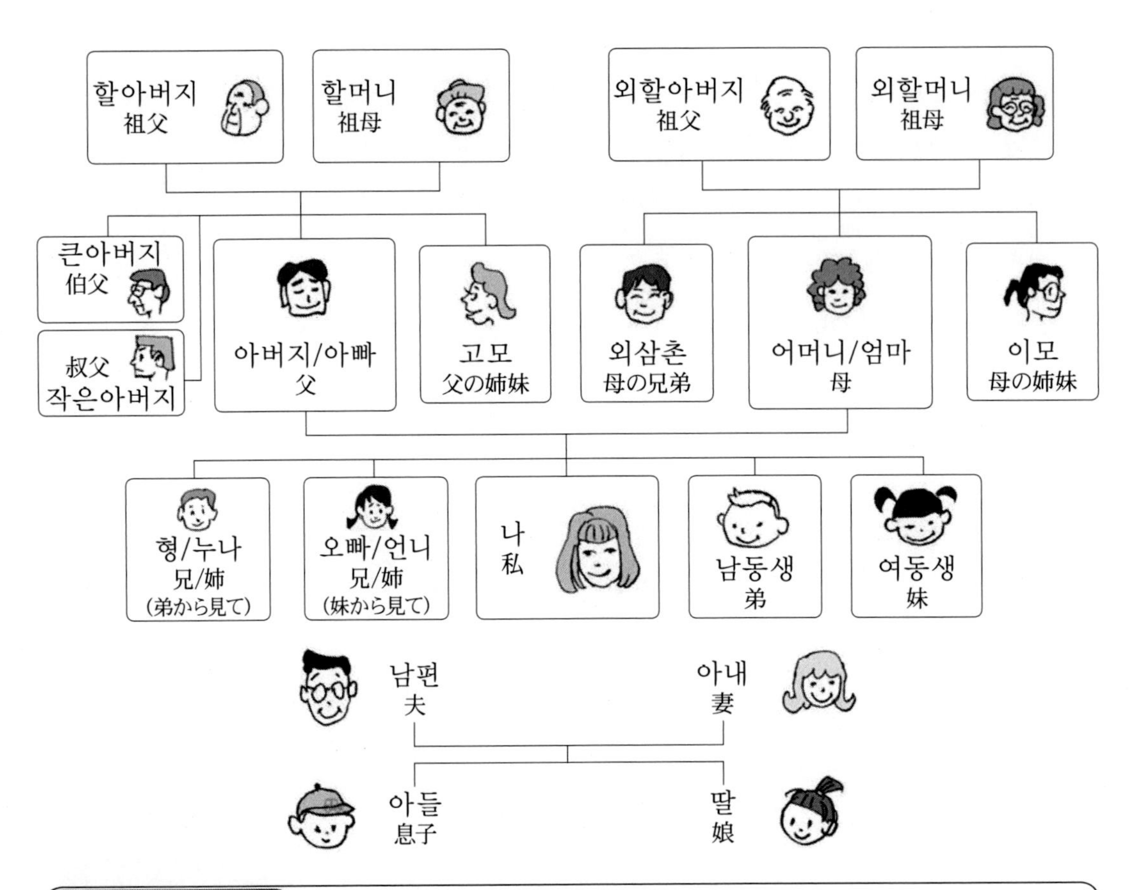

韓国の祝祭日

祝祭日			新暦換算	설날	석가탄신일	추석
1月1日	신정	元日	2017년	1월 28일	5월 3일	10월 4일
旧暦1月1日	설날	旧正月	2018년	2월 16일	5월 22일	9월 24일
3月1日	삼일절(3・1節)	独立運動記念日	2019년	2월 5일	5월 12일	9월 13일
旧暦4月8日	석가탄신일	釈迦誕生日	2020년	1월 25일	4월 30일	10월 1일
5月5日	어린이날	子供の日	2021년	2월 12일	5월 19일	9월 21일
6月6日	현충일(顕忠日)	戦没者慰霊日	2022년	2월 1일	5월 8일	9월 10일
8月15日	광복절(光復節)	解放記念日	2023년	1월 22일	5월 27일	9월 29일
旧暦8月15日	추석(秋夕)	チュソク	2024년	2월 10일	5월 15일	9월 17일
10月3日	개천절(開天節)	建国記念日	2025년	1월 29일	5월 5일	10월 6일
10月9日	한글날	ハングルの日	2026년	2월 17일	5월 24일	9월 25일
12月25日	성탄절	クリスマス	2027년	2월 7일	5월 13일	9월 15일

☞ ① 설날と추석は前後日を含めて三日間の連休になる。설날、석가탄신일、추석は旧暦で祝う。
② 설날と추석の連休が日曜日と、「어린이날」が土、日曜日と重なった場合は振り替え休日が設けられる。

윷놀이(ユンノリ)

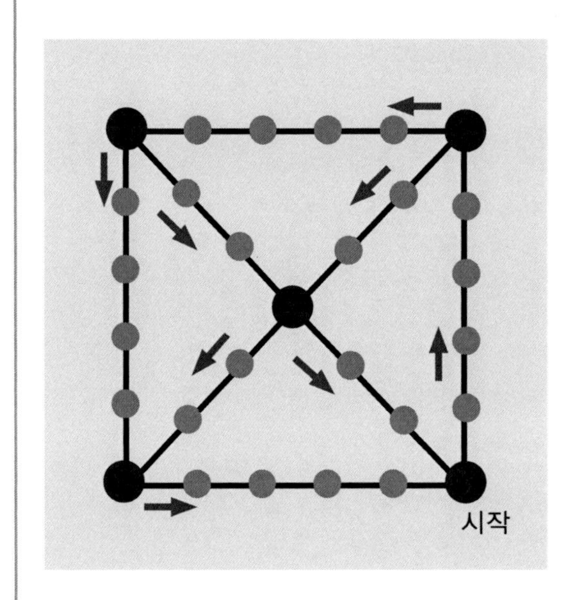

・必要なもの
①윷4個、②말판(ユンノリ盤)、
③말(駒)

状態	呼び方	移動・前進
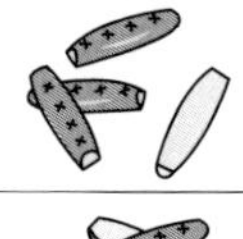	도	駒を1マス前進できる。
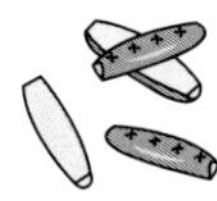	개	駒を2マス前進できる。
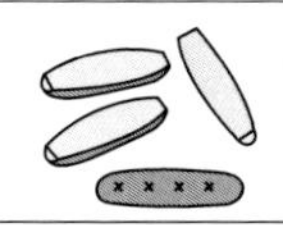	걸	駒を3マス前進できる。
	윷	駒を4マス前進でき、もう1回윷が投げられる。
	모	駒を5マス前進でき、もう1回윷が投げられる。

①二人以上、または何人かでグループを作って遊べる。
②投げる順番を決める。윷2個ずつを投げて数字が高いほうが先攻。
③相手の駒を捕まえた場合は윷をもう1回投げられる。
④相手に捕まえられないで最短コースでゴールインするほうが勝利。

干支

무슨 띠예요? – ＿＿＿＿ 띠예요.

※何年(띠：生まれ年の干支)の生まれですか。– ＿＿＿＿ 年の生まれです。

十二支	子 シ	丑 チュウ	寅 イン	卯 ボウ	辰 シン	巳 シ
	자 / ね(鼠)	축 / うし(牛)	인 / とら(虎)	묘 / う(兎)	진 / たつ(竜)	사 / み(蛇)
動物	쥐	소	호랑이	토끼	용	뱀

十二支	午 ゴ	未 ビ	申 シン	酉 ユウ	戌 ジュツ	亥 ガイ
	오 / うま(馬)	미 / ひつじ(羊)	신 / さる(猿)	유 / とり(鶏)	술 / いぬ(犬)	해 / い(猪)
動物	말	양	원숭이	닭	개	돼지

韓国の詩

진달래꽃 김소월(1902~1935)	ツツジの花 金素月
나 보기가 역겨워 가실 때에는 말없이 고이 보내 드리오리다.	私を見るのが疎ましくなって、 離れて行きたい時には 何も言わずにそっとお見送りします。
영변(寧邊)에 약산(藥山) 진달래꽃 아름 따다 가실 길에 뿌리오리다.	ヨンビョンのヤク山に咲いている ツツジの花を 一抱え摘んできて、 行く道に蒔いて上げましょう。
가시는 걸음걸음 놓인 그 꽃을 사뿐히 즈려 밟고 가시옵소서.	ひと足ひと足、歩を進めるたびに 蒔かれたその花を そっと踏んでお行きください。
나 보기가 역겨워 가실 때에는 죽어도 아니 눈물 흘리오리다.	私を見るのが疎ましくなって 離れて行きたいときには 死んでも涙を流しはしません。

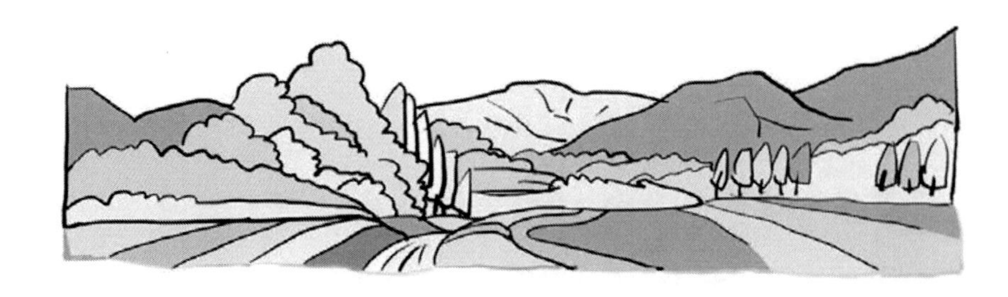

文法と表現編

韓国語品詞分類表

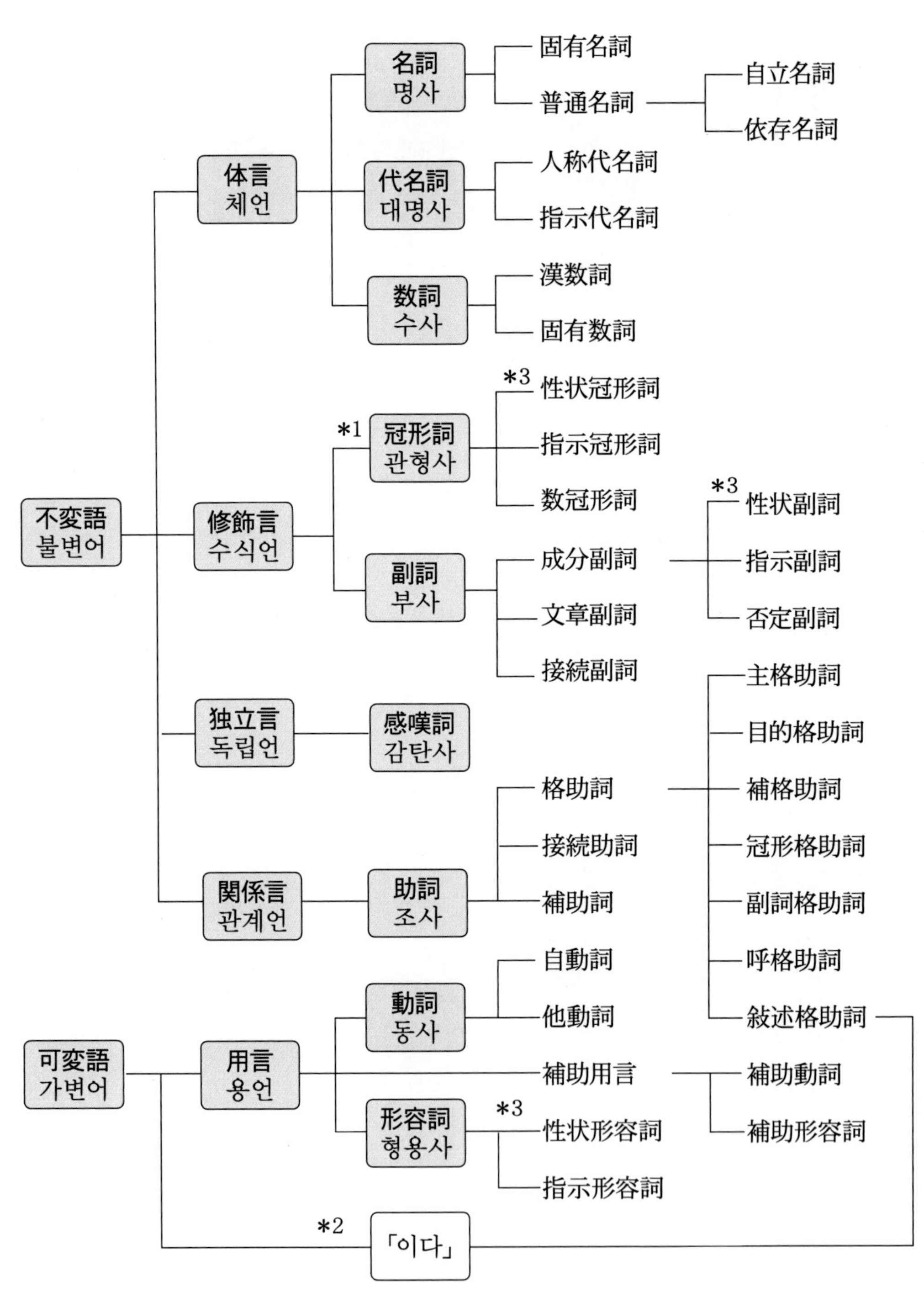

*1「冠形詞」は日本語の「連体詞」に相当する。

*2「이다」は語尾活用ができる可変語であるが、学校文法では叙述格助詞として分類されている。

*3「性状」とは、物の性質と状態、人の性格と行状のことをいう。

제 1 과　날씨

学習表現

01-1

1 動詞の語幹 +는/(으)ㄴ/(으)ㄹ 듯하다：～ようだ

오늘도 굉장히 무더울 것 같네요.
今日も　とても　蒸し暑そうですね。

이렇게 덥고 흐린 걸 보니 소나기라도 올 **듯해요**.
こんなに 暑くて 曇っているのをみるとにわか雨でも降り**そうです**。

2 用言の語幹 +는/(으)ㄴ 데다가：～うえに、～に加えて

저 식당은 언제 봐도 사람들이 줄을 서 있네요.
あの 食堂は　いつ見ても　人が　並んでいますね。

음식 맛이 좋은 **데다가** 서비스도 좋아서 손님이 많아요.
料理が　美味しい**うえに**　サービスも 良いので お客さんが多いです。

3 用言の語幹 +는/ (으)ㄴ 탓에：～せいで

따님은 많이 컸겠죠?
お嬢さんはだいぶ大きくなったでしょうね。

아뇨, 편식을 하는 **탓에** 아직 키가 작아요.
いいえ、偏食を　する**せいで**　まだ 背が低いです。

4 用言の語幹 +(으)면 좋겠다：～ばと思う

새해에는 바라는 게 뭐예요?
新年に 願っていることは 何ですか。

우리 가족이 항상 건강하**면 좋겠어요**.
家族が　いつも 健康であれば**と願っています**。

単語

ㄱㄴㅁ
가뭄　:日照り
간식　:おやつ
간호하다:看護する
검다　:黒い
군항제 :軍港祭
날리다 :飛ばされる
마르다 :乾く
만끽하다:満喫する
머지않다:遠くない
먼지:ほこり
몰려오다:押し寄せる
미끄럽다:つるつるする

ㅂㅅㅇ
발생하다:発生する
벚꽃축제:桜祭り
사막화 :砂漠化
선을 보다:見合いをする
소백산 :小白山(地)
시금치국:ホウレン草スープ
얼다　:凍る
영양　:栄養
온난화 :温暖化
옮기다 :移す、運ぶ

ㅈㅊ
지구　:地球
지리산 :地異山(地)
지역　:地域
진해　:鎮海(地)
철쭉제 :ツツジ祭り
취소되다:取り消しになる
취업률 :就業率

ㅍㅎ
풍부하다:豊富だ
화창하다:うららかだ
황사　:黄砂

文法と表現

01-2

1 動詞の語幹 +는/(으)ㄴ/(으)ㄹ 듯하다

動詞 + ているようだ/したようだ/しそうだ

慣用表現 動詞の語幹に付いてある状況や事実に対する話し手の推測や判断を表す。❶「~는 듯하다」は現在、❷「~(으)ㄴ 듯하다」は過去、❸「~(으)ㄹ 듯하다」は未来の状況に対する推測や判断を表す。

❶現在: 動詞の語幹 +는 듯하다	눈이 오+는 듯하다	雪が降っ+ているようだ
❷過去: 動詞の語幹 +(으)ㄴ 듯하다	눈이 오+ㄴ 듯하다	雪が降っ+たようだ
❸未来: 動詞の語幹 +(으)ㄹ 듯하다	눈이라도 오+ㄹ 듯하다	雪でも降り+そうだ

① 지영 씨는 지금도 그곳에서 살아요?
－네, 지금도 거기서 사**는 듯해요**.
② 언니는 지난번에 선 본 사람과 또 만났대요?
－글쎄요, 아무 얘기도 없는 것을 보면 안 만**난 듯해요**.
③ 민수는 졸업한 뒤에 미국으로 유학을 간대요?
－자세히는 모르겠지만 유학을 그만두고 취직을 **할 듯해요**.

参考1 形容詞の語幹 +(으)ㄴ/(으)ㄹ 듯하다:~い+ようだ/~そうだ

形容詞の語幹に付いて、ある状態に対する話し手の判断や推測の意を表す。❶「-(으)ㄴ 듯하다」は直接的な根拠に基づいての推測、❷「-(으)ㄹ 듯하다」は漠然とした、間接的な根拠に基づいての推測を表す。「있다, 없다」と「있다, 없다」で終わる形容詞(재미-, 맛-, 멋-)は「-는 듯하다」に接続する。

① 이 시금치국 어때요? - 맛이 좀 **짠 듯해요**.
② 이 스웨터 어때요? - 저한테는 좀 작**을 듯해요**.
③ 중간 시험은 쉬웠는데 기말 시험은 어떨까요? - 이번엔 좀 어려**울 듯해요**.

参考2 動詞の語幹 +는/(으)ㄴ/(으)ㄹ 것 같다:~ているようだ/~したようだ/~しそうだ

「-는/(으)ㄴ/(으)ㄹ 듯하다」は、同じく推測の「-는/(으)ㄴ/(으)ㄹ 것 같다」と置き換えて用いることができる。

① 신랑 신부가 참 잘 어울리**는 것 같아요**.
② 검은 구름이 몰려오는 것을 보니 곧 비가 **올 것 같네요**.

01-3

2 用言の語幹 +는/(으)ㄴ 데다가

用言 + うえに、~に加えて

慣用表現 用言の語幹に付いて、ある状態や状況にさらに他の状態や状況が加わる意を表す。
接続 動詞は「-는/ (으)ㄴ 데다가」、形容詞は「-(으)ㄴ 데다가」、「있다・없다」は「-는 데다가」に接続する。

❶現在: 動詞の語幹 +는 데다가	담배를 피우+는 데다가	たばこを吸っている+うえに
❷過去: 動詞の語幹 +(으)ㄴ 데다가	급하게 밥을 먹+은 데다가	急いでご飯を食べた+うえに
❸ 形用詞の語幹 +(으)ㄴ 데다가	파도가 높+은 데다가	波が高い+うえに

① 눈이 오**는 데다가** 바람도 심하게 불어서 운전하기가 힘들어요.
② 요즘 눈이 많이 **온 데다가** 추워서 길이 아주 미끄러워요.
③ 이번에 옮긴 회사는 근무 시간이 짧**은 데다가** 월급도 많아서 만족해요.
④ 엄마가 만들어 주는 간식은 맛있**는 데다가** 영양도 풍부해서 좋아요.

練習

1 보기のように文を作ってみよう。

보기 도서관에서 책을 읽다.
→ [도서관에서 책을 읽]는 듯해요.
/는 것 같아요.

図書館で本を読む。
→ [図書館で本を読んで]いるようです。

(1) 환경 문제에 관심이 없다. 環境問題、関心がない

→

(2) 어젯밤에 도착했다. 昨夜、到着する

→

(3) 내일도 바람이 많이 불겠다. 明日、風が吹く

→

(4) 차를 마시면서 음악을 듣는다. お茶を飲む、音楽を聴く

→

(5) 이 바지는 나한테는 좀 작다. ズボン、私には小さい

→

2 보기のように文を作ってみよう。

보기 팔을 다쳤다 / 감기까지 들었다
→ [팔을 다치]ㄴ 데다가 [감기까지 들었]어요.

腕を怪我した/風邪まで引いた
→ [腕を怪我した]うえに[風邪まで引き]ました。

(1) 그 사람은 머리가 좋다 / 아주 부지런하다 彼は頭が良い/とても勤勉だ

→

(2) 요즘은 입맛이 없다 / 소화도 잘 안 된다 食欲がない/消化もうまくできない

→

(3) 길이 미끄럽다 / 가로등도 없어서 위험하다 道が滑りやすい/街灯がなくて危ない

→

(4) 바람이 많이 불다 / 눈까지 온다 風が強く吹く /雪まで降る

→

(5) 고치기 어려운 병이다 / 늦게 발견했다 治しにくい病気だ/遅く見つかった

→

文法と表現

01-4

3 用言の語幹 +는/(으)ㄴ 탓에 　用言 + せいで、~ために

慣用表現 用言の語幹に付いて、否定的な結果に対する原因や理由を表す。「-기 때문에」と置き換えられる。ただ「-기 때문에」は結果の良し悪しに関係なく用いることができる。

接続 動詞は「-는/ (으)ㄴ 탓에」、形容詞は「-(으)ㄴ 탓에」、「있다・없다」は「-는 탓에」に接続する。

❶現在：動詞の語幹+는 탓에	눈이 오+는 탓에	雪が降っている+せいで
❷過去：動詞の語幹+(으)ㄴ 탓에	눈이 오+ㄴ 탓에	雪が降った+せいで
❸形用詞の語幹+(으)ㄴ 탓에	길이 좁+은 탓에	道が狭い+せいで

① 오늘 낚시 안 갔어요? – 갑자기 비가 오**는 탓에** 예정이 취소됐어요.
② 장학금 받았어요? – 아뇨, 한 과목에서 낮은 점수를 받**은 탓에** 못 받았어요.
③ 이번 졸업생들의 취업률은 어때요? – 경기가 안 좋**은 탓에** 상당히 낮은 것 같아요.
④ 새로 시작한 아르바이트는 어때요? – 음식점은 경험이 없**는 탓에** 실수를 많이 해요.

参考1 名詞+탓에：~のせいで、のために、のわけで / 名詞+탓이다：~のせいだ
名詞に付いて、望ましくない結果をもたらした原因や理由を表す。「탓이다」の形で文末でも用いられる。「때문에/때문이다」と置き換えられる。
① 올해는 추위 **탓에** 벚꽃이 피는 게 늦어질 듯해요.
② 이번 일의 실패는 모두 내 **탓이에요**. 내가 책임을 지겠어요.

参考2 名詞+덕분에：~のおかげで / 用言+(으)ㄴ 덕분에：~おかげで
名詞や用言に付いて、良い結果が得られるようになった原因や条件、対象を表す。「덕택에」と置き換えられる。
① 선생님 **덕분에** 유학 생활을 무사히 끝낼 수 있었습니다.
② 아내가 열심히 간호해 **준 덕분에** 병이 빨리 나았어요.

01-5

4 用言の語幹 +(으)면 좋겠다 　用言 + ばいいと思う

慣用表現 用言の語幹に付いて、話し手の希望、願望の意を表す。「-았/었으면 좋겠다」の形で用いられると強調の意になる。

用言の語幹+(으)면 좋겠다	빨리 여름 방학이 되+**면 좋겠다**	早く夏休みになってほしい
	담배를 끊+**으면 좋겠다**	タバコをやめればいいなと思う
	날씨가 좋+**으면 좋겠다**	天気が良ければいいなと思う

① 목이 마른데 시원한 주스라도 한 잔 마시**면 좋겠어요**.
② 비가 올 때는 차가 있**으면 좋겠어요**.
③ 사고 싶은 거 다 사게 돈이 많**았으면 좋겠어요**.

参考 用言の語幹+았/었으면 하다：~ばと思う、~たいと思う
用言の語幹に付いて、話し手の希望、願望の意を表す。「-았/었으면 좋겠다」と置き換えられる。
① 한번 만**났으면 하는데** 내일 시간이 어때요?
② 지금 생각으로는 졸업하고 미국에 가서 공부를 더 **했으면 해요**.

練習

3 보기のように文を作ってみよう。

보기 경험이 없다/ 실수를 많이 했다.
➜ [경험이 없] 는 탓에 [실수를 많이 했] 어요.

経験がない/ミスをたくさんした
➜ [経験がない] せいで [ミスをたくさんし] ました。

(1) 갑자기 추워졌다 / 감기에 걸렸다　　急に寒くなる/風邪を引く
➜

(2) 너무 많이 먹었다 / 배탈이 났다　　食べ過ぎる/おなかを壊す
➜

(3) 날씨가 춥다 / 아이들 손이 꽁꽁 얼었다　　寒い/子供たちの手がかちかちにかじかむ
➜

(4) 성격이 급하다 / 사소한 실수를 자주 한다　　気が短い/些細なミスをよくする
➜

(5) 비가 많이 왔다 / 채소 값이 올랐다　　雨がたくさん降る/野菜の値段が上がる
➜

4 보기のように文を作ってみよう。

보기 담배를 끊다
➜ [담배를 끊] 었으면 좋겠어요.
[담배를 끊] 었으면 해요.

タバコをやめる
➜ [タバコをやめれ] ばいいなと思います。

(1) 시간을 낭비하지 않다　　時間を浪費しない
➜

(2) 도움이 되다　　役に立つ
➜

(3) 알기 쉽게 설명해 주다　　分かりやすく説明する
➜

(4) 한번 만나다　　一度会う
➜

(5) 시원한 콜라라도 한 잔 마시다　　冷たいコーラでも一杯飲む
➜

ダイアローグ&作文

01-6

5 読んでみよう。

1 민준　날씨는 따뜻한데 오늘도 황사가 심할 **듯하네요**.

2 유미　요즘 황사 때문에 밖에다 빨래를 널 수도 없어요.

3 민준　중국에서 가뭄으로 인해 사막화가 늘어나는 **데다**가 지구 온난화 **탓에** 황사 발생 지역의 온도도 올라가는 모양이에요.
그래서 땅이 얼어서 먼지가 거의 날리지 않던 겨울에도 황사가 발생하는 경우가 많아지고 있대요.

4 유미　삼월이 되면 괜찮아질까요?
황사가 빨리 끝났**으면 좋겠어요**.

5 민준　삼월에도 많이 날아오는 편이에요.
사월 중순이 지나면 황사도 줄어들고 따뜻해질 거예요.

6 유미　빨리 봄꽃이 활짝 핀 화창한 봄 날씨를 보고 싶네요.

7 민준　조금만 더 기다리세요. 머지않아 개나리도 피고 벚꽃도 피고 진달래도 필 거예요. 봄꽃에 둘러싸여 봄기운을 만끽할 수가 있을 거예요.

8 유미　벚꽃이나 진달래로 유명한 곳이 어디지요?

9 민준　벚꽃은 서울 여의도의 벚꽃축제나 경상남도 진해의 군항제가 유명하고요, 진달래는 철쭉제라고 해서 소백산이나 지리산 같은 곳이 유명해요.

6 訳してみよう。

⑴ 今日は朝寝坊をしたせいで遅刻をしました。　늦잠을 자다,지각을 하다

➜

⑵ 大会では緊張したせいでまともに実力が発揮できなかった。　긴장하다, 실력을 발휘하다

➜

⑶ 元々背が高いうえに高い靴を履いているのでより背が高く見えます。　키가 크다, 구두를 신다

➜

⑷ 電話に出ないですね。もう出発したようです。　전화를 받다, 출발하다

➜

⑸ 買いたいものが全部買えるようにお金がたくさんあればと思います。　사다, 돈이 많다

➜

제2과 어버이날

学習表現

02-1

1 動詞の語幹+아야겠다/어야겠다:~なければならない、~たい

목이 아파서 병원에 가 봐**야겠어요**.
のどが 痛いので 病院に 行き**たいです**。

그럼 빨리 가 보세요.
では 早く 行ってください。

2 用言の語幹+던데:~ていたが、~ていたけど、~ていたのに

밤늦게까지 불이 켜져 있**던데** 공부했어?
夜遅くまで 電気がつい**ていたけど** 勉強したの。

아니야. 불을 켜 놓은 채로 잠을 잤어.
いや、 電気をつけたまま 寝てしまったの。

3 動詞の語幹+(으)ㄹ 만하다:~に値する、~に適する

여기 학생식당 음식은 어때요?
ここの学生食堂の 料理は どうですか。

값도 싸고 그런대로 먹**을 만해요**.
値段も安いし それなりに 美味しいです。

4 動詞の語幹+아/어 달라고 하다:~てくれという、てほしいという

다음 주에 이사할 때 준호에게 도**와 달라고 해** 볼까?
来週 引っ越すとき チュノに 手伝って**ほしいと言って**みようか。

그 친구는 바쁘니까 시간이 없을 거야.
彼は 忙しいから 時間が ないと思うよ。

単語

ㄱㄷㅁ
골치가 아프다:頭が痛い
공휴일 :公休日
그런대로:それなりに
달리다 :走る
등 :灯、灯火
매달다 :つるす
모양 :形、模様
몸살이 나다:過労で寝込む
미래 :未来

ㅂㅅㅇ
복사 :コピー
복사실 :コピー室
부처님오신날:お釈迦様の誕生日
부탁을 받다:頼まれる
분위기 :雰囲気
상하다 :傷む
석가 탄신일:お釈迦様誕生日
소문 :うわさ
소원 :願い
아드님 :息子さん
아버지날:父の日
어머니날:母の日
어버이날:父母の日
연등 :燃灯(提灯)
연등축제:燃灯祭り
연등행렬:燃灯行列
영업 실적:営業実績
예방 주사:予防注射
유치원 :幼稚園
이루어지다:かなう

ㅈㅊㅎ
적다 :記す、書く
절 :寺
조계사 :曹渓寺(名)
죽음 :死
쪽지 :紙片(短冊)
체력 :体力
활약 :活躍

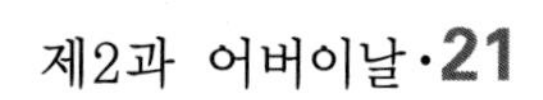

文法と表現

02-2

1 動詞の語幹 +아/어/여야겠다　　動詞 + なければならない

慣用表現 動詞の語幹に付いて話し手の強い意志、またはある行動の必要性を婉曲に表す。「~아/어야 하겠다」の縮約形。

接続 ❶「ㅏ,ㅗ」語幹に「~아야겠다」、❷「ㅏ,ㅗ」以外の語幹に「~어야겠다」、❸「하다」の語幹に「~여야겠다」の形で接続する。

❶ ㅏ,ㅗ語幹 +아야겠다	매년 건강 검진을 받+아야겠다	毎年健康診断を受けたい
❷ ㅏ,ㅗ以外の語幹 +어야겠다	올해는 담배를 끊+어야겠다	今年はタバコをやめたい
❸ 하다語幹 +여야겠다	내일은 청소를 하+여야겠다	明日は掃除をしたい

① 앞으로 30분은 더 걸어가야 하는데 괜찮아요?
　– 다리가 아프니까 좀 쉬어 가**야겠어요**.
② 지난주에 등산 갔다와서 몸살이 났어요.
　– 그렇게 체력이 없으면 안되죠. 운동 좀 해**야겠네요**.
③ 우유가 상한 것 같아요. – 그럼 버려**야겠네요**.

02-3

2 用言の語幹 +던데　　用言 +ていたが、~ていたのに

連結語尾 用言の語幹に付いて、後ろの話をするための過去回想の状況説明の意を表す。
接続 用言の語幹、이다や–았/었–,–겠–, –(으)시–などの先語末語尾に接続して用いられる。

用言の語幹 +던데		이다,았/었–,–겠–, –(으)시 +던데	
기침을 하+던데	咳をしていたが	좋은 향수+이+던데	良い香水だったが
야채를 안 먹+던데	野菜を食べなかったが	뿌리가 썩+었+던데	根っこが腐っていたが
방이 어둡+던데	部屋が暗かったが	밖에서 보이+겠+던데	外から見えそうだが

① 몇 시 비행기로 갈까요? – 오후 두 시 비행기가 있**던데** 그걸 타고 갑시다.
② 김 과장님 못 봤어요? – 아까 복사실에서 복사를 하**던데** 거기로 가 보세요.
③ 거기 가게 이름이 바뀌**었던데** 무슨 일이 있어요? – 주인이 바뀐 듯해요.
④ 이런 모양의 모자가 유행**이던데** 안 샀어요? – 난 그런 모자는 관심 없어요.

参考1 動詞の語幹 +ㄴ/는다던데, 形容詞の語幹 +다던데, 名詞の語幹 +이라던데：~ていたが、だそうだが
間接引用の「V+ㄴ/는다고 하다」、「A+다고 하다」、「N+이라고 하다」と結合した後、縮約されて伝聞の状況説明の表現としても用いられる。先語末語尾「–았/었–,–겠–, –(으)시–」は「다고 하다」と結合する。

① 민수는 감기가 들어서 약을 먹**는다던데** 술 마시러 올 수 있겠니?
② 주말은 날씨가 좋**다던데** 뭐 할 거야?

参考2 用言の語幹 +던데요：~ていましたよ、~でしたよ、~かったです
聞き手の反応を期待しながら過去に直接経験した事実、感心した事実を伝えるときに用いられる。

① 예방 주사가 생각보다 아프**던데요**.
② 어제 시합을 봤는데 그 선수의 활약이 정말 대단하**던데요**.

練習

1 보기のように文を作ってみよう。

보기 건강에 안 좋다/ 담배를 끊다
➜ 건강에 안 좋으 니까 담배를 끊 어야겠어요.

健康に悪い/タバコをやめる
➜ 健康に悪い から タバコをやめ たいと思います。

(1) 다리가 아프다/ 여기서 쉬고 가다　　脚が痛い/休んで行く

➜

(2) 오랜만에 날이 개었다 / 밖에 빨래를 널다　　久し振りに晴れた/外に洗濯物を干す

➜

(3) 남은 반찬이 많다 / 비빔밥을 해 먹다　　残ったおかずが多い/ビビンバを作って食べる

➜

(4) 방이 지저분하다 / 내일은 청소를 하다　　部屋が散らかっている/明日は掃除をする

➜

(5) 그 영화는 인기가 많다 / 미리 예매해 두다　　その映画は人気が高い/前もって買っておく

➜

2 보기のように文を作ってみよう。

보기 한국어를 잘하다 / 언제 배우다
➜ 한국어를 잘하 던데 언제 배우 었어요?

韓国語が上手だ/いつ学ぶ
➜ 韓国語が上手 でしたが いつ学び ましたか。

(1) 일이 많이 남았다 / 벌써 퇴근하다　　仕事がたくさん残っている/もう帰る

➜

(2) 과장님이 회의실로 가다 /못 만나다　　課長が会議室に行く/会えない

➜

(3) 기침을 계속 하다 / 감기에 걸리다　　ずっと咳をする/風邪を引く

➜

(4) 눈이 많이 오다 / 등산을 가다　　雪がたくさん降る/登山に行く

➜

(5) 손님이 많이 왔다 / 음식이 모자라지 않다　　お客さんがたくさん来た/料理が足りない

➜

文法と表現

02-4

3 動詞の語幹 +(으)ㄹ 만하다

動詞 +に値する、～に足りる、～に適する

慣用表現　動詞の語幹に付いて、①その行動をする価値が十分ある、②当然な状況、許容可能な程度を表す。

母音の語幹 +ㄹ 만하다		子音の語幹 +을 만하다	
보+ㄹ 만하다	見る価値がある	믿+을 만하다	信じるに値する
주목하+ㄹ 만하다	注目に値する	먹+을 만하다	食べられる

① 이번 휴가 때는 경주에 가 볼까 해요.
　– 역사에 관심이 있는 사람이라면 경주는 역시 한 번쯤 가 **볼 만한** 곳이에요.
② 학생들에게 도움이 **될 만한** 책이 없을까요?
　– 그럼 미래의 세계에 대해 쓴 이 책이 어떨까요?
　　생활이 어떻게 변할지 자세하게 쓰여 있어요.
③ 사장님이 회의에서 많이 화를 내셨다는 얘기를 들었어요.
　– 네, 이렇게 갑자기 영업 실적이 나빠지면 사장님이 화를 내**실 만도 하죠**.
④ 이거 아까 편의점에서 사 온 김밥인데 맛이 어때? – 싱겁지만 그런대로 먹**을 만하구나**.

02-5

動詞の語幹 +아/어 달라고～

動詞 +てくれと～、てほしいと～

慣用表現　動詞の語幹に付いて、その動詞が示す行動を要請・要求する意を表す。

ㅏ・ㅗの語幹 +아 달라고～		ㅏ・ㅗ以外の語幹 +어/여 달라고～	
주문을 받+아 달라고	注文を受けてほしいと	새 것으로 바꾸+어 달라고	新しいものに替えてほしいと
아이를 찾+아 달라고	子供を探してほしいと	연락하+여 달라고 전했다	連絡してくれと伝えた

① 아드님이 올해 유치원에 들어갔죠? 귀엽겠네요.
　– 귀엽기는 한데 장난감만 보면 **사 달라고** 해서 골치가 아파.
② 행사는 두 시부터인데 왜 벌써 가?
　– 준비할 게 많으니까 열 시에 **와 달라고** 어제 부탁을 받았어.
③ 친구가 분위기가 좋은 카페를 좀 소개**해 달라고** 하는데 혹시 아는 데가 있니?
　– 역 앞 골목에 새로 생긴 데가 괜찮던데 거긴 어때?

名詞 +을/를 달라 : ～をくれ、～をちょうだい

あるものを要請・要求する意を表す。基本形「달다」は「달라・다오」の形でのみ用いられる。

① 그는 자리에 앉자마자 웨이터에게 와인**을 달라고** 주문했다.
② 문제가 해결될 때까지 일주일만 더 시간**을 달라고** 했다.
③ 빵**을 달라**, 아니면 죽음**을 달라**. – 빵이 없으면 대신 케이크를 먹으라고 하세요.

練習

3 보기のように文を作ってみよう。

보기 가족이 함께 보다/ 연극
→ [가족이 함께 보]ㄹ 만한 [연극]이 있어요?

家族と一緒に見る/演劇
→ [家族と一緒に見る]に適した[演劇]がありますか。

(1) 이 벽에 걸어 두다 / 그림 　この壁にかけておく/絵

→

(2) 전주에 가서 먹어 보다 / 음식 　全州に行って食べてみる/食べ物

→

(3) 한국에서 투자하다 / 사업 　韓国で投資する/事業

→

(4) 아이가 듣다 / 동요 　子供が聞く/童謡

→

(5) 한국의 생활 문화를 체험하다 / 곳 　韓国の生活文化を体験する/ところ

→

4 보기のように文を作ってみよう。

보기 사진 좀 찍어 주세요.
→ [사진 좀 찍]어 달라고 부탁했다.

ちょっと写真を撮ってください。
→ [写真を撮っ]てほしいと頼んだ。

(1) 예쁘게 포장해 주세요. 　きれいに包装する

→

(2) 돈 좀 빌려 주세요. 　お金を貸す

→

(3) 자세히 설명해 주세요. 　詳しく説明する

→

(4) 새것으로 바꿔 주세요. 　新しいものに替える

→

(5) 회의가 끝날 때까지 기다려 주세요. 　会議が終わるまで待つ

→

ダイアローグ&作文

02-6

5 読んでみよう。

1 마리　길에 카네이션을 파는 사람들이 많네요.
2 준호　내일이 5월 8일이니까 어버이날이라서 그래요.
3 마리　어버이날이요?
4 준호　네, 한국에서는 어머니날과 아버지날을 어버이날로 해서 같은 날에 함께 축하해 드려요. 어버이날에는 대개 부모님께 카네이션을 드리거나 작은 선물을 준비해 드리거든요. 그래서 오늘은 카네이션을 파는 사람들이 많이 보이는 거예요.
5 마리　그랬군요. 그럼 준호 씨는 카네이션을 안 사세요?
6 준호　제 부모님은 강원도에 사시거든요. 그래서 매년 작은 선물을 보내 드리고 있어요.
7 마리　나도 오늘은 한국의 어버이날을 기념해서 부모님께 연락을 드려**야겠네요**. 그런데 요즘 시내 곳곳에 등이 달려 있**던데** 무슨 일이죠?
8 준호　그건 부처님 오신 날을 기념해서 연등을 달아 놓은 거예요.
9 마리　부처님 오신 날이요?
10 준호　네, 석가 탄신일이라고도 하는데 음력 4월 8일이 그날이에요. 전국이 공휴일로 쉬고 절에서는 연등 축제를 하는데, 서울에서는 매년 종로에서 조계사까지의 연등행렬이 볼 **만해요**.

11 마리　그럼 이번엔 나도 꼭 한번 구경하러 가야겠네요.
12 준호　연등에다가 소원을 적은 쪽지를 매달면 소원이 이루어진다는 소문도 있어요.
13 마리　그럼 나도 연등에 소원을 써야겠네요. 올해는 꼭 멋있는 남자친구가 생기게 **해 달라고**.

6 訳してみよう。

(1) まもなく到着すると言うから早く準備しなければなりませんね。　곧 도착하다, 빨리 준비하다
➜

(2) なんだかんだ言っても済州島は一度行ってみる価値があるところだ。　뭐니 뭐니 해도, 제주도
➜

(3) その食堂は手打ちうどんが美味しかったけど、食べてみましたか。　식당, 칼국수
➜

(4) 今日は雪が降っているから、運転するときは気を付けなければならない。　운전하다,조심하다
➜

(5) 子供が宿題を教えてほしいと教科書を持ってきた。　숙제를 가르치다, 교과서
➜

제3과 집들이

学習表現

03-1

1 動詞の語幹 +(으)라는：~ようにという~、~しろという~

오늘까지 과제를 제출하**라는** 얘기를 못 들었어요?

今日までに　課題を　提出する**ようにという**話を聞いていなかったですか。

난 다음 주까지인 줄 알았어요.

私は　来週までだと　思っていました。

2 名詞 +을/를 위해서, 을/를 위한：~のために/~のための

일이 너무 바빠서 제대로 밥 먹을 틈도 없어요.

仕事は忙しすぎて　まともにご飯を食べる暇もありません。

일**을 위해서**가 아니라 자신**을 위해서** 일하도록 하세요.

仕事**のため**ではなく　自分**のために**　働くようにしてください。

3 動詞の語幹 +(으)ㄹ 겸：~がてら、~を兼ねて

휴가 기간 동안 뭘 했어요?

休みの間　何をしましたか。

가족들도 만나고 바람도 쐴 **겸** 고향에 다녀왔어요.

家族にも会い、　気分転換も**兼ねて**実家に行ってきました。

4 動詞の語幹 +(으)려던 참이다：~ようとしていたところだ

뭐 하고 있어?

何　しているの。

산책도 하고 책도 빌릴 겸 도서관에 가**려던 참인데**, 왜?

散歩もし、　本も借りがてら　図書館に　行こ**うとしていたところだけど**、どうしたの。

単語

ㄱㅁㅂ
가루비누：粉石けん
감독　：監督
거품이 나다：泡が出る
검색하다：検索する
구속하다：拘束する
권력　：権力
권위자：権威者
막　：ちょうど、いま
맞다　：正しい、合う
맡기다：任せる、預ける
배출　：排出
부엌용품：台所用品
부자　：金持ち
분야　：分野
불어나다：増える、増す
비밀번호：暗証番号

ㅅㅇㅈ
새기다：刻む、彫り付ける
솟아나다：湧き出る
시설　：施設
신혼　：新婚
얼룩　：染み
연구하다：研究する
우물　：井戸
자료　：資料
잔소리：小言
잘 풀리다：うまくいく
장애인：障害者
지나치다：度が過ぎる
집들이：新居祝いの宴

ㅋㅍㅎ
커피잔：コーヒーカップ
파다　：掘る
평생　：一生、生涯
헌책방：古本屋
화장지：トイレットペーパー
활약하다：活躍する
휴강　：休講

文法と表現

03-2

1 動詞の語幹 +(으)라는　　動詞 +しろという

慣用表現　間接引用の「-(으)라고 하다」の連体形「-(으)라고 하는」の縮約形。動詞の語幹に付いて、命令の内容を引用して伝える意を表す。語尾「-(으)라」は間接引用に用いられて命令の意を表す。

母音・ㄹ語幹 +라는		子音語幹 +으라는	
빨리 오+라는 +전화	早く来+いという+電話	빚을 갚+으라는 독촉	借金を返+せという督促
조심하+라는 +충고	気をつけ+ろという+忠告	나무를 심+으라는 +지시	木を植え+ろと言う+指示

① 한 분야만 평생 연구한 덕분에 그 분야의 권위자가 되었대요.
　- 그렇군요. 옛말에 한 우물을 파**라는** 말이 맞네요.
② 저 아이들 또 싸웠어요?
　- 주위에서 사이좋게 지내**라는** 말을 해도 듣지를 않아요.
③ 아내가 매일 술을 끊**으라는** 잔소리를 해요.
　- 그럼 이제부터는 술을 못 마시겠네요.

参考　名詞 +(이)라는：～という
間接引用の「-(이)라고 하다」の連体形「-(이)라고 하는」の縮約形。名詞に付いて間接引用であることを表す。
① 노인과 바다**라는** 책을 읽은 적이 있었어요?
② 사랑**이라는** 이름으로 상대를 지나치게 구속하지 마세요.

03-3

2 名詞 +을/를 위해서　　名詞 +のために

慣用表現　名詞に付いて、役立てようとする対象や目的、目標を表す。書き言葉では「-을/를 위하여」の形で、話し言葉では縮約形「-을/를 위해」の形でよく用いられる。

名詞 +을/를 위해서	승리+를 위해서	勝利+のために
名詞 +을/를 위하여	나라+를 위하여	国+のために
名詞 +을/를 위해	건강+을 위해	健康+のために

① 건강**을 위해서** 뭔가 하는 게 있어요? - 일주일에 서너 번 수영을 해요.
② 아직도 담배를 피우세요? - 건강**을 위해서** 끊고 싶은데 잘 안돼요.
③ 엄마, 잔소리 좀 그만해요. - 이게 다 너**를 위해서** 하는 소리야.

参考1　名詞 +을/를 위한：～のための
連体形として用いられて、役立てようとする対象や目的を表す。
① 그 사람은 돈과 권력**을 위한** 것이라면 무슨 일이든지 할 거예요.
② 이곳은 장애인**을 위한** 시설이 많이 부족한 것 같아요.

参考2　動詞の語幹 +기 위해서/ 기 위한：～のために/～のための
動詞の語幹に付いて、目的や意図を表す。「-기 위한」は連体形として用いられる。縮約形は「-기 위해」。
① 먹**기 위해서** 삽니까? 살**기 위해서** 먹습니까?
② 쓰레기 배출을 줄이**기 위한** 노력을 계속해야 한다.

練習

1 보기のように文を作ってみよう。

보기 술을 끊으세요 / 잔소리를 매일 듣다
➜ 술을 끊 으라는
잔소리를 매일 들 었다.

酒をやめてください/毎日小言を言われる
➜ 酒をやめろ という
小言を毎日言われ た。

(1) 아침 일찍 나오세요 / 연락을 받다　　朝早く出てくる/連絡を受ける

➜

(2) 한번 가 보세요 / 말을 듣고 오다　　一度行ってみる/話しを聞いてくる

➜

(3) 과장님께 전해 주세요 / 부탁을 하다　　課長に伝える/依頼をする

➜

(4) 빨리 보고하세요 / 독촉을 받다　　早く報告する/催促を受ける

➜

(5) 미국으로 출장을 가세요 / 지시가 있다　　米国に出張に行く/指示がある

➜

2 보기のように文を作ってみよう。

보기 돈을 벌다 / 외국으로 갔다
➜ 돈을 벌 기 위해서
외국으로 갔 어요.

お金を稼ぐ/外国に行く
➜ お金を稼ぐ ために
外国に行き ました。

(1) 책을 빌리다 / 도서관에 가다　　本を借りる/図書館に行く

➜

(2) 오해받지 않다 / 말을 분명히 할 필요가 있다　　誤解されない/話をはっきり言う必要がる

➜

(3) 한국을 알다 / 역사책을 읽었다　　韓国を知る/歴史本を読む

➜

(4) 성공하다 / 끊임없이 노력했다　　成功する/絶えず努力する

➜

(5) 일어를 배우다 / 일어 사전을 샀다　　日本語を学ぶ/日本語辞典を買う

➜

文法と表現

03-4

3 動詞の語幹 +(으)ㄹ 겸

動詞 +がてら、～を兼ねて

慣用表現 動詞の語幹に付いて、ある動作のついでにあることをする、または二つの以上の動作を並行して行う意を表す。

母音語幹 +ㄹ 겸		子音語幹 +을 겸	
피서도 하+ㄹ 겸	避暑がてら	자료도 찾+을 겸	資料を探すのも兼ねて
청소도 하+ㄹ 겸	掃除も兼ねて	저녁도 먹+을 겸	夕食も食べがてら

① 오후 수업이 휴강인데 뭐 할 거야?
　－ 책도 빌리고 연구 자료도 찾**을 겸** 도서관에 갔다 올까 해.

② 이번 휴가에는 뭐 할 거야?
　－ 기분 전환도 **할 겸** 아프리카로 여행을 가 볼까 해.

③ 이렇게 전화로만 몇 년째 얘기를 하고 있네.
　－ 그러니까 얼굴도 **볼 겸** 한번 이리로 놀러 와.

参考 名詞 +겸+ 名詞 :兼

二つの名詞の間で用いられて、兼任、兼用の意を表す。

① 일요일에는 늦은 아침 **겸** 점심을 먹고 헌책방을 찾아갔다.

② 그는 감독 **겸** 배우로서 활약하고 있다.

03-5

動詞の語幹 +(으)려던 참이다

動詞 +ようとしていたところだ

慣用表現 動詞の語幹に付いて、ある行動をしようとしていた、考えていたまさにその時を表す。「참이다」は「참이었다」と置き換えられる。よく「그렇지 않아도, 막, 안 그래도」とともに用いられる。

母音語幹 +려던 참이다		子音語幹 +으려던 참이다	
나가+려던 참이다	出かけようとしていたところだ	가게를 닫+으려던 참이다	店を閉めようとしていたところだ
전화하+려던 참이다	電話しようとしていたところだ	지금 닦+으려던 참이다	いま拭こうとしていたところだ

① 오늘 점심은 냉면을 먹으러 갈까요?
　－ 그렇지 않아도 나도 너무 더워서 냉면을 먹으러 가**려던 참이었어요**.

② 지금이 몇 시인데 아직도 자고 있어요?
　－ 지금 막 일어나**려던 참이에요**.

③ 비밀번호는 중요하니까 잊지 않도록 메모해 놓으세요.
　－ 안 그래도 메모해 놓**으려던 참이었어요**.

参考 動詞の語幹 +(으)려던 :～ようとしていた

「-(으)려고 하던」の縮約形。動詞の語幹に付いて、ある行動をする意図を持っていたことを表す。

① 오늘 입**으려던** 양복에 얼룩이 있어서 세탁소에 맡겼다.

② 스트레스 때문에 끊**으려던** 담배를 다시 피우고 있다.

練習

3 보기のように文を作ってみよう。

보기 산책을 하다/ 사진을 찍다 /공원에 가다

→ [산책]도 [하]고 [사진도 찍]을 겸 [공원에 가]았다.

散歩をする/写真を撮る/公園に行く

→ [散歩も]し、[写真も撮り]に[公園に行っ]た。

(1) 더위를 피하다 / 낚시를 하다 /한강에 가다　暑さを避ける/釣りをする/漢江に行く

→

(2) 차를 마시다/ 음악을 듣다/ 카페에 가다　お茶を飲む/音楽を聴く/カフェに行く

→

(3) 취미 생활을 하다/ 친구를 사귀다/ 동아리에 가입하다　趣味生活/友達と付き合う/サークルに加入する

→

(4) 과일을 사다/ 야채를 사다 /시장에 다녀오다　果物を買う/野菜を買う/市場に行ってくる

→

(5) 친구와 연극을 보다/ 저녁을 먹다/ 대학로에 가다　友達と演劇を見る/夕食を食べる/大学路に行く

→

4 보기のように文を作ってみよう。

보기 전화를 걸다

→ 그렇지 않아도 [전화를 걸]려던 참이었어요.

電話をかける

→ そうでなくても[電話をかけ]ようとしていたところでした。

(1)) 그 얘기를 말씀드리다.　その話を申し上げる

→

(2) 한잔 마시러 나가다.　一杯飲みに出かける

→

(3) 창문을 열어 놓다.　窓を開けておく

→

(4) 시간을 알아보다.　時間を調べてみる

→

(5) 지금 출발하다.　いま出発する

→

ダイアローグ&作文

03-6

5 読んでみよう。

1 유카　좀 물어볼 게 있는데, 지금 시간 좀 있어요?

2 경민　네, 괜찮아요. 무슨 일인데요?

3 유카　결혼한 친구가 집들이를 한다고 하는데 어떤 선물을 가지고 가야 할 지 모르겠어요. 어떤 선물이 좋을까요?

4 경민　글쎄요. 보통 이사를 간 집에는 가루비누 아니면 부엌용품을 사 가지고 가요.

5 유카　가루비누요? 왜 가루비누를 선물해요?

6 경민　가루비누는 거품이 많이 나잖아요.
비누 거품이 일어나는 것처럼 행복이 솟아나고 돈이 불어나서
부자가 되**라는** 뜻에서 집들이 선물로 인기가 많아요.

7 유카　그거 아주 재미있는데요. 다른 선물은 또 뭐가 있을까요?

8 경민　일이 잘 풀리**라는** 의미에서 화장지를 사 가지고 가는 사람도
있고 신혼 집에는 부부 커피잔을 사 가는 사람도 있어요.

9 유카　부부 커피잔이요?

10 경민　네, 아내와 남편**을 위한** 커피잔 세트요.
원하는 그림이나 부부의 이름을 새겨 넣기도 해서 기념이 되기 때문인가 봐요. 이 근처에 내가 아는 가게가 있으니까 구경도 **할 겸** 한번 가 볼래요?

11 유카　고마워요. 그렇지 않아도 인터넷으로 검색한 뒤에 찾아가 보**려던 참이었어요**.

6 訳してみよう。

(1) すぐ行くから先にカフェに行って待つようにというメールが来た。　곧, 먼저, 기다리다

➜

(2) 健康のために来週から毎朝運動することにした。　건강, 매일아침, 운동하다

➜

(3) 春休みにソウルへ旅行に行くために少しずつお金をためている。　봄방학, 여행, 모으다

➜

(4) 約束の時間が過ぎても来ないので電話しようとしていたところだった。　약속, 지나다, 전화하다

➜

(5) 明日報告しろという社長の指示があったので報告書を書き終えるまで帰れない。
보고하다, 사장님 지시

➜

間接引用表現と縮約形

区分		1 平叙形		
		現在	過去	未来(推測)
動詞	原形	간다고 하다 먹는다고 하다	갔다고 하다 먹었다고 하다	갈 거라고 하다 먹을 거라고 하다
	縮約	간대요 먹는대요	갔대요 먹었대요	갈 거래요 먹을 거래요
形容詞	原形	크다고 하다 작다고 하다	컸다고 하다 작았다고 하다	클 거라고 하다 작을 거라고 하다
	縮約	크대요 작대요	컸대요 작았대요	클 거래요 작을 거래요
名詞	原形	가수라고 하다 학생이라고 하다	가수였다고 하다 학생이었다고 하다	가수일 거라고 하다 학생일 거라고 하다
	縮約	가수래요 학생이래요	가수였대요 학생이었대요	가수일 거래요 학생일 거래요

区分		2 疑問形		
動詞	原形	가(느)냐고 하다* 먹(느)냐고 하다	갔(느)냐고 하다* 먹었(느)냐고 하다	갈 거냐고 하다 먹을 거냐고 하다
	縮約	가(느)내요* 먹(느)내요	갔(느)내요 먹었(느)내요	갈 거내요 먹을 거내요
形容詞	原形	크냐고 하다 작(으)냐고 하다*	컸냐고 하다 작았냐고 하다	
	縮約	크내요 작(으)내요*	컸내요 작았내요	
名詞	原形	가수냐고 하다 학생이냐고 하다	가수였냐고 하다 학생이었냐고 하다	
	縮約	가수내요 학생이내요	가수였내요 학생이었내요	

※疑問文の引用の場合、基本的に動詞には「−느냐고」、形容詞の子音語幹には「−으냐고」の形で結合するが、話し言葉では動詞か形容詞の子音語幹かに関係なく「−냐고」と結合して用いることもできる。
①언제 가느내요. ➜ 언제 가내요 ②그렇게 좋으내요 ➜ 그렇게 좋내요
※先語末語尾と結合する場合、動詞は「−았/었,−(으)시,−겠+(느)냐고 해요」➜「−았/었,−(으)시,−겠+(느)내요」、形容詞は「−았/었,−(으)시,−겠+냐고 해요」➜「−았/었,−(으)시,−겠+내요」の形で結合する。
①확인했(느)냐고 해요. ➜ 확인했(느)내요. ②바쁘시냐고 해요. ➜ 바쁘시내요.

区分		3 勧誘形		
		現在	禁止	
動詞	原形	가자고 하다 먹자고 하다	가지 말자고 하다 먹지 말자고 하다	
	縮約	가재요 먹재요	가지 말재요 먹지 말재요	

区分		4 命令形		
		現在	禁止	
動詞	原形	가라고 하다 먹으라고 하다	가지 말라고 하다 먹지 말라고 하다	
	縮約	가래요 먹으래요	가지 말래요 먹지 말래요	

제4과 復習(1課・2課・3課)

1 文型復習　문형복습

04-1

1 動詞の語幹 +는/(으)ㄴ/(으)ㄹ 듯하다：～ているようだ/ したようだ/ しそうだ

❶ 어디서 타는 **듯한** 냄새가 나요.

－어머! 냄비를 레인지에 올려놓고 깜빡 잊어버렸네!

❷ 아직 안 오네요. 전화 연락도 없어요?

－네, 이쪽에서도 전화를 걸어도 안 받네요. 이미 출발한 **듯해요**.

❸ 갑자기 하늘이 어두워진 걸 보니 소나기라도 올 **듯하네요**.

－그러네요. 소나기라도 한줄기 쏟아지면 좀 시원해질지 몰라요.

❹ 이 모자 귀엽네요. 지영이한테 선물할까요?

－그런데 지영이한테는 좀 작을 **듯한데요**.

2 用言の語幹 +는/(으)ㄴ 데다가：～うえに、～に加えて

❶ 강의 내용은 이해가 되었어요?

－말을 빨리 하**는데다가** 어려운 단어를 많이 써서 알아듣기 힘들었어요.

❷ 왜 그렇게 힘이 없어 보여요?

－많이 걸**은 데다가** 점심을 못 먹어서 힘이 없어요.

04-2

3 用言の語幹 +는/(으)ㄴ 탓에：～せいで、～ために

❶ 요즘 물가는 어때요?

－비가 많이 온 **탓에** 채소 값이 많이 올랐어요.

❷ 오늘 야구 안 했어요?

－갑자기 비가 오는 **탓에** 하다가 말았어요.

4 用言の語幹 +(으)면 좋겠다：～ばいいと思う

❶ 너무 덥다. 시원한 콜라라도 한 잔 마셨**으면 좋겠어**.

－잠깐만 기다려. 내가 자판기에서 사 올게.

❷ 오늘 밤엔 눈이 올 거래.

－눈이 올 거라면 펑펑 쏟아졌**으면 좋겠다**.

04-3

5 動詞の語幹 +아/어/여야겠다：～なければならない

❶ 손님들이 곧 도착하신대요.

－그럼 빨리 준비해**야겠네요**.

❷ 가게 이름 지었어요?

－아직이요. 내일 가족 회의를 열어서 정**해야겠어요**.

6 用言の語幹 +던데：～ていたが、～ていたけど、～ていたのに

❶ 영민이 얼굴이 어두워 보이**던데** 무슨 일이 있어요?

－어머니가 많이 편찮으신 것 같아요.

❷ 며칠 동안 학교에 안 왔**던데** 무슨 일이 있었어요?
　－네, 감기로 꼼짝 못하고 누워 지냈어요.

7 動詞の語幹 +(으)ㄹ 만하다：～に値する、～に適する

04-4

❶ 요즘 새로 나온 책 중에서 읽**을 만한** 책이 없을까?
　－마침 재미있는 소설책을 하나 샀는데 빌려 줄까?
❷ 여름 방학엔 경주에 가 볼까 해요.
　－역사를 좋아하는 사람들에겐 한 번쯤 가 볼 **만한** 곳이에요.

8 動詞の語幹 +아/어 달라고～：～てくれと～、てほしいと～

❶ 친구가 갑자기 큰돈을 빌**려 달라고** 하는데 어떻게 해야 할지 모르겠어.
　－네가 친구를 빌려 줄 만한 돈이 어디 있니? 빨리 거절해.
❷ 아이가 장난감만 보면 **사 달라고** 해서 골치가 아파.
　－지금 그 나이 때가 그럴 때야. 조금만 더 크면 괜찮아.

9 動詞の語幹 +(으)라는：～しろという

04-5

❶ 아들이 요즘 공부도 안 하고 스마트폰만 보고 있어요.
　－그래도 아이에게 너무 공부하**라는** 말은 하지 마세요.
❷ 아이가 너무 편식을 해서 걱정이에요.
　－나도 어렸을 때는 가리지 말고 먹**으라는** 소리를 매일 들었어요.

10 名詞 +을/를 위해서(위하여), 을/를 위한, 기 위해서：～のために、～のための、～ために

❶ 엄마 잔소리가 심해서 집에 가고 싶지 않아.
　－그게 다 너**를 위해서** 하는 소리니까 참아.
❷ 외국인**을 위한** 한국 문화 강좌를 하는 곳이 없을까요?
　－그런 정보라면 한국문화원에 알아보세요.
❸ 실제보다 과장된 광고가 많은 것 같아요.
　－광고는 사람들의 관심을 끌**기 위해서** 만들어지니까 과장되는 면이 있어요.

11 動詞の語幹 +(으)ㄹ 겸：～がてら、～を兼ねて

04-6

❶ 오후에 도서관에서 안 보이던데 어디 있었어요?
　－기분 전환도 **할 겸** 노래방에 갔다 왔어요.
❷ 내일부터 연휴인데 뭐 할 거예요?
　－가족들도 만나고 바람도 **쐴 겸** 고향에 다녀오려고 해요.

12 動詞の語幹 +(으)려던 참이다：～ようとしていたところだ

❶ 지금이 몇 시인데 아직도 자고 있니?
　－지금 막 일어나**려던 참이야**.
❷ 오후 수업은 휴강이래. 들었어?
　－그렇지 않아도 지금 확인해 보**려던 참이었어**. 고마워.

2 復習問題 복습문제

1 보기の中の語尾を用いて二つの文を適切につないでみよう。

보기 ①-는/(으)ㄴ 데다가, ②-는/(으)ㄴ탓에, ③-던데, ④-(으)ㄹ 만한, ⑤-(으)ㄹ 겸, ⑥-기 위해서

①～うえに、②～したせいで、③～ていたが、④～に値する、⑤～がてら、⑥～のために

➜ 비가 (오다) 야구를 못 했어요.
오는 탓에

雨が(降る) 野球ができなかったです。
➜ 降っているせいで

(1) 경기가 안 (좋다) 취업률이 상당히 낮은 것 같아요. 景気がよくない、就職率が低い

➜

(2) 한국 노래를 잘 (부르다) 어디서 배웠어요? 韓国の歌が上手だ、どこで習う

➜

(3) 한국어 공부에 도움이 (되다) 책이 있으면 소개해 주세요. 韓国語の勉強に役立つ、紹介する

➜

(4) 감기에 (걸리다) 잠까지 못 자서 너무 피곤해요. 風邪を引く、寝てない、疲れる

➜

(5) 한국에 유학을 (가다) 매일 아르바이트를 하고 있다. 韓国に留学する、バイトをする

➜

(6) 경험이 (없다) 실수를 많이 해요. 経験がない、ミスをする

➜

(7) 열이 (나다) 기침도 해요. 熱が出る、咳もする

➜

(8) 여러가지로 (본받다) 친구와 사귀는 것이 좋다. いろいろ手本とする、友達と付き合う

➜

(9) 아까 도서관 앞에서 민수가 (기다리다) 만났어? さっき図書館の前で待つ、会う

➜

(10) 값은 싸지만 맛이 (없다) 손님이 별로 없다. 安いけど美味しくない、お客がいない

➜

(11) 건강을 (유지하다) 운동을 해야겠어요. 健康を維持する、運動をする

➜

(12) 그 꽃은 (아름답다) 오래 가서 좋아요. 花は美しい、長持ちして良い

➜

(13) 너무 늦게 (일어나다) 지각을 했다. 遅く起きる、遅刻をする

➜

(14) 과일도 사고 야채도 (사다) 시장에 갔다 왔다 果物、野菜も買う、市場に行ってくる

➜

2 次の文を間接引用文の縮約形に直してみよう。

보기 음악을 듣습니다. ➜ [음악을 듣]는대요. ※縮約形例：-ㄴ/는대요, -(이)래요, -느내요/-(으)내요, -(으)래요, -재요	音楽を聞きます。 ➜ [音楽を聞いている]そうです。

(1) 민수는 지금 잡니다. いま寝る

➜

(2) 지금 바빠요? いま忙しい

➜

(3) 영화를 보러 갑시다. 映画を見に行く

➜

(4) 어디에 살아요? どこに住む

➜

(5) 밤에는 눈이 올 거예요. 夜、雪が降る

➜

(6) 언니가 내일 선을 봐요. 姉、見合いをする

➜

(7) 길이 막혀서 늦었어요. 道路が渋滞する、遅れる

➜

(8) 서울은 몹시 추워요. とても寒い

➜

(9) 아홉 시에 모이세요. 9時に集まる

➜

(10) 빨리 휴가 계획을 세웁시다. 休みの計画を立てる

➜

(11) 다음 주에 이사를 합니다. 来週、引っ越す

➜

(12) 경치가 좋은 곳입니다. 景色が良いところ

➜

(13) 이번 토요일에 같이 영화 보러 가요. 映画を見に行く

➜

(14) 손님：영수증을 주십시오. お客さん、領収書

➜

3 リーディング練習　문장읽기

04-7

1 次の文章を読んでみよう。

인터넷은 우리가 얻고 싶은 다양한 정보를 시간과 공간을 넘어 쉽게 찾을 수 있게 한다. ❷ 한번의 클릭으로 멀리 있는 친구에게 편지를 보내고 받아 볼 수 있다. 또한 언제 어디서나 사람들과 만나서 대화를 나누거나 친구들을 사귈 수 있다. ❸ 뿐만 아니라 인터넷을 통하여 많은 자료를 쉽게 얻을 수 있으며 원할 때, 원하는 장소에서 학습할 수도 있다. ❹ 은행이나 가게에 직접 가지 않고도 저금하거나 필요한 물건을 살 수 있으며 음악, 영화 등 다양한 문화생활도 즐길 수 있다.

「ハングル検定試験　3級　41回既出問題」

내 직업은 통역사이다. 이름만 대면 다 아는 음악가 형제 셋을 키우신 노부인이 일본에 오셨을 때의 일이다. ❷ 나는 아드님의 연주를 노부인과 함께 들었다. 연주가 끝나자마자 회장은 아낌없는 박수 소리로 가득 찼다. ❸ 그런데 가장 크고 힘찬 박수를 오랫동안 보낸 사람은 바로 어머니인 노부인이셨다. ❹ 80살이 넘은 노부인에게 여쭤 보았다. "힘드시지 않으세요?" 노부인은 이렇게 대답하셨다. "힘들긴. 엄마가 안하면 누가 합니까?" ❺ 이미 세상을 떠나신 노부인의 말씀은 아직도 내 마음에 남아 있다. ❻ 내 딸도 지금 유명한 음악가를 꿈꾸며 활동하고 있다. 나도 노부인처럼 그 누구보다도 크고 힘찬 박수를 딸에게 보내고 있다.

「ハングル検定試験　3級　45回既出問題」

04-8

2 次の文章を読んでみよう。

영화 '아바타' 의 감독 제임스 카메론이 무명일 때였다. 그는 유명한 영화 제작자를 만났다. ❷ 할리우드에서도 대단한 영향력이 있는 제작자라 오래 붙들고 얘기할 수가 없었다. ❸ 그래서 그는 자기의 귀중한 시나리오를 보여주며 말했다. "당신에게 시나리오를 1달러에 팔겠습니다." ❹ 이 특이한 제안에 제작자가 관심을 보였다. 그는 기회를 놓치지 않고 한가지 조건을 덧붙였다. 자신이 감독을 맡겠다는 것이었다. ❺ 그렇게 탄생한 영화가 바로 '터미네이터' 이다. 이후 '타이타닉', '아바타' 를 만들어 할리우드 대표 감독이 되었다.

「ハングル検定試験　準2級　45回既出問題」

※ハングル能力検定試験に関する最新の情報は次のHPで確認できます。
「ハングル能力検定協会」：http://www.hangul.or.jp/

③ 次の文章を読んでみよう。

04-9

할머니를 시골에 두고 혼자 서울로 올라오는 발걸음은 가볍지 않았다. 하지만 무거웠던 마음은 며칠 가지 않았다. ❷ 할머니는 날마다 전화를 하더니 급기야 서울로 올라오시고 말았다. 할머니의 손자 사랑은 어쩔 수 없나 보다. ❸ 할머니는 청소며 빨래며 나에게는 안 보이던 온갖 집안일들을 찾아서 하기 시작했다. 그냥 쉬다가 내려가시라고 아무리 말해도 들은 척도 하지 않았다. ❹ 서른이 넘은 나는 할머니가 보기엔 여전히 아이에 불과했다. 서울살이 몇 주 만에 낯선 동네에서 친구까지 사귄 할머니는 친구를 따라 시장에 갔다가 넘어지시고 말았다. ❺ 병원에서 온 연락을 받고 걱정이 되어 정신없이 달려갔더니 할머니는 같은 병실 사람들을 모아 놓고 환하게 웃으며 이야기하고 있었다. ❻ 다리에 붕대를 감고서 말이다. 그 광경을 보고 난 할 말을 잃었다.

「韓国語能力試験Ⅱ(TOPIKⅡ) 41回既出問題」

④ 次の文章を読んでみよう。

04-10

인류의 지난 문명은 동질성이 지배해 왔다. 동질성 위주의 사고방식은 씨족사회 시절부터 오늘에 이르기까지 공동체의 힘을 결집시켜 주었고 그것은 곧 인류 발전의 원동력이 되었다. ❷ 그러나 지금도 곳곳에서 발생하고 있는 무력 충돌이라는 부작용을 초래하기도 한다. 동질성이 강조될수록 이질성에 대한 적대감이 커지기 때문이다. ❸ 교통 통신의 발달로 변방과 국경이 사라진 지구촌의 인류에게 필요한 덕목은 더 이상 동질성이 아니다. ❹ 그것은 자칫 다름을 철저히 배격함으로써 지구촌 차원의 불행을 야기할 수도 있다. ❺ 이 시대 인류 전체의 화두는 '다름' 이 되어야 한다. 다른 것은 또 다른 것을 보완하고 완성시키며 성장케 하는 조력자이다. ❻ 또한 서로 다른 것의 결합은 기존의 것과 구별되는 창조의 원천이다. ❼ 도래하는 신문명 시대의 가치는 동질성이 아닌 다름에서 찾아야 한다. 이제 새로운 사고의 틀로 인류의 역사를 새롭게 쓸 때이다.

「韓国語能力試験Ⅱ(TOPIKⅡ) 37回既出問題」

※韓国語能力試験(TOPIK) に関する最新の情報は次のHPで確認できます。
「韓国教育財団」: http://www.kref.or.jp/examination

引用表現の縮約形(1)

間接引用の縮約形　間接引用の後に語尾が結合する場合、話し言葉では引用の「**-고 하다**」が縮約されて、「**-는다고 하+니까 ➜ 는다니까, -냐고 하+니까 ➜ 냐니까, -자고 하니까 ➜ 자니까, -으라고 하니까 ➜ 으라니까**」のように縮約形で用いられるのが一般的である。様々な語尾と結合した縮約形があるので、基本的な縮約のパターンに慣れるようにしよう。

語尾結合の例

①引用文+**고 해요**：～と言います　②引用文+**고 하는**：～と言う～
③引用文+**고 하니까**：～と言うから　④引用文+**고 하던데**：～と言っていたが
⑤引用文+**고 하는구나**：～と言うんだね　⑥引用文+**고 하기에**：～と言うので

❶ 平叙文引用の縮約

① 動詞 +ㄴ/는다고 해요 ➜ 動詞 +ㄴ/는대요	形容詞 +다고 하니까 ➜ 形容詞 +다니까
動詞 +ㄴ/는다고 하는 ➜ 動詞 +ㄴ/는다는	形容詞 +다고 하던데 ➜ 形容詞 +다던데
動詞 +ㄴ/는다고 하니까 ➜ 動詞 +ㄴ/는다니까	形容詞 +다고 하는구나 ➜ 形容詞 +다는구나
動詞 +ㄴ/는다고 하던데 ➜ 動詞 +ㄴ/는다던데	形容詞 +다고 하기에 ➜ 形容詞 +다기에
動詞 +ㄴ/는다고 하는구나 ➜ 動詞 +ㄴ/는다는구나	③ 名詞 +(이)라고 해요 ➜ 名詞 +(이)래요
動詞 +ㄴ/는다고 하기에 ➜ 動詞 +는다기에	名詞 +(이)라고 하는 ➜ 名詞 +(이)라는
② 形容詞 +다고 해요 ➜ 形容詞 +대요	名詞 +(이)라고 하니까 ➜ 名詞 +(이)라니까
形容詞 +다고 하는 ➜ 形容詞 +다는	名詞 +(이)라고 하기에 ➜ 名詞 +(이)라기에

① 일할 사람을 급하게 찾**는대요**.
지수는 아무거나 잘 먹**는대요**.
남의 말만 듣**는다는** 건 좋지 않아요.
책 읽**는다니까** 조용히 합시다.
약을 먹**는다던데** 갈 수 있을까요?
시험 공부를 한**다기에** 텔레비전을 껐다.

② 서울은 지금 아주 덥**대요**.
시험이 어렵**다던데** 합격이 될까요?
엄마가 피곤하**다니까** 청소는 우리가 하자.
③ 그가 일등**이라는** 말은 믿을 수가 없다.
금년에도 회사가 계속 적자**라니까** 걱정이다.
저 사람이 유명한 영화배우**라기에** 사인을 받았어요.

❷ 疑問文引用の縮約

① 動詞 +느냐고 해요 ➜ 動詞 +느내요	形容詞 +(으)냐고 하니까 ➜ 形容詞 +(으)냐니까
動詞 +느냐고 하는 ➜ 動詞 +느냐는	形容詞 +(으)냐고 하던데 ➜ 形容詞 +(으)냐던데
動詞 +느냐고 하니까 ➜ 動詞 +느냐니까	形容詞 +(으)냐고 하기에 ➜ 形容詞 +(으)냐기에
動詞 +느냐고 하던데 ➜ 動詞 +느냐던데	③ 名詞 +(이)냐고 해요 ➜ 名詞 +(이)내요
動詞 +느냐고 하기에 ➜ 動詞 +느냐기에	名詞 +(이)냐고 하니까 ➜ 名詞 +(이)냐니까
② 形容詞 +(으)냐고 해요 ➜ 形容詞 +(으)내요	名詞 +(이)냐고 하기에 ➜ 名詞 +(이)냐기에

① 보는 사람마다 자기 자전거를 봤**느내요**.
해외여행을 가 본 적이 있**느냐는** 질문을 받았다.
질문이 있**느냐니까** 그는 대답은 없이 웃기만 했다.
② 실내 온도가 괜찮**으내요**.
과일이 비싸**냐니까** 그렇지 않단다.

민수가 너 요즘 바쁘**냐던데** 무슨 일 있었어?
한라산이 얼마나 높**으냐기에** 잘 모르겠다고 했어.
③ 이쪽은 제 동생인데 보는 사람들마다 친구**내요**.
학교가 어디**냐니까** 아이는 작은 소리로 저기라고 했다.
언제 산 노트북**이냐기에** 어제 샀다고 했다.

❸ 命令文引用の縮約

動詞 +(으)라고 해요 ➜ 動詞 +(으)래요	動詞 +(으)라고 하던데 ➜ 動詞 +(으)라던데
動詞 +(으)라고 하는 ➜ 動詞 +(으)라는	動詞 +(으)라고 하는구나 ➜ 動詞 +(으)라는구나
動詞 +(으)라고 하니까 ➜ 動詞 +(으)라니까	動詞 +(으)라고 하기에 ➜ 動詞 +(으)라기에

실내에서는 모자를 벗**으래요**.
매일 담배를을 끊**으라는** 잔소리를 들어요.
갑자기 주소를 적**으라니까** 생각이 안 났다.

검사를 받**으라던데** 병원 가기가 귀찮다.
이번엔 나보고 총무를 맡**으라는구나**.
빨리 오**라기에** 서둘러 택시를 타고 왔다.

❹ 勧誘文引用の縮約

動詞 +자고 해요 ➜ 動詞 +재요	動詞 +자고 하던데 ➜ 動詞 +자던데
動詞 +자고 하는 ➜ 動詞 +자는	動詞 +자고 하는구나 ➜ 動詞 +자는구나
動詞 +자고 하니까 ➜ 動詞 +자니까	動詞 +자고 하기에 ➜ 動詞 +자기에

민수가 이번 여름에 바다로 놀러 가**재요**.
선배로부터 함께 일하**자는** 제의를 받았다.
놀이공원에 놀러 가**자니까** 아이들이 무척 기뻐했다.

준호가 내일 술 마시러 가**자던데** 너도 갈래?
경민이가 주말에 같이 테니스 치러 가**자는구나**.
친구가 저녁을 같이 먹**자기에** 나가는 길이에요.

제5과 군대

学習表現

05-1

1 用言の語幹 +ㄴ/는다면서요/다면서요：～そうですね、～ですって

어머니가 많이 편찮으시**다면서요**?

お母さんは だいぶ体の具合がお悪い**そうですね**。

네, 그래도 지금은 많이 나아지셨어요.

ええ、 でも 最近は かなりよくなりました。

2 用言の語幹 +ㄴ/는다니/다니：～そうだから、～というから

눈이 많이 온**다니** 내일은 길이 미끄럽겠구나.

雪が たくさん降っている**というから**明日は道路が滑りやすくなるな。

내일은 차로 가지 말고 지하철로 가야겠어요.

明日は 車で 行かないで 地下鉄で 行かなければなりませんね。

3 用言の語幹 +아야/어야/여야：～てこそ、～てはじめて

저 한식당은 늘 손님이 많네요.

あの 韓国料理店はいつもお客さんが多いですね。

저기는 한 달 전에 예약**해야** 들어갈 수 있대요.

あそこは 一カ月前に 予約**しないと** 入れないそうです。

4 名詞 +는/은커녕：～はおろか、～どころか

이번 여름 휴가는 어디로 갈 거니?

今度の夏休みは どこにいくの。

회사 일이 밀려서 휴가**는커녕** 일요일에도 출근해야 될 것 같아.

会社の仕事がたまっているので休み**どころか** 日曜日にも 出勤しなければならないと思う。

単語

ㄱㄴㄷㅁ
- 거꾸로：逆に、逆さまに
- 고무신：ゴム靴
- 군대：軍隊
- 낭비：浪費
- 농담：冗談
- 누리다：享受する
- 당황스럽다：戸惑う、慌てる
- 뜨다：昇る
- 막상：いざ
- 물개：オットセイ

ㅂㅅㅇ
- 밥값：食事代
- 상대방：相手
- 상황：状況
- 새우다：夜を明かす
- 서쪽：西
- 소용없다：無駄だ
- 소중하다：大切だ、大事だ
- 술값：飲み代
- 알맞다：適当だ、合う
- 양념：合わせ調味料
- 엄청나다：途方もない
- 육체적：肉体的
- 의무：義務
- 입대：入隊

ㅈㅊㅋ
- 자유：自由
- 정신적：精神的
- 제대하다：除隊する
- 죽：お粥
- 지원제：志願制
- 지원하다：志願する
- 착잡하다：気持ちが乱れる
- 카드 게임：カードゲーム
- 캄캄하다：真っ暗だ

ㅌㅍㅎ
- 통제되다：統制される
- 평일：平日
- 해：日、太陽

文法と表現

05-2

1 用言の語幹 +(ㄴ/는)다면서요? 　用言 +～そうですね、～ですって

終結語尾　用言の語幹に付いて、伝え聞いた事柄を確認する意を表す。皮肉った口調で言うと皮肉って確認する意になる。해体では「-(ㄴ/는)다면서?」の形で用いられる。

接続　①動詞の語幹、先語末語尾-(으)시には「～ㄴ/는다면서요」、②形容詞の語幹、先語末語尾-았/었-, -겠-には「～다면서요」、③名詞には「～(이)라면서요」の形で結合する。

① 動詞 +ㄴ/는다면서요?	다음 달에 결혼한+ㄴ**다면서요**?	来月に結婚するそうですね。
	아침은 안 먹+**는다면서요**?	朝食は食べないんですって?
② 形容詞 +다면서요?	서울은 아주 춥+**다면서요**?	ソウルはとても寒いそうですね。
	요즘 일이 바쁘+**다면서요**?	最近仕事が忙しいそうですね
先語末語尾 +다면서요?	면허 시험을 보+**았다면서요**?	免許の試験をうけたんですって?
③ 名詞 +(이)라면서요?	오늘이 생일+**이라면서요**?	今日が誕生日だそうですね。

① 책을 많이 읽**는다면서요**? - 읽을 만한 책이 있으면 한 권만 소개해 주세요.
② 한국 사람들은 김치를 좋아한**다면서요**? - 네, 그렇지만 맵다고 안 먹는 사람도 있어요.
③ 그 가게는 떡볶이가 맛있**다면서요**? 언제 한번 같이 가요.
④ 여동생이 그렇게 예쁘**다면서요**? 사진 좀 보여 주세요.
⑤ 오늘이 민영 씨 생일**이라면서요**? 생일 축하해요.
⑥ 언제는 물개처럼 수영을 잘한**다면서요**? - 그건 농담이었지.

参考　用言の語幹 +(ㄴ/는)다면서：～といいながら、～といいつつ、～といったくせに

連結表現として用いられて、①伝え聞いた話による状況の説明、②伝え聞いた内容と反対の状況を問いただす意を表す。①は「-(ㄴ/는)다고 하면서」の縮約形、②は「-(ㄴ/는)다고 했으면서」の縮約形。

① 민수는 뭐 해? - 시험 공부를 한**다면서** 방으로 들어갔어요.
② 술 끊**는다면서** 오늘도 마셨어?

05-3

2 用言の語幹 +(ㄴ/는)다니 　用言 +～そうだから、～というから、～だなんて

慣用表現　用言の語幹に付いて、①伝え聞いたことが判断の理由や根拠であることを表す。②伝え聞いたことに対して驚きや意外の気持ちを表す意としても用いられる。①は「-(ㄴ/는)다고 하니」の縮約形、②は「-(ㄴ/는)다고 하다니」の縮約形。

接続　①動詞の語幹、先語末語尾-(으)시には「～ㄴ/는다니」、②形容詞の語幹、先語末語尾-았/었-, -겠-には「～다니」、③名詞には「～(이)라니」の形で結合する。

① 動詞 +ㄴ/는다니	다음 달에 결혼하+ㄴ**다니**	来月に結婚するそうだから
	아침은 안 먹+**는다니**	朝食は食べないというから
② 形容詞 +다니	서울은 아주 춥+**다니**	ソウルはとても寒いというから
	요즘 일이 바쁘+**다니**	最近仕事が忙しいというから
先語末語尾 +다니	감기가 나+**았다니**	風邪が治ったというから
③ 名詞 +(이)라니	오늘이 생일+**이라니**	今日が誕生日だそうだから

① 아기가 잔**다니** 조용히 하자.
② 열심히 공부했**다니** 결과가 좋을 거예요. 걱정하지 마세요.
③ 저 식당 음식이 맛있**다니** 한번 같이 가서 먹어 보자.
④ 네가 운동을 시작하겠**다니** 내일은 해가 서쪽에서 뜨겠다.

練習

1 보기のように文を作ってみよう。

보기 살 빼려고 아무것도 안 먹다/ 괜찮다	痩せようと何も食べない/大丈夫だ
➜ 살 빼려고 아무것도 안 먹는 **다면서요?**	➜ 痩せようと何も食べない **そうですね。**
괜찮 **아요?**	大丈夫 **ですか。**

(1) 밤을 새웠다 / 피곤하지 않다　　徹夜をする/疲れる

➜

(2) 아침을 안 먹었다 / 식사할 시간이 없었다　　朝食を食べない/食事する時間がない

➜

(3) 운전 면허를 땄다 / 얼마나 걸렸다　　運転免許を取る/どのくらいかかる

➜

(4) 혼자 아이들을 키웠다 / 힘들지 않았다　　一人で子供を育てる/大変だ

➜

(5) 백두산에 가다 / 언제 출발하다　　白頭山に行く/いつ出発する

➜

2 보기のように文を作ってみよう。

보기 비가 오지 않다 / 걱정이다	雨が降らない/心配だ
➜ 비가 오지 않 **는다니** 걱정이 **네요.**	➜ 雨が降らない **そうだから** 心配 **ですね。**

(1) 그 일을 혼자서 해야 하다 / 힘들겠다　　仕事を一人でする/大変だ

➜

(2) 병이 다 나았다 / 다행이다　　病気が全部治る/幸いだ

➜

(3) 나를 믿지 못하다 / 유감스럽다　　私を信じない/残念だ

➜

(4) 집이 그렇게 넓다 / 부럽다　　家がとても大きい/うらやましい

➜

(5) 사장님이 기분이 안 좋다 / 걱정이 되다　　社長の機嫌が悪い/心配になる

➜

文法と表現

05-4

3 用言の語幹 +아야/어야/여야

用言 +てこそ、~てはじめて、~ば

連結語尾 用言の語幹に付いて、後ろの内容が成り立つための強い条件の意を表す。名詞は「-(이)라야」の形で接続する。

① ㅏ・ㅗ語幹の用言 +아야	평일에 **가야** 쇼핑하기가 편하다	平日に行けばショッピングしやすい
	허락을 받**아야** 여행을 갈 수 있다	許可を得なければ旅行に行けない
② ㅏ・ㅗ以外の語幹の用言 +어야	배추로 만들**어야** 맛있다	白菜で作ってこそ美味しい
	스트레스가 적**어야** 건강해진다	ストレスが少なくてこそ健康になる
③ 하다語幹の用言 +여야	신중하**여야** 실수가 적다	慎重であればミスが少ない

① 백화점은 평일에 **가야** 사람이 적어 쇼핑하기가 편해요.
② 음식은 양념이 알맞게 들어**가야** 맛이 있어요.
③ 카드 게임에서는 상대방의 마음을 읽**어야** 이길 수 있어요.
④ 무슨 일이든지 열심히 노력**해야** 성공할 수 있어요.
⑤ 간호사는 꼭 여자**라야** 돼요?－아뇨, 남자도 많아요.

参考 用言の語幹 +아야/어야/여야：(いくら) ~しても、(いかに) ~しても
否定的な文中で用いられて、何の影響を与えない意を表す。主に「아무리」とともに用いられることが多い。

① **아무리** 울**어야** 소용없어!
② 방법이 잘못되면 **아무리** 노력**해야** 소용없다.

05-5

4 名詞 +는/은커녕

名詞 +~はおろか、~どころか

助詞 名詞に付いて、前の事柄や対象を強調して否定する意を表す。助詞「커녕」の強調形。

母音体言 +는커녕		子音体言 +은커녕	
공부+**는커녕** 게임만 한다	勉強どころかゲームばかり	밥+**은커녕** 물도 못 마신다	ご飯どころか水も飲めない
비행기+**는커녕** 기차도…	飛行機はおろか列車さえ…	점심+**은커녕** 아침도…	昼食どころか朝食も…

① 하와이에 가 본 적이 있어?
－나는 하와이**는커녕** 제주도에도 못 가 봤어.
② 이따가 한 잔 마시러 갈까?
－미안해. 오늘은 술값**은커녕** 밥값도 없어.
③ 밥 먹었어?－아니, 목이 아파서 밥**은커녕** 죽도 못 먹겠어.

参考 用言の語幹 +기는커녕：~はおろか、~どころか
用言の語幹に付いて、前の状況、内容を強調して否定する意を表す。
① 피곤해 보인다. 좀 쉬어.－쉬**기는커녕** 밤 새워 일해도 다 못 끝낼 것 같아.
② 1월인데 춥**기는커녕** 봄 날씨처럼 따뜻해.

練習

3 보기のように文を作ってみよう。

보기 이것은 무로 만들다 / 맛있다
➜ 이것은 무로 만들 어야
맛있 어요.

これは大根で作る/美味しい
➜ これは大根で作って こそ
美味しい です。

(1) 150번 버스를 타다 / 미술관에 갈 수 있다　　バスに乗る/美術館に行く

➜

(2) 밝은 색깔의 옷을 입다 / 시원해 보이다　　明るい色の服を着る/涼しく見える

➜

(3) 여권이 있다 / 외국에 갈 수 있다　　パスポートがある/外国に行く

➜

(4) 문이 닫히다 / 지하철은 출발하다　　ドアが閉まる/地下鉄は出発する

➜

(5) 아침을 먹다 / 공부도 잘되다　　朝食を食べる/勉強もよくできる

➜

4 보기のように文を作ってみよう。

보기 떡국을 먹다 / 밥도 제대로 못 먹다
➜ 떡국은 먹 었어요?
떡국 은커녕 밥도 못 먹 었어요.

トックを食べる／ご飯も食べてない
➜ トックは食べ ましたか。
トック どころ
ご飯も食べられなかった です。

(1) 저축을 많이 하다 / 생활비도 모자라다　　貯金をする/生活費も足りない

➜

(2) 선생님한테서 칭찬을 듣다 / 야단만 맞다　　先生に褒められる/叱られる

➜

(3) 시험 공부를 많이 하다 /하루 종일 게임만 하다　　試験勉強をする/一日中ゲームばかりする

➜

(4) 목욕을 하다 / 세수도 못 하다　　風呂に入る/顔も洗えない

➜

(5) 방학에 여행을 갔다 오다 / 아르바이트를 하느라고 바쁘다　　休みに旅行に行って来る/バイトで忙しい

➜

ダイアローグ&作文

05-6

5 読んでみよう。

1 마유 민준 씨, 군대에 간**다면서요**? 지원한 거예요?
2 민준 아뇨, 한국은 군대가 지원제가 아니라 의무예요.
한국 남자라면 대개 스무 살이 되면 군대에 가야 해요.
3 마유 2년 동안 군대에 가게 되면 마음이 착잡하겠네요. 입대 날짜는 정해졌어요?
4 민준 네, 얼마 안 남았어요. 처음엔 입대 날짜를 받고 좀 당황스러웠어요.
자유가 없이 통제된 군대 생활을 생각하니 눈앞이 캄캄했고요.
5 마유 그 기분은 알 것 같아요. 2년이나 군대에서 지낸**다니** 엄청난 시간 낭비인 것 같네요.
6 민준 나도 처음엔 시간 낭비라고 생각했어요. 그렇지만 이젠 생각을 바꾸기로 했어요. 육체적이나 정신적으로 힘든 상황을 참고 생활하다 보면 지금 누리고 있는 자유의 소중함을 알게 될 것 같아요.
7 마유 그래서 한국에서는 군대에 갔다 와**야** 남자가 된다는 말을 하는군요.
8 민준 그래요. 그렇지만 막상 군대에 가려니 여자 친구 걱정도 많이 돼요.
9 마유 왜요? 군대에 가 있는 동안 자주 연락도 하고, 제대할 때까지 기다려 달라고 하면 되잖아요.
10 민준 '고무신을 거꾸로 신는다' 는 말을 들어본 적이 있어요?
2년**은커녕** 군대 간 지 두 달도 안 돼서 고무신을 거꾸로 신는 여자들이 많다고 해서 걱정이에요.

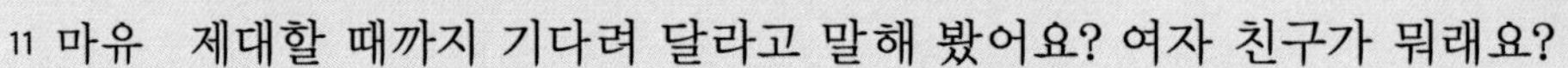

11 마유 제대할 때까지 기다려 달라고 말해 봤어요? 여자 친구가 뭐래요?
12 민준 기다려 달라고 말하기는요. 아직 입대한다는 말조차 못했어요.

6 訳してみよう。

(1) 論文の資料を探しにソウルに行ってきたそうですね。　논문 자료, 구하다

➜

(2) 一生懸命勉強したというから間違いなく合格すると思います。　열심히, 틀림없이, 합격하다

➜

(3) 風邪がひどいので薬を飲んだけど、治るどころかさらにひどくなった。　감기,심하다, 낫다, 더

➜

(4) 予習どころか宿題もしないからいつも成績が悪いのは当然だ。예습, 숙제, 성적이 나쁘다, 당연하다

➜

(5) 食べ物は選り好みしないで何でも食べてこそ体に良い。　가리다, 아무거나, 몸에 좋다

➜

제6과 돌

学習表現

06-1

1 用言の語幹 +(ㄴ/는)다니요? / 名詞 +(이)라니요?：～とは、～なんて

이쪽 빨간색 치마는 10만원이에요.

こちらの　赤のスカートは　10万ウォンです。

10만 원**이라니요**? 아이 옷이 그렇게 비싸요?

10万ウォン**ですって**?　子供の服がそんなに高いんですか。

2 名詞 +(이)란：～とは

상추쌈이 어떤 음식이에요?

サンチュサムとはどんな食べものですか。

상추쌈**이란** 상추에다가 밥과 고기를 놓고 싸 먹는 거예요.

サンチュサム**とは**サンチュ(ちしゃ)にご飯と肉を置いて包んで食べるものです。

3 말이죠 /말이에요：～ですね、～ですがね、～ですよ、～さ

요즘도 영화 자주 보러 가요?

最近も 映画を　よく　見に行きますか。

요즘은 일이 바빠서 **말이죠**. 전혀 못 갔어요.

最近は　仕事が 忙しくて**ですね**、　全然行ってないです。

4 用言の語幹 +(ㄴ/는)다기보다는：～というよりは

오늘 시험은 어땠니?

今日の　試験は　どうだった。

어렵**다기보다는** 쓰는 데 시간이 걸리는 문제가 많았어.

難しい**というよりは**　書くのに　時間がかかる　問題が多かった。

単語

ㄱㄴㄷㅂ
감동　：感動
경험　：経験
교훈　：教訓
그냥　：ただ、そのまま
다양하다：多様だ
두렵다：怖い、不安だ
부인　：奥さん
부족하다：足りない
비하다：比べる(と)

ㅅㅇㅈ
사무실：事務室
삼촌　：叔父
설레다：ときめく
세월　：歳月
속담　：ことわざ
싸우다：喧嘩する
아끼다：大事にする
앞두다：目前に控える
어렵다：困難だ
얻다　：得る
영원하다：永遠だ
예전　：昔、ずっと前
이해하다：理解する
자매　：姉妹
진정하다：真正だ

ㅊㅋㅌㅍㅎ
첫 출근：初出勤
체험　：体験
친하다：親しい
켜다　：つける
퇴근　：退勤
틀리다：間違っている
표현하다：表現する
한잔하다：一杯やる

文法と表現

06-2

1 用言/名詞 +(ㄴ/는)다니요?/(이)라니요?　用言/名詞 +～とは、～なんて

終結語尾　用言の語幹、이다に付いて、予想していなかった事実を聞いて驚き・不服・不審などの感情を持って反問する意を表す。해体では「-(ㄴ/는)다니?」の形で用いられる。

接続　①動詞の語幹、先語末語尾-(으)시には「～ㄴ/는다니요」、②形容詞の語幹、先語末語尾-았/었-,-겠-には「～다니요」、③名詞には「～(이)라니요」の形で結合する。

① 動詞 +ㄴ/는다니요?	이런 시간에 떠나+**ㄴ다니요?**	こんな時間に出発するなんて。
	그 말을 믿+**는다니요?**	その話を信じるなんて。
② 形容詞 +다니요? 先語末語尾 +다니요?	이게 맵+**다니요?**	これが辛いとは。
	일이 한가하+**다니요?**	仕事が暇だなんて。
	회사에 못 오+**겠다니요?**	会社に来られないなんて。
③ 名詞 +(이)라니요?	부인+**이라니요?**	奥さんだなんて。

① 갑자기 유학을 간**다니요?**
　－예전부터 준비하고 있었는데 말을 못 했어요.
② 이 방은 왜 이렇게 덥죠?－에어컨을 켰는데 덥**다니요?**
③ 어제 지영이와 민수가 싸웠대요.
　－그렇게 친한 두 사람이 싸웠**다니요?** 무슨 일이에요?
④ 저 사람이 준호 씨 부인이지요?－부인**이라니요?** 준호 씨는 결혼도 안 했어요.

06-3

2 名詞 +(이)란　名詞 +～とは、～というものは

助詞　名詞に付いて、ある対象を指定して説明・定義したり強調したりすることを表す。

母音体言 + 란		子音体言 + 이란	
여자+란 눈물이 많다	女性って涙もろい	사랑+이란 서로를 아껴주고	愛とはお互いを大事にし…
지구+란 태양계의 행성…	地球とは太陽系の惑星…	민족+이란 문화적 배경이…	民族とは文化的な背景が…

① 속담**이란** 오랜 세월 동안 얻은 경험과 교훈을 짧게 표현한 말이다.
② 사랑**이란** 서로 이해하고 아끼는 마음이다.
③ 진정한 친구**란** 어려울 때 함께 있어 주는 것이다.

参考1　名詞 +(이)란：～と言う～

「이다,아니다」に付いて、ある事実を伝えながら後ろの文を修飾する引用の連体形表現。主に後ろに「생각, 말, 사람」等の名詞が来る。「～(이)라고 하는」の縮約形。

① 이 학생이 제가 전에 말한 준호**란** 학생입니다.
② 어제 본 영화는 감동**이란** 말로는 부족할 만큼 좋았어.

参考2　動詞の語幹 +(으)란：～しろと言う～、～しろと言った～

動詞に付いて、伝え聞いた命令の内容を伝えながら後ろの文を修飾する引用の連体形。「-(으)라고 하는/한」の縮約形。

① 조용히 하**란** 소리를 몇 번이나 해야 되니?
② 저쪽에 있는 의자에 앉**으란** 얘기인 것 같아.

練習

1 보기のように文を作ってみよう。

보기 갑자기 회사를 그만두다
➜ 갑자기 회사를 그만두 ㄴ다니요?

急に会社を辞める
➜ 急に会社を辞める なんて。

(1) 이렇게 늦은 시간에 떠나다 こんなに遅い時間に出発する

➜

(2) 아직 세 살인데 벌써 한글을 읽다 まだ3歳なのにもハングルを読む

➜

(3) 이제 와서 취소하고 싶다 いまになって取り消したい

➜

(4) 민수가 병원에 입원했다 ミンスが病院に入院した

➜

(5) 내가 부자이다 私が金持ちだ

➜

2 보기のように文を作ってみよう。

보기 어린이날 / 어린이를 위한 날이다
➜ 어린이날 이란
어린이를 위한 날 이에요.

子供の日/子供のための日だ
➜ 子供の日 とは 子供のための日 です。

(1) 4월 5일 식목일/ 나무를 심는 날이다 植樹の日/木を植える日

➜

(2) 우정/ 친구를 사랑하는 마음이다 友情/友達を愛する心

➜

(3) 동화/ 어린이를 위해서 지은 이야기이다 童話/子供のために作った話

➜

(4) 10월 9일 한글날/ 세종 대왕이 한글을 만든 날이다 ハングルの日/世宗大王がハングルを作った日

➜

(5) 겸손/ 자신을 낮추고 상대방을 존중하는 마음이다 謙遜/自分を控えめにして相手を敬う気持ち

➜

文法と表現

06-4

3 말이죠 /말이에요

～ですね、～ですがね、～ですよ、～さ
～のこと

慣用表現 「말이야, 말이죠, 말이에요,말이지」などの形で用いられて、①語調を整えたり、文を終わらせる役割をする、②対象や事実の確認、または強調の意を表す。

그런데 말이죠	ところがですね	내가 말이지	僕がさ
하지만 말이야	しかしさ	친구가 말이에요	友達がですね
이것 말이에요?	これのことですか	네가 빌려간 책 말이야	きみが借りていった本のことだけど

① 어제처럼 **말이죠**, 퇴근 후에 한잔하고 갈까요?
② 오늘 중학교 때 친구를 만났는데 **말이야**. －응, 그런데.
③ 올해부터 **말이에요**. 무슨 일이 있어도 담배를 끊기로 했어요.
④ 내일 **말이에요?** 내일은 약속이 있어서 안돼요.
⑤ 그게 아니고 그 옆에 것 **말이에요**. 그걸로 주세요.
⑥ 아아, 김 선생님 **말이군요**. 그분은 지금 미국에 가 계세요.

06-5

4 用言の語幹 +(ㄴ/는)다기보다는

用言 +～というよりは

慣用表現 用言の語幹に付いて、前の内容よりは後の内容に近いという意を表す。「－ㄴ/는다고 하기보다는」の縮約形。

接続 ①動詞の語幹、先語末語尾－(으)시には「～ㄴ/는다기보다는」、②形容詞の語幹、先語末語尾－았/었－,－겠－には「～다기보다는」、③名詞には「～(이)라기보다는」の形で結合する。

① 動詞 +ㄴ/는다기보다는	안 보+ㄴ**다기보다는**	見ないというよりは
	안 믿+**는다기보다는**	信じないというよりは
② 形容詞 +다기보다는 先語末語尾 +다기보다는	맵+**다기보다는** 쓰다	辛いというよりは苦い
	눈이 나쁘+**다기보다는**	目が悪いというよりは
	화를 내+**었다기보다는**	怒ったというよりは
③ 名詞 +(이)라기보다는	꿈+**이라기보다는**	夢というよりは

① 난 결혼을 믿지 않**는다기보다는** 영원하다는 말을 믿지 않는 편이다.
② 저 사람들이 틀렸**다기보다는** 그냥 우리랑 다른 거야.
③ 이 옷이 꼭 좋**다기보다는** 가격에 비해 괜찮다는 뜻이야.
④ 우리 삼촌 사무실은 사무실**이라기보다는** 연구실에 가까울 정도로 책들이 많다.
⑤ 우리 딸들은 자매**라기보다** 친한 친구처럼 지낸다.

参考 用言の語幹 +기보다는：～よりは

用言の語幹に付いて、前後の事柄を比較して前の事柄より後ろの事柄がより適切だという意を表す。

① 첫 출근을 앞두고 나는 설레**기보다는** 두려운 마음이 컸다.
② 어렸을 때에는 책상 앞에서 공부만 하**기보다는** 이것저것 다양한 체험을 해 보는 것이 좋다.
③ 그녀는 돈을 벌**기보다는** 쓰기에 바쁘다.

練習

3 보기のように文を作ってみよう。

보기 이 바지/ 이건 4만 원이다
➜ [이 바지] **말이에요?**
[이건 4만 원] **이에요.**

このズボン/これは4万ウォンだ
➜ [このズボン] ですか。
[これは4万ウォン] です。

(1) 그 친구/ 아주 좋은 사람이다 　彼/いい人だ
➜

(2) 취직 시험/ 다행히 합격했다 　就職試験/幸い合格する
➜

(3) 내일/ 내일은 시간이 없어서 안 된다 　明日/時間がないので駄目だ
➜

(4) 여행/ 돈도 없고 바빠서 못 간다 　旅行/お金もないし、忙しくて行けない
➜

(5) 이 모자/ 생일에 받은 것이다 　この帽子/誕生日にもらったものだ
➜

4 보기のように文を作ってみよう。

보기 걸어가다/ 차를 타는 사람이 많다
➜ [걸어가] **기보다는**
[차를 타는 사람이 많] **아요.**

歩いて行く/車に乗って行く人が多い
➜ [歩いて行く] よりは
[車に乗る人のほうが多い] です。

(1) 돈을 벌다/ 쓰기에 바쁘다 　お金を稼ぐ/使うのに忙しい
➜

(2) 입학하다/ 졸업하기가 더 어렵다 　入学する/卒業するのがもっと難しい
➜

(3) 자기 말을 하다/ 다른 사람의 말을 듣다 　自分の話をする/他の人の話を聞く
➜

(4) 화를 내다/ 조용히 타이르다 　怒る/静かに言い聞かせる
➜

(5) 읽기만 하다/ 내용을 요약해 보는 것이 좋다 　読んでばかりいる/ 内容を要約してみる
➜

ダイアローグ&作文

06-6

5 読んでみよう。

1 겐타　선배가 아기의 돌잔치에 오라고 해서 선물을 사러 백화점에 가려던 참인데요. 돌에는 어떤 선물이 좋을까요?

2 하영　한국에서는 가까운 사이라면 아기 돌 때 금반지를 선물하는 사람들이 많아요. 장난감이나 아기 옷도 많이 선물하고요.

3 겐타　금반지요? 그렇게 비싼 걸 선물해요?

4 하영　금반지라고 해도 아기용으로 만든 거라서 그렇게 비싼 건 아니에요.

5 겐타　어쨌든 백화점에 가서 점원한테 돌 선물로 뭐가 좋은지 물어보고 사야겠어요. 그런데 돌잔치에서는 뭘 하나요?

6 하영　다 같이 식사를 하고 돌잡이를 해요.

7 겐타　돌잡이**라니요**?

8 하영　돌잡이**란** 아기 앞에 놓인 상 위에 돈이나 연필과 실, 쌀 같은 여러 가지 물건을 올려 놓은 다음에 아기에게 물건을 잡게 하는 것인데요. 아기가 잡은 물건이 무엇인지를 보면 아기가 커서 어떤 사람이 될지를 알 수 있다는 거지요. 아기가 연필을 잡으면 공부를 잘하고, 돈을 잡으면 부자가 되고, 쌀을 잡으면 풍족히 먹고 살게 되고, 실을 잡으면 건강하게 오래 산다는 식으로 **말이죠**. 진짜 그렇게 된다고 믿**는다기보다는** 모두가 아기를 중심으로 여흥으로서 즐기는 놀이라고 할 수 있지요.

9 겐타　그렇군요. 아기도 그렇게 상 위에 물건이 많으면 고민이 되겠네요. 이번에 선배 아기는 제일 먼저 무엇을 잡을지 궁금하네요.

6 訳してみよう。

(1) 2ヵ月も準備をしたのに中止だなんて。いつ決まったんですか。　두 달, 준비, 중지, 결정되다

➜

(2) 酒が飲めないと言うよりはビールが好きではないので飲まないんです。　술, 마시다, 맥주

➜

(3) あの黄色のズボンのことですか。あれは最近流行っているものです。　노란색 바지, 유행하다

➜

(4) 信じられませんね！ 遊んでばかりいたのに大学に入学できたなんて。　믿다, 놀다, 입학하다

➜

(5) 今回は一生懸命努力した結果だというよりはただ運がよかっただけです。　열심히 노력하다, 결과, 운

➜

제7과 미역국

学習表現

07-1

1 用言の語幹 +더니 : ~だったが、~ていたけれども、~したら、~したかと思うと

서울은 날씨가 어때요?
ソウルは 天気は どうですか。

아침부터 비가 오**더니** 지금은 눈으로 변했어요.
朝から 雨が 降っ**ていたけど**、いまは雪に変わりました。

2 名詞 +뿐만 아니라 : ~だけでなく

민수는 영어를 잘하는 모양이죠.
ミンスは 英語が 上手なようですね。

그 아이는 영어**뿐만 아니라** 불어나 독어도 잘해요.
その子は 英語**だけでなく** フランス語やドイツ語も上手です。

3 動詞の語幹 +곤 하다 : ~たりする

초등학교 방학 때의 즐거웠던 추억이 있어요?
小学校の休みの時の 楽しかった 思い出は ありますか。

그 때는 방학만 되면 부산에 있는 이모 댁에 놀러 가**곤 했어요**.
その頃は休みになると必ず 釜山に ある 母方のおばのところに遊びに行っ**たりしました**。

4 用言の語幹 +ㄴ/는/은 셈이다 : ~のわけだ、~と言える、~のようなものだ

리포트 다 썼어요?
レポートは全部書きましたか。

앞으로 한 장만 더 쓰면 되니까 거의 다 쓴 **셈이에요**.
これから もう1枚 書けば済むから ほぼ 書き終わった**と言えます**。

単語

ㄱㄴㄷ
고모 : 父方のおば
공사 : 工事
낳다 : 生む
느닷없이 : 突然、不意に
달걀 : 卵
대신하다 : 代わる
독어 : ドイツ語
들르다 : 寄る

ㅁㅂㅅ
마음껏 : 思う存分
맑다 : きれいだ
맡기다 : 任せる、預ける
미끄러지다 : 滑る
미끄럽다 : 滑らかだ
미끌미끌하다 : すべすべする
미역 : ワカメ
미역국 : ワカメスープ
불어 : フランス語
비롯하다 : はじめとする
속다 : だまされる
속이다 : だます
순환하다 : 循環する

ㅇㅊㅍㅎ
아깝다 : 残念だ
연관되다 : 関連する
우승 : 優勝
이틀 : 二日
일어 : 日本語
일종 : 一種
채식주의자 : ベジタリアン
축하 : 祝賀、祝い
출산 : 出産
취소하다 : 取り消す
표현 : 表現
풍부하다 : 豊富だ
피 : 血
회복 : 回復
후보 : 候補

文法と表現

07-2

1 用言の語幹 +더니

用言 +だったが、~ていたけれども、~したら、~したかと思うと、~したので

連結語尾 用言の語幹に付いて、①理由や根拠、②対照や逆接、③前置きの状況説明などの意を表す。健康や気分を客観的に話す場合以外は1人称は主語になることができない。

用言の語幹 +더니	하늘이 흐려지**더니** 비가 온다	空が曇ってきたかと思うと雨が降る
	많이 먹**더니** 체했나 보다	たくさん食べたので胃もたれしたようだ
	비가 오**더니** 지금은 햇볕이 따갑다	雨が降っていたけど、今は日差しが熱い

① 아까까지만 해도 자고 있**더니** 지금은 공부를 하네요.
② 처음에는 한국어를 어려워하**더니** 이제는 재미있대요.
③ 하루 종일 컴퓨터를 하**더**니 머리가 아프대요.
④ 아침에는 콧물만 나오**더니** 지금은 기침도 나요.

参考1 動詞の語幹 +았/었더니 : ~たら、~ので

連動詞の語幹に付いて、理由や状況説明の意を表す。主語は常に1人称になる。
① 학교에 **갔더니** 아무도 없었다.
② 찬 음식을 먹**었더니** 배가 좀 아프다.

用言の語幹 +(ㄴ/는)다더니/(으)냐・느냐더니/자더니/(으)라더니

: ~と言っていたが、~かと聞いてから、~ようと言っていたのに、~しろと言っていたのに

伝聞の説明、疑問、勧誘、命令の状況説明、事情の前置きとして用いられる。それぞれ「-(ㄴ/는)다고 하더니」、「-(으)냐・느냐고 하더니」、「-자고 하더니」、「-(으)라고 하더니」の縮約形。
① 저곳에 병원을 짓**는다더니** 벌써 공사를 시작했네요.
② 민수가 나에게 내일 뭘 하**느냐더니** 같이 등산을 가자고 했다.
③ 오늘 영화를 보**자더니** 전화도 안 받고 연락도 없다.
④ 마음껏 먹**으라더니** 벌써 음식이 모자란다니 어떻게 된 거야.

07-3

2 名詞 + 뿐만 아니라 / 用言の語幹 + (으)ㄹ 뿐만 아니라

名詞 +だけでなく、~ばかりでなく、に限らず
用言 +だけでなく~ばかりでなく、に限らず

慣用表現 「뿐만 아니라」は名詞に付いて、「-(으)ㄹ 뿐만 아니라」は用言に付いて、前の事柄だけでなくさらにほかの事柄にも範囲が及ぶことを表す。「뿐만 아니라」の만は省略して「뿐 아니라」の形で用いることもできる。

① 名詞 +뿐만 아니라	야구+**뿐만 아니라** 축구도	野球だけでなくサッカーも
	발음+**뿐만 아니라** 억양도	発音だけでなくイントネーションも
② 用言 +(으)ㄹ 뿐만 아니라	교통이 불편하+ㄹ **뿐만 아니라**	交通が不便なだけでなく
	고기를 안 먹+**을 뿐만 아니라**	肉を食べないだけでなく

① 그 사람은 한국어**뿐만 아니라** 영어,일어,독어,불어,중국어도 잘한다.
② 바람**뿐만아니라** 눈까지 내리니 내일 야구 연습은 취소하기로 하자.
③ 지하철은 편리**할 뿐만 아니라** 시간도 절약할 수 있어서 좋다.
④ 고모는 채식주의자라서 고기를 안 먹**을 뿐만 아니라** 달걀도 안 먹는다.

練習

1 보기のように文を作ってみよう。

보기 오랜만에 머리를 깍다/ 기분이 좋다 ➜ [오랜만에 머리를 깎] **았더니** [기분이 좋] **아요.**	久し振りに散髪をする/気分が良い ➜ [久し振りに散髪をし] たら [気分が良い] です。

(1) 어젯밤에 늦게 자다/ 몹시 졸리다　昨夜遅く寝る/とても眠い

➜

(2) 마른 오징어를 먹다 / 이가 아프다　するめを食べる/歯が痛い

➜

(3) 오랜만에 운동을 하다/ 온몸이 쑤시다　久し振りに運動をする/全身が痛む

➜

(4) 술을 많이 마시다/ 어지럽다　酒をたくさん飲む/目まいがする

➜

(5) 뛰어오다/ 숨이 차다　走ってくる/息切れがする

➜

2 보기のように文を作ってみよう。

보기 냉면/ 불고기/ 맛있다 ➜ [냉면] **뿐만 아니라** [불고기] **도** [맛있] **어요.**	冷麺/焼肉/美味しい ➜ [冷麺] だけでなく [焼肉] も [美味しい] です。

(1) 발음/ 문법/ 어렵다　発音/文法/難しい

➜

(2) 배구/ 농구/ 잘한다　バレーボール/バスケットボール/よくできる

➜

(3) 대문/ 지붕/ 고쳐야 된다　門/屋根/直さなければならない

➜

(4) 사과/ 배/ 유명하다　りんご/梨/有名だ

➜

(5) 돈/ 여권 / 잃어버렸다　お金/パスポート/なくす

➜

文法と表現

07-4

3 動詞の語幹 +곤 하다

動詞 +たりする

慣用表現　動詞の語幹に付いて同じことが繰り返されることをを表す。「-고는 하다」の縮約形。「-곤/-고는」は連結語尾。

動詞の語幹 +곤 하다	큰소리로 노래를 부르+**곤** 한다	大声で歌を歌ったりする
	커피를 마시+**곤** 한다	コーヒーを飲んだりする
	공원에서 책을 읽+**곤** 한다	公園で本を読んだりする

① 공부가 안 될 때는 공원을 산책하**곤 해요**.
② 나는 일주일에 서너 번 서점에 들르**곤 해요**.
③ 사고가 났던 그 순간이 요즘도 생각이 나**곤 해요**.

参考　動詞の語幹 +곤 했다：(よく) ～したりした、(よく) ～したものだ
過去の習慣について話すときは「-곤/고는 했다」を用いる。
① 외로울 때면 큰 소리로 노래를 부르**고는 했다**.
② 일이 늦게 끝날 때는 역 근처 술집에 들러 한잔 마시**곤 했다**.

07-5

4 用言の語幹 +는/(으)ㄴ 셈이다

用言 +のわけだ、～と言える、～のようなものだ

慣用表現　用言の語幹に付いて、ある結果や状況に対する判断、評価を表す。

動詞/있다・없다の語幹 + 는 셈이다		用言の語幹 + (으)ㄴ 셈이다	
매일 먹+는 셈이다	毎日食べていると言える	일찍 오+ㄴ 셈이다	早く来たと言える
자주 가+는 셈이다	よく行くと言える	다 읽+은 셈이다	全部読んだようなものだ
친구가 없+는 셈이다	友達がいないと言える	이 정도면 괜찮+은 셈이다	この程度なら良いと言える

① 일주일에 이틀 정도만 집에 들어가니 거의 밖에서 사**는 셈이지요**.
② 친구가 한 명 있었는데 올해 유학을 갔으니 이제는 친구가 없**는 셈이지요**.
③ 12월도 중순이 지났으니 올해도 다 지난 **셈이네요**.
④ 아깝기는 하지만 그래도 우승 후보를 상대로 이 정도 했으면 잘한 **셈이에요**.

参考1　動詞の語幹 +(으)ㄹ 셈이다/ (으)ㄹ 셈으로：～つもりだ、～つもりで
「動詞の語幹+(으)ㄹ 셈이다/셈으로」の形で用いられて、意図、心づもりを表す。
① 직장을 그만두면 무엇을 **할 셈이에요**?
② 모두를 속일 **셈으로** 한 말이 아니에요.

参考2　用言の語幹 +는/(으)ㄴ 셈 치다：～つもりでいる、～ことにする
「用言の語幹+는/(으)ㄴ 셈 치다」の形で用いられて、仮定の意を表す。
① 한번 속**는 셈 치고** 일을 맡겨 보기로 했다.
② 그 친구에게 빌려준 돈은 잃어버린 **셈 치고** 잊기로 했다.

練習

3 보기のように文を作ってみよう。

보기 시간만 있으면 음악을 듣는다.
➜ 음악을 듣 **곤 해요.**

時間さえあれば音楽を聞く。
➜ 音楽を聞い たりします。

(1) 엄마가 보고 싶을 때는 전화를 한다. 母に会いたい、電話をする

➜

(2) 외로울 때는 큰 소리로 노래를 불렀다. 寂しい、大声で歌う

➜

(3) 점심을 먹은 후에 산책을 하러 나간다. 昼食をとる、散歩に出かける

➜

(4) 전에는 장난 전화가 왔다. いたずら電話が来る

➜

(5) 학생 때는 포장 마차에 자주 갔다. 屋台によく行く

➜

4 보기のように文を作ってみよう。

보기 일주일에 5번이나 만났다/ 거의 매일 만났다
➜ 일주일에 5번 만났 **으니까**
거의 매일 만나 **ㄴ 셈이에요.**

一週間に5回も会った/ほぼ毎日会った
➜ 一週間に5回も会った から
ほとんど毎日会った ようなものです。

(1) 5분이면 도착한다고 하다/ 거의 다 왔다 5分で到着する/ほぼ着いた

➜

(2) 막내가 내년에 대학을 졸업하다/ 다 키웠다 末っ子が来年大学を卒業する/育て終わる

➜

(3) 다음 주에 기말 시험을 보다 /이번 학기도 거의 끝났다 来週期末試験がある/今学期もほぼ終わ

➜

(4) 단추만 달면 되다/ 거의 다 만들었다 ボタンを付ける/ほぼ完成した

➜

(5) 오늘이 크리스마스다/ 올해도 다 지났다 今日がクリスマスだ/今年も全部終わった

➜

ダイアローグ&作文

07-6

5 読んでみよう。

1 미유　아까 민영 씨를 만나서 오늘이 내 생일이라고 **했더니** 미역국 먹었느냐고 묻던데 왜 그러죠? 난 미끌미끌한 미역은 입에 안 맞아서 거의 먹지 않는데…

2 서준　그건 한국 사람들이 생일날에는 미역국을 먹기 때문이에요.

3 미유　그렇군요. 난 느닷없이 왜 미역국 먹었느냐고 물어보는지 이해가 안 됐었어요.

4 서준　한국에서는 옛날부터 여자들이 아기를 낳으면 빠른 회복을 위해서 미역국을 매일 먹었어요. 미역은 칼슘과 요오드가 풍부한 데다가 피를 맑게 하고 잘 순환하게 해 주기 때문이래요. 그리고 출산 때**뿐만 아니라** 생일 때도 미역국을 먹**곤 하는데**, 그래서 생일을 맞은 사람에게 미역국을 먹었느냐고 물어보기도 하는 거예요.
생일에 맛있는 음식을 먹고 잘 지냈는지 물어보는 표현으로 일종의 인사말인 **셈이죠**.

5 미유　그랬군요. 미역국 먹었느냐는 말은 축하 인사를 대신하는 말이었군요.

6 서준　그런데 미역국을 먹었다는 말이 반드시 좋은 의미로만 쓰이는 것은 아니에요. 시험에 떨어졌을 때도 미역국을 먹었다고 해요.

7 미유　그거 재미있네요.

8 서준　미역이 미끄럽다는 것과 시험에서 미끄러졌다는 의미가 연관돼서 그렇게 쓰이는 것 같아요. 그래서 한국에서는 시험 보는 날에는 미역국을 비롯해서 미역으로 만든 음식은 먹지도 않아요.

9 미유　그럼 나도 시험 보는 날에는 미역국을 먹지 않도록 조심해야겠어요.

6 訳してみよう。

(1) 道に沿ってずっと歩いたら小さいお寺が現れた。　길, 따르다, 걷다, 절, 나타나다

➜

(2) 韓国の夏はとても暑いだけでなく雨もたくさん降る。　여름, 덥다, 비, 내리다

➜

(3) 一週間に二日ぐらいしか家に帰らないからほとんど外で暮らしていることになる。　일주일, 이틀, 살다

➜

(4) 私は勉強がはかどらないとき、公園を散歩したりする。　잘 안되다, 공원, 산책

➜

(5) 昨日久しぶりに運動をしたらあっちこっち体が痛む。　오래간만에, 여기저기, 쑤시다

➜

引用表現の縮約形(2)

間接引用の縮約形　間接引用の後に語尾が結合する場合、話し言葉では引用の「**-고 하다**」が縮約されて、「**-는다고 하+더니 ➜ 는다더니, -냐고 하+더니 ➜ 냐더니, -자고 하더니 ➜ 더니, -으라고 하더니 ➜ 으라더니**」のように縮約形で用いられるのが一般的である。様々な語尾と結合した縮約形があるので、基本的な縮約のパターンに慣れるようにしよう。

語尾結合の例

①引用文+**고 하면서**：～と言いながら	②引用文+**고 하면서요?**：～そうですね
③引用文+**고 하다니요?**：～なんて	④引用文+**고 하더니**：～だと言っていたが
⑤引用文+**고 하던데요**：～と言っていました	⑥引用文+**고 하는데요**：～と言っています

❶ 平叙文引用の縮約

① 動詞 +ㄴ/는다고 하면서 ➜ 動詞 +ㄴ/는다면서 動詞 +ㄴ/는다고 하다니요? ➜ 動詞 +ㄴ/는다니요? 動詞 +ㄴ/는다고 하더니 ➜ 動詞 +ㄴ/는다더니 動詞 +ㄴ/는다고 하던데요 ➜ 動詞 +ㄴ/는다던데요 動詞 +ㄴ/는다고 하는데요 ➜ 動詞 +ㄴ/는다는데요 ② 形容詞 +다고 하면서 ➜ 形容詞 +다면서 形容詞 +다고 하다니요? ➜ 形容詞 +다니요?	形容詞 +다고 하더니 ➜ 形容詞 +다더니 形容詞 +다고 하던데요 ➜ 形容詞 +다던데요 形容詞 +다고 하는데요 ➜ 形容詞 +다는데요 ③ 名詞 +(이)라고 하면서 ➜ 名詞 +(이)라면서 名詞 +(이)라고 하다니요? ➜ 名詞 +(이)라니요? 名詞 +(이)라고 하더니 ➜ 名詞 +(이)라더니 名詞 +(이)라고 하는데요 ➜ 名詞 +(이)라는데요
① 술을 끊**는다면서** 오늘도 마셨어요? 이 많은 밥을 혼자 다 먹**는다니요**! 저기에 놀이공원을 짓**는다더니** 벌써 공사를 시작했네요. 매운 음식도 잘 먹**는다던데요**. 빌린 돈은 곧 갚**는다는데요**. ② 맛없**다면서** 뭘 그렇게 많이 먹니? 에어컨을 켰는데도 덥**다니요**?	요즘 수박이 비싸**다더니** 정말 값이 많이 올랐네요. 밤에도 동대문 시장에는 사람들이 많**다던데요**. ③ 이번 일은 자신의 실수**라면서** 사람들에게 사과했다. 한 달 전부터 기다린 경기인데 취소**라니요**. 새로 지은 건물**이라더니** 정말 깨끗하네요. 저 남자 분이 이 식당 요리사**라던데요**. 이게 가장 잘 팔리는 운동화**라는데요**.

❷ 疑問文引用の縮約

① 動詞 +느냐고 하면서 ➜ 動詞 +느냐면서 動詞 +느냐고 하다니요? ➜ 動詞 +느냐니요? 動詞 +느냐고 하더니 ➜ 動詞 +느냐더니 動詞 +느냐고 하던데요 ➜ 動詞 +느냐던데요 動詞 +느냐고 하는데요 ➜ 動詞 +느냐는데요 ② 形容詞 +(으)냐고 하면서 ➜ 形容詞 +(으)냐면서	形容詞 +(으)냐고 하다니요? ➜ 形容詞 +(으)냐니요? 形容詞 +(으)냐고 하더니 ➜ 形容詞 +(으)냐더니 形容詞 +(으)냐고 하는데요 ➜ 形容詞 +(으)냐는데요 ③ 名詞 +(이)냐고 하면서 ➜ 名詞 +(이)냐면서 名詞 +(이)냐고 하더니 ➜ 名詞 +(이)냐더니 名詞 +(이)냐고 하는데요 ➜ 名詞 +(이)냐는데요
① 동생이 나에게 어디에 가**느냐면서** 따라왔다. 저녁을 먹었**느냐니요**? 아직 세 시밖에 되지 않았어요. 저녁에 뭘 하**느냐더니** 같이 시내에 가자고 했다. 미국에 가는데 얼마나 시간이 걸렸**느냐는데요**. ② 그동안 수집한 우표가 많**으냐면서** 보여 달라고 했다.	어제는 국이 짜지 않**으냐더니** 오늘은 싱겁다고 한다. 선배가 저보고 시험이 합격되어 기쁘**냐는데요**. ③ 그는 사진과 동일 인물**이냐면서** 의아한 표정을 지었다. 저 보고 어른**이냐니요**? 저 고등학생이에요. 교수님이 저보고 신입생**이냐는데요**.

❸ 命令文引用の縮約

動詞 +(으)라고 하면서 ➜ 動詞 +(으)라면서 動詞 +(으)라고 하다니요? ➜ 動詞 +(으)라니요? 動詞 +(으)라고 하더니 ➜ 動詞 +(으)라더니	動詞 +(으)라고 하던데요 ➜ 動詞 +(으)라던데요 動詞 +(으)라고 하는데요 ➜ 動詞 +(으)라는데요
점원은 나에게 앉**으라면서** 의자를 내 주었다. 하루 종일 기다렸는데 내일 오**라니요**. 마음껏 먹**으라더니** 음식이 모자란다고 하면 어떻게 해.	빨리 검사를 받**으라던데요**. 여기서 잠시만 기다리시**라는데요**. 그 옷들은 이 상자에 넣**으라는데요**.

❹ 勧誘文引用の縮約

動詞 +자고 하면서 ➜ 動詞 +자면서 動詞 +자고 하다니요? ➜ 動詞 +자니요? 動詞 +자고 하더니 ➜ 動詞 +자더니	動詞 +자고 하던데요 ➜ 動詞 +자던데요 動詞 +자고 하는데요 ➜ 動詞 +자는데요
선배가 이야기 좀 하**자면서** 전화를 걸어 왔다. 운전해서 집에 가야 하는 사람에게 술을 마시**자니요**? 오늘 영화를 보**자더니** 전화도 안 받고 연락도 없다.	과장님이 내일 다 같이 식사하**자던데요**. 주말에는 친구가 선생님 병문안을 같이 가**자는데요**. 주말에는 친구가 잠깐 보**자는데**.

1 文型復習 문형복습

08-1

1 用言の語幹 +ㄴ/는다면서요/다면서요：～そうですね、～ですって

❶ 한국사람들은 김치를 좋아한**다면서요?**

－네, 그렇지만 맵다고 안 먹는 사람도 있어요.

❷ 어머니가 많이 편찮으시**다면서요?**

－네, 그래도 지금은 많이 나아지셨어요.

❸ 이게 서연 씨가 만든 과자**라면서요?** 정말 맛있네요!

2 用言の語幹 +ㄴ/는다니/다니：～そうだから、～というから、～だなんて

❶ 그 식당 음식이 맛있**다니** 한번 같이 가서 먹어 볼까?

－좋지. 당장 내일 저녁에 먹으러 가 보자.

❷ 요즘 준호 얼굴 보기가 힘드네.

－준호는 요즘 공무원 시험 준비를 한**다니** 바쁠 거야.

❸ 너 혼자만 여행을 간**다니** 실망이야.

－그러니까 내가 지난달부터 같이 가자고 했잖아.

08-2

3 用言の語幹 +아야/어야/여야：～てこそ、～てはじめて、～ば、～ても、～たって

❶ 이 배추는 좀 작지 않아요?

－김치는 중간 크기의 배추로 만들**어야** 아삭하고 맛있어요.

❷ 이 불고기 정말 맛있네요.

－불고기는 센 불에 구**워야** 맛이 있어요.

❸ 늦었어요. 서둘러야겠어요.

－어차피 늦었으니까 서둘러 **봐야** 소용없어요.

4 名詞 +는/은커녕 / 用言の語幹 +기는커녕：～はおろか、～どころか

❶ 이번 휴가는 어디로 갈 거야?

－일이 바빠서 휴가**는커녕** 일요일에도 출근해야 될 것 같아.

❷ 많이 피곤해 보인다. 좀 쉬고 해.

－쉬**기는커녕** 밤 새워 일해도 못 끝낼 것 같아.

08-3

5 用言の語幹 +ㄴ/는다니요?/다니요?/ 名詞 +(이)라니요?：～とは、～なんて

❶ 이 방은 왜 이렇게 덥죠?

－에어컨을 켰는데 덥**다니요?**

❷ 갑자기 유학을 간**다니요?**

－전부터 준비하고 있던 일인데 말을 못 했어요.

⑥ 名詞 +이란：～とは、～というものは

❶ 아가페**란** 무슨 뜻이에요?

－아가페**란** 절대적인 사랑을 뜻하는 말이에요.

❷ 사랑**이란** 무엇일까요?

－사랑**이란** 마주 보는 것이 아니라 같은 방향을 보는 거예요.

⑦ 말이죠 /말이에요：～ですね、～ですがね、～ですよ、～さ、～のこと

08-4

❶ 어제 집에 가다가 책방에 들러서 책을 한 권 샀는데 **말이죠**.

－그런데요. 무슨 좋은 좋은 내용이라도 있었어요?

❷ 참 비싸고 좋아 보이는데요?

－이 옷 **말이에요**? 농담하지 마세요. 이건 천 원짜리예요.

⑧ 用言の語幹 +ㄴ/는다기보다는/다기보다는：～というよりは

❶ 그 어려운 취직 시험에 합격한 걸 보니 실력이 좋은 모양이야.

－실력이 좋**다기보다는** 운이 좋았던 것 같아.

❷ 오늘 수학 시험은 어려웠니?

－어렵**다기보다는** 푸는 데 시간이 걸리는 문제가 많았어.

⑨ 用言の語幹 +더니：～だったが、～ていたけれども、～したら、～したかと思うと

08-5

❶ 공부는 안 하고 놀기만 하**더니** 결국 시험에 떨어졌대요.

－그거야 당연하지요. 밤 새워 공부해도 떨어지는 사람이 많은데.

❷ 왜 그렇게 하품을 해요?

－보고서를 쓰느라고 2시간밖에 못 잤**더니** 졸려 죽겠어요.

⑩ 名詞 +뿐만 아니라：～だけでなく

❶ 요즘 교통비가 오른 것 같아요.

－교통비**뿐만 아니라** 다른 물가도 많이 올랐어요.

❷ 한국말을 배울 때 뭐가 제일 어려워요? 문법이에요?

－문법**뿐만 아니라** 발음도 아주 어려워요.

⑪ 動詞の語幹 +곤 하다：～たりする

08-6

❶ 어릴 때 방학이 되면 뭐 했어요?

－시골 외할머니 댁에 가**곤 했어요**.

❷ 스트레스가 쌓이면 어떻게 해소해요?

－노래방에 가서 큰 소리로 노래를 부르**곤 해요**.

⑫ 用言の語幹 +ㄴ/는/은 셈이다：～のわけだ、～と言える、～のようなものだ

❶ 한국어의 경어법이 너무 어려워요.

－그래서 경어법만 이해하면 한국어는 다 배운 **셈이에요**.

❷ 자녀는 다 키우셨어요?

－두 아이가 모두 대학생이니까 다 키운 **셈이지요**.

2 復習問題　복습문제

1 보기の中の語尾、または連結表現を用いて二つの文を適切につないでみよう。

보기 ①-(ㄴ/는)다니, ②-아야/어야, ③-은/(기)는커녕, ④-(ㄴ/는)다기보다는, ⑤-더니, ⑥-(으)ㄹ 뿐만 아니라

①〜そうだから、②〜てこそ、③〜どころか、④〜というよりは、⑤〜ていたが、〜たら、⑥〜だけでなく

➜ 아기가 (자다) 조용히 하자.
잔다니

赤ちゃんが(寝る)静かにしよう。
➜ 寝ているそうだから

(1) 한국의 여름은 몹시 (덥다) 비도 많이 온다.　夏は暑い、雨も多く降る
➜

(2) 오늘은 (춥다) 봄 날씨처럼 따뜻하다.　今日は寒い、春の天気のように暖かい
➜

(3) 요즘 나는 회사에서 대개 열 시가 (되다) 일이 끝난다.　大体十時になる、仕事が終わる
➜

(4) 간식으로 야채 주스를 (주었다) 아이가 먹기 싫다고 한다.　おやつで野菜ジュース、飲みたくない
➜

(5) 카드 게임에서는 상대방의 마음을 (읽다) 이길 수 있다.　カードゲーム、相手の気持ちを読む、勝つ
➜

(6) 열심히 (공부했다) 좋은 결과를 기대해도 좋을 것 같다.　一生懸命勉強する、良い結果を期待する
➜

(7) 값이 (싸다) 질도 좋다.　値段が安い、質も良い
➜

(8) 수학은 (어렵다) 푸는 데 시간이 걸리는 문제가 많았다.　数学、解くのに時間がかかる
➜

(9) 아까까지 비가 (오다) 지금은 눈이 온다.　さっきまで雨が降る、今は雪が降る
➜

(10) 졸면서 (썼다) 무슨 글씨인지 못 알아보겠다.　居眠りする、どんな字か読めない
➜

(11) 문제가 (해결되다) 점점 심각해지고 있다.　問題が解決される、ますます深刻になる
➜

(12) 내 친구는 (성실하다) 실력도 있다.　誠実だ、実力もある
➜

(13) 그렇게 여러 가지 일을 해야 (하다) 힘들겠다.　いろいろな仕事、大変だ
➜

(14) 목이 아파서 밥을 (먹다) 물도 못 마신다.　のどが痛い、水も飲めない
➜

2 **보기**の表現を用いて文を作ってみよう。

보기 ①-ㄴ/는다면서요? ②-ㄴ/는다니요? ③-곤 하다 ④-는 셈이다

음악을 매일 듣다 ➜ ① 음악을 매일 듣**는다면서요?**
② 음악을 매일 듣**는다니요?**
③ 음악을 매일 듣**곤 해요.**
④ 음악을 매일 듣**는 셈이에요.**

音楽を毎日聞く。
➜ ①音楽を毎日聞くそうですね。
②音楽を毎日聞くなんて。
③音楽を毎日聞いたりします。
④音楽を毎日聞くようなものです。

⑴ 김치를 매일 먹다 キムチを毎日食べる

➜ ①
②
③
④

⑵ 매일 책방에 들르다 毎日本屋に寄る

➜ ①
②
③
④

⑶ 주말마다 영화를 보러 가다 週末ごとに映画を見に行く

➜ ①
②
③
④

⑷ 매달 떡을 만들다 毎月もちをつくる

➜ ①
②
③
④

⑸ 밤마다 노래를 부르다 毎晩歌を歌う

➜ ①
②
③
④

3 リーディング練習　문장읽기

08-7

1 次の文章を読んでみよう。

옛날 어느 한 마을에 아들 청개구리와 어미 청개구리가 살았습니다. 아들 청개구리는 어찌나 말썽꾸러기인지 어미 청개구리는 마음 편할 날이 하루도 없었습니다.
❷ "얘야, 이리 오너라" 하면 저리로 갔습니다. "얘야, 저리 가거라" 하면 기어이 다가와서 귀찮게 굴었습니다. "저 아래 풀밭에 가서 놀아라. 뒤쪽엔 날짐승들이 많아서 위험하다" 하면 아들 청개구리는 일부러 위쪽 풀밭에 가서 놀았습니다. "오늘은 산에 가서 놀아라" 하면 강에 가서 놀았습니다. ❸ 이렇게 말을 듣지 않는 아들 청개구리를 볼 때마다 어미 청개구리는 한숨만 쉬었습니다.

"세상에 원, 어쩌자고 저렇게 말을 안 들을까? 이담에 커서 뭐가 될까?"

어미 청개구리는 늘 이렇게 혼잣말을 했습니다. 아들 청개구리는 어미 청개구리의 속을 태웠습니다.

❹ 어느 날은 아들 청개구리가 우는 것을 듣고 "얘야, 너 우는 게 그게 뭐냐. 개굴개굴 하고 울어 봐라" 하고 걱정을 했습니다. 그러자 아들 청개구리는 "굴개굴개 ……"

거꾸로 울었습니다. 어미 청개구리는 가슴이 미어지는 듯 아팠습니다.

❺ 얼마 뒤에 어미 청개구리는 병이 났습니다 .

"얘야. 내가 아무래도 오래 살지 못할 것 같다. 만일 내가 죽거든 산에 묻지 말고 냇가에 묻어 다오. 알겠니? " 어미 청개구리가 힘없이 말했습니다.

❻ 어미 청개구리는 점점 병이 더해 얼마 뒤에 세상을 떠나고 말았습니다.

어미 청개구리는 아들 청개구리가 무슨 말이든 거꾸로 듣기 때문에 냇가에 묻어 달라고 하면 산에 묻어줄 것이라고 믿었던 것입니다.

❼ 어미 청개구리는 산에 묻히기를 바랐던 것입니다. 아들 청개구리는 어미 청개구리가 세상을 떠난 것이 정말로 슬펐습니다. 아들 청개구리는 목을 놓아 울었습니다.

❽ "엄마, 난 정말 나쁜 놈이었어. 엄마는 내 나쁜 버릇 때문에 돌아가셨어. 엄마 용서해요. "

아들 청개구리는 울고 또 울었습니다.

❾ 아들 청개구리는 한없이 울면서 자기 잘못을 마음속 깊이 뉘우쳤습니다.

엄마 말을 안 들어 엄마 속을 태웠으니 엄마의 마지막 부탁만이라도 시킨 대로 해야겠다.

❿ 아들 청개구리는 이렇게 생각하고 어미 청개구리를 냇가에 묻었습니다.

그 뒤로 비만 오면 아들 청개구리는 무덤이 떠내려 가지 않을까 걱정을 하면서 울었습니다.

「한국 전래동화:청개구리」

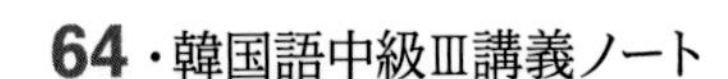

2 次の文章を読んでみよう。

08-8

옛날 어느 한 마을에 착한 아우 흥부와 욕심쟁이인 형 놀부가 살았습니다. 부모가 물려준 재산은 놀부가 몽땅 차지해서 동생 흥부는 아주 가난했습니다. ❷ 아이가 많은 흥부는 아무리 열심히 일해도 먹고 살기가 힘들었습니다. 어느 날 먹을 것이 떨어진 흥부는 할 수 없이 놀부를 찾아 갔습니다. "형님, 쌀 좀 꾸어 주세요. 아이들이 굶고 있어요. 가을이 되면 꼭 갚겠습니다." ❸ "뭐라고? 이 게으름뱅이 놈아! 열심히 일할 생각은 하지 않고 구걸이나 다니다니! 빨리 나가거라!" 놀부는 큰 소리로 야단을 치며 흥부를 쫓아 버렸습니다. ❹ 집으로 돌아온 흥부는 아내와 함께 툇마루에 앉아 한숨을 쉬고 있었습니다. 그런데 갑자기 제비의 비명 소리가 들리더니 아기 제비 한 마리가 마당으로 툭 떨어졌습니다. ❺ 제비 집을 올려다 보니, 커다란 뱀 한 마리가 제비 둥지를 덮치려던 참이었습니다. 흥부는 얼른 뱀을 쫓아 버렸습니다. 떨어진 아기 제비는 다리가 부러져 있었습니다. ❻ 흥부는 고운 헝겊을 가져다가 부러진 제비의 다리를 정성껏 묶어 주었습니다. 다친 제비는 곧 나았고 무럭무럭 자랐습니다. 그리고 가을이 되자 다른 제비들과 함께 남쪽으로 날아갔습니다.

❼ 긴 겨울이 지나고 봄이 왔습니다. 남쪽으로 갔던 제비들이 돌아왔습니다. 흥부네 집에도 지난해 살았던 제비가 다시 돌아왔습니다. "어이구, 무사히 돌아왔구나." 반가워하는 흥부에게 제비가 뭔가를 떨어뜨려 주었습니다. ❽ 그것은 박씨였습니다. 흥부는 제비가 준 박씨를 고이 심었습니다. 곧 싹이 트고 덩굴이 뻗더니 커다란 박이 달렸습니다. 가을이 되자 드디어 박이 굳었습니다. ❾ 흥부와 아내는 박을 하나 따다 놓고 켜기 시작했습니다. 박이 갈라지자 이게 웬일입니까! 안에서 금은 보화가 쏟아져 나오는 게 아니겠습니까? 흥부는 큰 부자가 되었습니다. ❿ 이것을 알게 된 놀부는 흥부를 찾아가 호통을 쳤습니다. "네 이놈! 너같은 게으름뱅이가 어떻게 이런 부자가 됐느냐? 빨리 사실대로 말하거라!" 흥부는 놀부에게 제비가 물어다 준 박씨 이야기를 해 주었습니다.

⓫ 급히 집으로 돌아논 놀부는 제비 둥지 속에서 아기 제비 한 마리를 꺼냈습니다. 그리고 다리를 뚝 부러뜨리고는 두꺼운 실로 아무렇게나 칭칭 동여매서 다시 둥지 속에 넣으면서 말했습니다. "이 놈아, 내년 봄에 박씨 하나를 꼭 물고 와야 한다." ⓬ 다음 해 봄, 제비들이 돌아왔습니다, 그리고 안절부절못하고 기다리던 놀부 앞에 박씨 하나를 떨어뜨려 주었습니다. 뒤뜰에 심은 박씨는 곧 잎이 나고 덩굴을 뻗어 올랐습니다. 그리고 물동이 같은 박이 열렸습니다. ⓭ 가을이 왔습니다. "이제 켜도 되겠지. 가장 큰 놈으로 골라서…" 놀부는 아내와 함께 박을 켜기 시작했습니다. 박이 쩍 갈라졌습니다. 그런데 이게 웬일입니까? 금은 보화는 안 나오고 도깨비가 나타난 것입니다. ⓮ "에이, 이 고얀 놈아. 천벌을 받아 마땅하거늘, 천벌을 면하려거든 돈과 패물을 몽땅 내 놔라!" 도깨비는 육모 방망이로 놀부와 아내를 사정없이 때렸습니다. 놀부와 부인은 벌벌 떨며 돈과 패물을 모두 가져다 바쳤습니다. ⓯ 집도 돈도 패물도 모두 뺏기고 실컷 두들겨 맞아 앓고 있는 놀부 내외를 흥부가 찾아왔습니다. "형님, 저희가 도와 드릴테니 걱정마세요." 그 뒤 놀부는 잘못을 깨닫고 흥부와 사이좋게 지냈습니다.

「한국 전래동화 : 흥부와 놀부」

主要擬声語・擬態語リスト（ハン検準2級出題レベル）

単語	意味
ㄱ	
간질간질	むずむず
구불구불	くねくね
갈팡질팡	まごまご、どぎまぎ
깜짝깜짝	ぱちぱち、びくっと
껄껄	からから(高らに笑う声)
꼬불꼬불	くねくね
꽁꽁	①かちかちに ②ぎゅうぎゅうに(結ぶ)
꾸불꾸불	くねくね
꿀꺽(하)	ごくりと、ぐっと、ごくんと
꿀꺽꿀꺽	ごくごく
끄덕끄덕	こくりこくり
끈적끈적	ねばねば、べたべた、べとべと
ㄴㄷ	
너덜너덜	ぼろぼろ
느릿느릿	のろのろ
다닥다닥	びっしり
다짜고짜	いきなり
두근두근	どきどき
두리번두리번	きょろきょろ
뒤죽박죽	ごちゃごちゃ
들락날락	出たり入ったり
따끈따끈	熱々、ほかほか
따끔따끔	ひりひり、ちくちく
떠듬떠듬	たどたどしく、つかえつかえ
뜨끈뜨끈	ほかほか、熱々
띄엄띄엄	まばらに、ちらほらと、点々と
ㅁㅂ	
멈칫멈칫	もじもじ
무럭무럭	すくすく、めきめき、ぐんぐん
뭉게뭉게	もくもく、むくむく
반짝반짝	きらきら、ぴかぴか
반들반들	つやつや、ぴかぴか
방긋	にこやかに、にっこり
뱅뱅	くるくる、ぐるぐる
번쩍	①さっと ②ぱっと ③ぴかっと
번쩍번쩍	ぴかぴか
벌떡	すっくと、ぱっと
벌벌	ぶるぶる、おどおど
벙글벙글	にこにこ
보슬보슬	しとしと、さらさら
부들부들	ぶるぶる、がくがく
불쑥불쑥	①にょきにょき ②だしぬけに
비틀비틀	ふらふら、よろよろ
빙빙	ぐるぐる、くらくら
빙글빙글	くるくる
ㅅ	
살금살금	こそこそ、こっそり
선들선들	そよそよ
솔솔	そよそよ、すうすう
술술	①ちょろちょろ、②すらすら
슬금슬금	そっと、こっそり
슬슬	そろそろ、ゆるゆる、すっと
슬쩍	こっそり、するりと、さっと
시들시들	しなしな、しおれている様子
시큰시큰	ずきんずきん、ずきずき
싱글벙글	にこにこ
ㅇㅈㅊ	
아장아장	よちよち
알쏭달쏭	もやもや
엉엉	おいおい(と泣く)
욱신욱신	ずきずき、ずきんずきん
울긋불긋	色とりどり
울퉁불퉁	でこぼこ
저릿저릿	じんじん
조마조마	はらはら、ひやひや
줄줄	①ざあざあと、だらだら ②ぼろぼろ
쫀득쫀득	しこしこ
쭉	①ずらりと、②ぐいっと
찰랑찰랑	なみなみと
척척	てきぱきと、どんどん、ぴったり
철썩철썩	どどっ、びゃしゃっと
칙칙폭폭	しゅっしゅっぽっぽ
칭얼칭얼	しきりにむずかる様子
칭칭	ぐるぐる
ㅋㅌㅍㅎ	
콕콕	ちくちく
콜록콜록	ごほごほ
콸콸	どくどく、ざあざあ
쿨쿨	くうくう
탁탁	ぱたぱた
터벅터벅	とぼとぼ
털썩	どかっと、どすんと、どさりと
펄쩍	①ぱっと ②ぴょんと
펄펄	①ぐらぐらと ②かっかと ③めらめらと
허우적허우적	あっぷあっぷ
헐렁헐렁	だぶだぶ、ぶかぶか
헐레벌떡	息せき切って、あえぎあえぎ
홀짝홀짝	ちびちび
화끈화끈	かっと、ぽっと
훨훨	ゆらゆら、ばたばた、ふわふわ
후루룩후루룩	ばたばた ずるずる
휘청휘청	よろよろ、ふらふら
흐물흐물	とろとろ、どろどろ、ぐにゃぐにゃ
흔들흔들	ぐらぐら、ぶらぶら
힐끔힐끔	ちらちら
힐끗	ちらっと、じろりと
히죽히죽	にやにや

※使われる対象や内容によっていくつもの対応する訳がありうるが、ここでは主な訳だけを提示した。

제9과 예절

学習表現

09-1

1 用言の語幹 +기에/길래 : ～ので、～だから

이거 웬 빵이에요?
このパンはどうしたんですか。

맛있어 보이**길래** 사 왔어요.
美味しそうに見え**たので** 買って来ました。

2 動詞の語幹 +(으)려다가 : ～しかけて、～ようとしていて

이번 주에 여행 간다더니 안 갔어요?
今週 旅行に行くと言ってたけど、行かなかったんですか。

그저께 가**려다가** 갑자기 일이 생겨서 못 갔어요.
一昨日 行こうと**していたけど**、急用ができて行けませんでした。

3 動詞の語幹 +(으)ㄴ 채로 : ～まま、～のまま

이 돈 왜 이렇게 쭈글쭈글하고 색이 바랬어요?
このお金はなんでこんなにしわくちゃで色が褪せたんですか。

주머니에 넣어 둔 **채로** 빨래를 해서 그래요.
ポケットに 入れた**まま** 洗濯をしたのでそうなってしまいました。

4 用言の語幹 +는/은데도 : ～のに、～ても

이렇게 비가 오**는데도** 낚시를 가요?
こんなに雨が降ってい**るのに** 釣りに行くんですか。

비가 오면 고기가 잘 잡힐 때도 있어요.
雨が降ると 魚がよく釣れる時もありますよ。

単語

ㄱㄴㄷ
검소하다 : 質素だ
고개 : 首
공연장 : 公演会場
관중 : 観衆
국그릇 : 汁わん
그런대로 : それなりに
내밀다 : 差し出す
놀이공원 : 遊園地
돌리다 : 向ける、変える
동창 : 同窓
뜀틀 : 跳び箱

ㅁㅂㅅ
만원 : 満員
무릎 : ひざ
문화 : 文化
물병 : 水筒
받치다 : 支える
벌 : 蜂
뵙다 : お目にかかる
붓다 : 注ぐ
상 : 食卓
술잔 : 杯
쏘이다 : 刺される
쏟아지다 : 降り注ぐ

ㅇㅈ
아차 : しまった
악수 : 握手
어색하다 : 不自然だ
예절 : マナー
왼손잡이 : 左利き
윗사람 : 目上の人
이마 : 額
절다 : びっこを引く
중심 : 中心

ㅊㅍㅎ
청하다 : 求める、請う
팔꿈치 : ひじ
핀잔을 듣다 : 叱られる
혹 : こぶ

文法と表現

09-2

1 用言の語幹 +기에/ 길래

用言 +ので、〜だから、〜なので

連結語尾 用言の語幹に付いて、原因や理由、根拠を表す。「길래」は主に口語体で用いられる。

接続 用言の語幹に接続する。名詞には「〜(이)기에/ 〜(이)길래」の形で結合する。

① 用言 +기에	아침부터 날씨가 흐리+**기에**	朝から曇っていたので
	비가 올 것 같+**기에**	雨が降りそうなので
② 用言 +길래	너무 곤하게 자+**길래**	あまりにぐっすりねていたので
	장미가 너무 예쁘+**길래**	バラがあまりにきれいだったので
③ 名詞 +(이)기에/(이)길래	기쁜 일+**이기에**/ 기쁜 일+**이길래**	うれしいことなので

① 점심 시간에 안 보이던데 어디에 갔었어요?
　－날씨가 하도 좋**기에** 산책을 다녀왔어요.
② 비가 올 것 같**기에** 빨래를 걷었어요.
③ 집에 과일이 많이 있**길래** 조금 가지고 왔어요.
④ 민수는 어디 갔어요?
　－피곤해 보이**길래** 집에 가서 쉬라고 했어요.

参考 用言の語幹 +(ㄴ/는)다기에/ (ㄴ/는)다길래：〜というので、〜というから
間接引用の表現と結合して、「-ㄴ/는/다+기에」、「-냐/느냐/으냐+기에」、「-사+기에」、「-(으)라+기에」の形で用いられて原因や理由、根拠などを表す。

① 친구가 초등학교 동창을 찾**는다기에** 도와주었다.
② 날씨가 좋**다길래** 우산을 안 가져 왔는데 소나기가 온다.
③ 친구가 바다에 가서 바람이나 쐬고 오**자기에** 따라나섰다.
④ 건강을 위해서는 물을 많이 마시**라길래** 요즘 난 매일 물병을 가지고 다닌다.

09-3

2 動詞の語幹 +(으)려다가

動詞 +かけて、〜ようとしていて

慣用表現 動詞の語幹に付いて、意図や目的とした行為が中断して他の行為に変わる、または意図していたこととは別の結果になることを表す。「-(으)려고 하다가」の縮約形。

母音語幹 + 려다가		子音語幹 + 으려다가	
일어서+**려다가**	起き上がろうとして	책을 읽+**으려다가**	本を読もうとして
집을 나서+**려다가**	家を出かけようとして	나무를 심+**으려다가**	木を植えようとして

① 메일을 보내**려다가** 직접 뵙고 말씀 드리려고 찾아왔습니다.
　－잘 오셨어요. 이쪽으로 앉으세요.
② 다리를 저는데 왜 그래요?
　－뜀틀을 뛰어넘**으려다가** 넘어져서 무릎을 다쳤어요.
③ 이마에 혹이 생겼네요.
　－나비를 잡**으려다가** 벌에 쏘였어요.

練習

1 보기のように文を作ってみよう。

보기 장미꽃이 예쁘다/ 한 다발 사 오다
➜ [장미꽃이 예쁘] 길래 [한 다발 사 오] 았어요.

バラの花がきれいだ/1束買ってくる
➜ [バラの花がきれいだった] ので [1束買って来] ました。

(1) 값이 싸다/ 구두를 두 켤레 사다　　安い/靴を2足買う

➜

(2) 배가 고프다/ 빵을 사 먹다　　お腹がすく/パンを買って食べる

➜

(3) 반찬이 좀 상한 것 같다/ 버리다　　おかずが傷む/捨てる

➜

(4) 비가 오다/ 야구를 하다가 말다　　雨が降る/ 野球を途中でやめる

➜

(5) 피곤하다/ 일찍 집에 가서 쉬다　　疲れている/早く家に帰って休む

➜

2 보기のように文を作ってみよう。

보기 남은 음식을 다 먹다/ 참다
➜ [남은 음식 다 먹] 으려다가 [참] 았어요.

残っているものを全部食べる/我慢する
➜ [残っているものを全部食べ] ようとしていたが [我慢し] ました。

(1) 잠을 자다 / 다시 일어나 공부를 하다　　寝る/また起きて勉強する

➜

(2) 아기가 자는지 확인하다/ 바퀴벌레를 발견하다　　赤ちゃんが寝ているか確認する/ゴキブリを見つける

➜

(3) 공원에서 꽃을 꺾다/ 아저씨한테 야단맞다　　公園で花を折る / おじさんに叱られる

➜

(4) 미국으로 유학을 가다 / 취직을 하다　　アメリカに留学する/就職をする

➜

(5) 잠깐 쉬다/ 잠이 들다　　少し休む/寝てしまう

➜

文法と表現

09-4

3 動詞の語幹 +(으)ㄴ 채로　　動詞 +まま、~のまま

慣用表現 動詞の語幹に付いて、すでにある状態に変化がないこと、それと同じ状態であることを表す。

母音語幹 + ㄴ 채로		子音語幹 + 은 채로	
고개를 숙이+ㄴ **채로**	うつむいたまま	주머니에 손을 넣+은 **채로**	ポケットに手を入れたまま
안경을 쓰+ㄴ **채로**	眼鏡をかけたまま	휴일도 잊+은 **채로**	休日も忘れたまま

① 어젯밤에 늦게까지 불이 켜져 있던데 공부했어?
　－아니야, 불을 켜 놓**은 채로** 잠을 잤어.
② 이 시험지는 누구 거예요?
　－죄송합니다. 제가 시험지에 이름을 쓰지 않**은 채로** 냈습니다.
③ 감기 들었어?
　－응, 창문을 열어 놓**은 채로** 잤더니 감기에 걸렸어.
④ 왜 그렇게 서두르니?
　－지금 밖에 택시를 세워 둔 **채로** 들어왔어. 빨리 나가야 돼.

09-5

4 用言の語幹 +는/은데도　　用言 +のに、~ても、~なのに

連結語尾 用言の語幹に付いて、前の事柄や状況と内容的に矛盾する状況・結果になることを表す。意外・驚き・不満などの気持ちを表す。

接続 動詞の語幹、「있다,없다」、先語末語尾「-(으)시-,-았/었,-겠-」には「-는데도」、形容詞の語幹には「-(으)ㄴ데도」の形で結合する。名詞には「-인데도」の形で結合する。

動詞の語幹 +는데도 / 있다,없다, -았/었 +는데도		形容詞の語幹 +(으)ㄴ데도 / 名詞 +인데도	
소나기가 내리+**는데도**	にわか雨が降っているのに	값이 비싸+**ㄴ데도**	値段が高いのに
많이 먹+**는데도**	たくさん食べているのに	빚이 많+**은데도**	借金が多いのに
돈이 없+**는데도**	お金がないのに	새 집+**인데도**	新しい家なのに

① 계속 약을 먹고 있**는데도** 감기가 낫지 않아요.
② 밥을 사 준다고 했**는데도** 집에만 있고 싶대요.
③ 돈이 많**은데도** 생활은 아주 검소해요.
④ 휴일이 아**닌데도** 놀이공원에 오는 사람이 많네요.
⑤ 새 집**인데도** 비가 오기만 하면 새요.

参考 用言の語幹 +는/은데도 불구하고/ 名詞 +인데도 불구하고:~にも関わらず、~であるにも関わらず
用言の語幹に付いて、前の事柄や状況とは関係なくの意を強く表す。話し手の意外・驚き・不満などの気持ちを表す。
① 소나기가 쏟아지**는데도 불구하고** 공연장에는 많은 관중들이 모였다.
② 가구가 적어서 집이 좁**은데도 불구하고** 답답해 보이지 않는다.
③ 일요일 아침**인데도 불구하고** 도서관 열람실이 만원이다.

練習

3 보기のように文を作ってみよう。

보기 눈을 감다/ 음악을 듣다 ➜ [눈을 감]은 채로 [음악을 듣]는다.	目を閉じる/音楽を聞く ➜ [目を閉じた] まま [音楽を聞い] ている。

(1) 안경을 쓰다/ 목욕탕에 들어가다　　眼鏡をかける / 風呂に入る

➜

(2) 휴일도 잊다/ 시험 준비에 몰두하고 있다　　休日も忘れる/試験準備に没頭する

➜

(3) 주머니에 손을 넣다/ 걷다가 넘어졌다　　ポケットに手を入れる/歩く途中転ぶ

➜

(4) 의자에 앉다/ 잠이 들었다　　椅子に座る/寝てしまう

➜

(5) 주머니에 돈을 넣어 두다/ 빨래를 했다　　ポケットにお金を入れておく/洗濯をする

➜

4 보기のように文を作ってみよう。

보기 눈이 오다 / 거리에 사람들이 많다 ➜ [눈이 오]는데도 [거리에 사람들이 많]아요.	雪が降る / 通りに人が多い ➜ [雪が降っている] のに [通りに人が多い] です。

(1) 밥을 많이 먹었다 / 벌써 배가 고프다　　ご飯をたくさん食べる/もうお腹が空く

➜

(2) 아껴 쓰다 / 생활비가 늘 모자라다　　節約して使う/生活費がいつも足りない

➜

(3) 어제 푹 쉬었다 / 피곤이 안 풀렸다　　昨日ゆっくり休む/疲れが取れない

➜

(4) 두 사람은 친하다 / 자주 말다툼을 하다　　二人は親しい/よく口げんかをする

➜

(5) 가까운 친척이다 / 만날 기회가 거의 없다　　近い親戚だ/会う機会がほとんどない

➜

ダイアローグ&作文

09-6

5 読んでみよう。

1 지영　겐타 씨는 한국의 생활 예절에 대해서 궁금한 게 많은 모양이죠?
2 겐타　궁금하다기보다는 실패하면서 배우는 게 많은 것 같아요. 지난 번에 친구 집에 갔을 때도 친구 아버지께서 반갑다며 악수를 청하시**길래** 나도 한 손을 내밀어 악수를 했는데, 악수가 끝난 다음에야 한국에서는 어른과 악수할 때는 두 손으로 해야 한다는 말이 생각이 났어요. 아차 했죠.
3 지영　그렇죠. 한국에선 윗사람과 악수할 때는 왼손으로 오른손 팔꿈치를 받치면서 악수를 해요. 술잔을 받거나 술을 따를 때도 역시 마찬가지로 왼손으로 오른손 팔꿈치를 받치면서 하죠.
4 겐타　처음에는 어른 앞에서 술을 마실 때는 고개를 옆으로 돌리고 마시는 게 참 어색했어요. 이제는 그런대로 익숙해졌는데 그래도 가끔씩 술잔에 술이 남아있는데 술을 더 부**으려다가** 친구들한테 핀잔을 들을 때가 있어요.
5 지영　한국에서는 술잔이 비어 있을 때 술을 따라 주어야 해요. 그리고 왼손으로 술잔을 받거나 술을 따라 주는 것도 예의가 아니에요.
6 겐타　그럼 왼손잡이는 조심해야 되겠네요. 식사할 때도 다른 점이 많은 것 같아요. 일본에서는 밥이나 국그릇은 왼손에 들고 먹는데 한국에서는 그렇게 하면 야단을 맞는다는 이야기를 들었어요.
7 지영　한국에서는 밥그릇이나 국그릇은 식탁 위에 놓**은 채로** 먹죠.
밥과 국은 숟가락으로 먹고 다른 반찬은 젓가락으로 먹는 것도 일본과는 다를 거예요.
8 겐타　일본이나 한국이나 다 밥과 반찬이 중심인 음식 문화**인데도** 다른 것도 많은 것 같아요.

6 訳してみよう。

(1) 宿題が多いのに家に帰ってくるやいなやテレビを見ている。　숙제가 많다, 텔레비전를 보다

➜

(2) 時間が足りなかったので問題を全部解けないまま提出した。　시간이 부족하다, 풀다, 제출하다

➜

(3) 勉強をしようとしていたが、あまりにも眠たくてそのまま寝た。　너무 졸리다, 그냥 자다

➜

(4) 友達はお腹がいっぱいだというので一人だけ注文をした。　배가 부르다, 혼자, 주문을 하다

➜

(5) その学生は家が遠いのにもかかわらずいつも学校にいちばん先に来ている。　집이 멀다, 먼저 오다

➜

제10과 한복

学習表現

10-1

1 動詞の語幹 +(으)ㄹ 뻔하다：～するところだった

무슨 일이 있었어요?

何か　ありましたか。

교통사고가 나서 약속 시간에 늦**을 뻔 했어요**.

交通事故が起きて　約束の時間に　遅れる**ところでした**。

2 動詞の語幹 +(으)ㄹ걸 그랬다：～すればよかった(のに)

트렁크 무게가 초과 됐어요?

トランクの重さが　超過したんですか。

네, 옷을 조금만 넣**을걸 그랬어요**.

はい、服を　少しだけにして入れれ**ばよかったです**。

3 名詞 +에 따라서：～によって

어느 계절을 좋아하세요?

どの季節が　好きですか。

사람**에 따라서** 다르겠지만 나는 여름을 좋아해요.

人**によって**　違うと思いますが、私は夏が好きです。

4 用言の語幹 +고 말고요：～ですとも、～だとも

막내 아드님이 취직을 해서 기쁘시겠어요.

末の息子さんが　就職をして　うれしいでしょう。

기쁘**고말고요**. 거의 부모 책임을 다 한 것 같아요.

うれしい**ですとも**。ほぼ　親の責任を　果たしたような気がします。

単語

ㄱㄴㄷㅁ
검은색：黒色
관습적：慣習的
교통사고：交通事故
노란색：黄色
다양하다：多様だ
다홍색：真紅色、真っ赤
돌아가시다：なくなる
따르다：依る、従う
떨어뜨리다：落とす
맞추다：あつらえる
무사하다：無事だ
미인：美人

ㅂㅅㅇㅈ
분홍색：ピンク色
빨간색：赤色
상관없이：関係なく
색깔：色
선녀：仙女
송년회：忘年会
시집가다：嫁に行く
심심하다：退屈だ
안전벨트：シートベルト
이삿짐：引っ越し荷物
장례식：葬式
전통적：伝統的
제사：祭祀

ㅊㅌㅍㅎ
차리다：身なりを整える
착각하다：錯覚する
초록색：薄緑色
취향：趣向
특별하다：特別だ
파란색：青色
평소：平素、ふだん
하마터면：危うく
한복：ハンボク(韓服)
흰색：白色

文法と表現

10-2

1 動詞の語幹 +(으)ㄹ 뻔하다　　動詞 +するところだった

慣用表現 動詞の語幹に付いて、あることが起こるかもしれない寸前の状態だったことを表す。悪い結果を想定している場合は副詞「하마터면(危うく)、자칫하면(もう少しで)」と呼応することが多い。

母音語幹 +ㄹ 뻔하다		子音語幹 +을 뻔하다	
넘어지+ㄹ **뻔 했다**	転ぶところだった	약속을 잊+**을 뻔했다**	約束を忘れるところだった
사고를 내+ㄹ **뻔했다**	事故を起こすところだった	정신을 잃+**을 뻔했다**	気を失うところだった

① 그녀의 이야기를 듣고 너무 놀라서 들고 있던 컵을 떨어뜨**릴 뻔했다**.
② 교통사고가 나서 크게 다**칠 뻔했는데**, 다행히 안전벨트 덕분에 무사했다.
③ 오늘 늦잠을 자서 하마터면 출근 첫날부터 지각**할 뻔했다**.
④ 이번 시합에서 조금만 더 잘했으면 우리 학교가 우승도 **할 뻔했다**.

参考 用言の語幹 +아/어/여서 죽을 뻔했다：～てたまらなかった、非常に～、我慢できないほど～
用言の語幹に付いて、過去にある強い感情や感覚がわき起こって抑えられなかったことを誇張して表す。

① 아침을 안 먹었더니 배가 고파**서 죽을 뻔했다**.
② 혼자 이삿짐을 다 옮기느라고 힘들**어서 죽을 뻔했다**.
③ 지난 주말엔 할 일이 없어서 심심**해 죽을 뻔했다**.

10-3

2 動詞の語幹 +(으)ㄹ걸 그랬다　　動詞 +すればよかった(のに)

慣用表現 動詞の語幹に付いて、実現しなかったことに対する後悔、未練、残念な気持ちをを表す。

母音語幹 +ㄹ걸 그랬다		子音語幹 +을걸 그랬다	
일찍 오+**ㄹ걸 그랬다**	早く来ればよかった	참+**을걸 그랬다**	我慢すればよかった
먼저 사과하+**ㄹ걸 그랬다**	先にあやまればよかった	더 넣+**을걸 그랬다**	もっと入れればよかった

① 이번엔 성적이 너무 안 좋다. 공부를 열심히 **할걸 그랬다**.
② 나도 그때 취직하지 말고 유학을 **갈걸 그랬다**.
③ 학생 때 여기저기 여행을 많이 다**닐걸 그랬어요**.
④ 좀 더 일찍 나**올걸 그랬어요**. 택시를 타고 가도 늦겠어요.

参考 動詞の語幹 +(으)ㄹ걸：～すればよかった / 用言の語幹 +(으)ㄹ걸：～だろう
終結語尾。①過去の事を振り返って後悔、未練の気持ちを表す。②話し手の推測・判断の意を表す。軽く反論するときに用いられる。

① 밥을 먹으라고 할 때 먹**을걸**.
② 내가 잘못했다고 먼저 사과**할걸**.
③ 그건 아마 네 마음대로는 안 **될걸**.
④ 경주까지라면 아마 비행기보다 KTX가 더 빠**를걸**.

練習

1 보기のように文を作ってみよう。

보기 늦게 일어나다 / 회사에 늦다 ➜ [늦게 일어나]아서 [회사에 늦]을 뻔했어요.	遅く起きる/会社に遅れる ➜ [遅く起きた]ので[会社に遅れる] ところでした。

(1) 늦잠을 자다 / 회사에 지각하다　寝坊をする/会社に遅刻する

➜

(2) 너무 바쁘다 / 뛰어가다가 넘어지다　非常に忙しい/走って行く途中転ぶ

➜

(3) 팔에 힘이 없다 / 커피를 쏟다　腕に力がない/コーヒーをこぼす

➜

(4) 약속 시간에 늦다 / 못 만나다　約束に送れる/会えない

➜

(5) 전철을 잘못 타다 / 약속 시간에 늦다　電車に間違って乗る/約束の時間に遅れる

➜

2 보기のように文を作ってみよう。

보기 비가 오네요.(우산을 가져오다) ➜ [우산을 가져오]ㄹ걸 그랬어요.	雨が降っていますね。(傘を持ってくる) ➜ [傘をもってくれ]ばよかったです。

(1) 표가 벌써 매진이래요.(예매를 해 두다)　チケットはもう売り切れだ(前売り券を買っておく)

➜

(2) 감기에 걸렸어요.(창문을 닫고 자다)　風邪を引く(窓を閉めて寝る)

➜

(3) 중요한 약속을 잊어버렸어요.(메모를 해 두다)　重要な約束を忘れてしまう(メモをしておく)

➜

(4) 길이 막혀서 지각을 했어요.(지하철을 타다)　道路が渋滞して遅刻する(地下鉄に乗る)

➜

(5) 아침에 동생하고 싸웠어요.(내가 참다)　朝、弟・妹と喧嘩する(私が我慢する)

➜

文法と表現

10-4

3 名詞 +에 따라서

名詞 +によって、~にしたがって、~につれて

慣用表現 名詞に付いて、ある基準や条件、状況に起因することを表す。主に「-에 따라(서)」、「-에 따른」、「-에 따르면」の形で用いられる。「에 따라서」は「에 따라」に縮約できる。

名詞 +에 따라서	학자+**에 따라서**	学者によって
	돈이 있고 없음+**에 따라서**	お金の有無によって
	노인 인구가 늘어남+**에 따라**	老人の人口が増えるにつれて

① 김치는 어떻게 만들어요?－김치의 종류**에 따라서** 달라요.
② 오늘 날씨는 어떻대요?－지역**에 따라** 소나기가 오는 곳도 있대요.
③ 비행기 요금이 왜 이렇게 비싸죠?
　－휴가철인지 아닌지 주말인지 아닌지**에 따라서** 요금이 달라지는 것 같아요.

参考 他に特定の対象を表す助詞「에」とともに用いられる慣用表現には次のようなものがある。

-에 대해서	~について		정치**에 대해서** 관심을 갖고 있다.	政治について関心をもっている。
-에 대하여		対象	환경 문제**에 대하여** 발표했다.	環境問題について発表した。
-에 대한	~についての		교육**에 대한** 생각이 다양하다.	教育に対する考え方は様々だ。
-에 관해서	~について		이번 사건**에 관해서** 말이 많다.	今回の事件についてやかましい。
-에 관하여	~に関して	対象	종교**에 관하여** 강의를 들었다.	宗教に関して講義を聞いた。
-에 관한	~に関する		사용법**에 관한** 설명이 부족하다.	使い方に関する説明が足りない。
-에 의하여	~によって		국회의원은 선거**에 의하여** 선출된다.	国会議員は選挙によって選ばれる。
-에 의한	~による	主体	최근에는 태풍**에 의한** 재해가 많다.	最近は台風による災害が多い。
-에 의하면	~によれば		소문**에 의하면** 그가 사장이 될 것 같다.	うわさによると彼が社長になりそうだ。
-에 비해서	~に比べて		남자**에 비해서** 여자가 수명이 길다.	男性に比べて女性の寿命が長い。
-에 비하여		基準	가격**에 비하여** 질은 좋지 않다.	価格に比べて質はよくない。
-에 비하면	~に比べると		서울**에 비하면** 물가가 싼 편이다.	ソウルに比べると物価が安い方だ。
-에 있어서	~において	分野	선거는 민주정치**에 있어서** 중요하다.	選挙は民主政治において重要だ。
-에 있어서의	~における	方面	한국**에 있어서의** 국악의 발달	韓国における国楽の発達

10-5

4 用言の語幹 +고말고요

用言 +(もちろん)~ます/ですとも

終結語尾 用言・이다の語幹に付いて、相手の質問に対して肯定、または同意の意を強く表す。語尾「-다마다요」と置き換えることができる。

① 用言の語幹 +고말고(요)	좋+**고말고요**	いいですとも
	그렇+**고말고요**	そうですとも
② 名詞 ++(이)고말고(요)	부자+**고말고요**	金持ちですとも
	물론+**이고말고요**	もちろんですとも

① 다음 주말에 송년회를 할 건데 오실 거죠?－그럼요. 가**고말고요**.
② 상관 없는 일로 야단을 맞아서 기분이 나쁘겠어요.
　－물론이에요. 내가 한 일도 아닌데 야단을 맞았으니 기분이 나쁘**고말고요**.
③ 저 사람 부자예요?－물론 부자**고말고요**. 부자가 아니면 그 비싼 걸 살 수 있겠어요?

練習

3 보기のように文を作ってみよう。

보기 김치 맛/ 가정 ➜ [김치 맛]은 [가정]에 따라서 달라요.	キムチの味 / 家庭 ➜ [キムチの味]は[家庭]によって違います。

(1) 가르치는 방법 / 교사 　教え方/教師

➜

(2) 월급 / 회사 　給料/会社

➜

(3) 등록금/ 학교 　授業料/学校

➜

(4) 생각 / 사람 　考え/人

➜

(5) 교통 규칙 / 나라 　交通規則/国

➜

4 보기のように文を作ってみよう。

보기 한국말 발음이 어렵다 ➜ [한국말 발음이 어렵]지요? －그럼요. [어렵]고말고요.	韓国語の発音が難しい ➜ [韓国語の発音が難しい]ですよね。 －そうなんです。[難しい]ですとも。

(1) 신용 카드가 편리하다 　クレジットカードが便利だ

➜

(2) 다음 주 회사 야유회에 갈 거다 　来週会社のピクニックに行くつもりだ

➜

(3) 내일 세미나에 참석하다 　明日セミナーに出席する

➜

(4) 아기가 노는 모습이 귀엽다 　赤ちゃんが遊んでいる姿がかわいい

➜

(5) 올해 여름은 정말 더웠다 　今年の夏は暑かった

➜

ダイアローグ&作文

10-6

5 読んでみよう。

1 유카 어제는 결혼을 준비하는 선배가 한복을 맞추러 가는데 함께 갔다 왔어요. 선배를 따라서 나도 한복을 한번 입어 봤는데 거울 속의 내 모습이 너무 예뻤어요. 그래서 내가 시집가는 줄로 착각**할 뻔 했어요**.

2 준호 그렇게 선녀 같은 모습을 봤으면 좋았을 텐데. 사진 찍어 둔 거 있어요?

3 유카 선배 사진만 찍느라고 정작 내 사진은 찍을 생각을 못했어요.
한복을 입은 내 모습을 찍어 **둘걸 그랬어요**.

4 준호 한국에서도 평소엔 한복을 입는 사람들이 거의 없어요.
젊은 사람들은 특히 더 그래요.

5 유카 주로 어떤 때 한복을 입나요?

6 준호 설날이나 추석 같은 명절이나 제사를 지낼 때, 돌잔치나 결혼식을 할 때처럼 특별한 날에 주로 입어요. 그리고 가족 중에
돌아가신 분이 있을 때도 한복을 차려 입어요.

7 유카 한복의 색깔은 아주 다양한 것 같은데 행사에 따라
정해진 것이라도 있나요?

8 준호 기본적으로는 개인의 취향**에 따라서** 입죠. 그러나 결혼식이나 장례식처럼 상황에 따라서 입는 색깔이 관습적으로 정해져 있는 경우도 있어요. 결혼하는 여자는 빨간색 치마에 초록색 저고리를 입고, 신랑의 어머니는 파란색, 신부의 어머니는 분홍색의 한복을 입는 것처럼 말이죠.
또 상을 당한 사람은 흰색이나 검은색 한복을 입는 게 일반적이에요.

9 유카 나는 초록색을 좋아하는데 초록색 한복도 어울릴까요?

10 준호 어울리**고 말고요**. 미인은 어떤 색깔이든지 다 잘 어울릴 거예요.

11 유카 비행기 태우지 마세요. 전통적으로는 결혼 전에는 노란색 저고리에
다홍색 치마를 많이 입는다는데 난 노란색보다는 초록색을 좋아해서요.

6 訳してみよう。

(1) 重要な約束を忘れていました。メモでもしておけばよかったです。 중요한 약속, 잊다, 메모

➜

(2) 大学によって授業料に違いが大きいです。 등록금, 차이

➜

(3) 卒業論文は韓国の経済問題について書きました。 졸업논문, 경제문제

➜

(4) 私が悪かったと先にあやまればよかったです。 잘못하다, 사과하다

➜

(5) もちろん信じますとも。いちばん親しい友達ですので。 믿다, 제일 친하다

➜

제11과 아리랑

学習表現

11-1

1 動詞の語幹 +(으)ㄹ 만큼：～ほど、～くらい

어제 그 영화 봤다면서요? 어땠어요.
昨日その映画を見たそうですね。 どうでしたか。

눈물이 날 **만큼** 감동적이었어요.
涙が出る**ほど**　感動的でした。

2 用言の語幹 +더군요：～ていましたよ、～でしたね、～でしたよ

10년 만에 고향에 갔더니 많이 변했**더군요**.
10年ぶりに　故郷に帰ったら　大変変わって**いましたよ**。

10년이면 강산도 변한다고 하잖아요.
10年たてば　山河も　変わると言うじゃないですか。

3 用言の語幹 +게 마련이다：～するものだ、～ようになっている

내일 면접이 있는데 벌써부터 긴장이 돼요.
明日　面接がありますが、いまから緊張しています。

면접 시험은 누구나 긴장하**게 마련이에요**.
面接試験は　誰でも　緊張する**ものです**。

4 動詞の語幹 +기 십상이다：～がちだ、十中八九～、間違いなく～

오늘도 점심에 삼겹살을 2인분 먹고 왔어요.
今日も　お昼に　サムギョプサル(豚の焼き肉)を2人前食べて来ました。

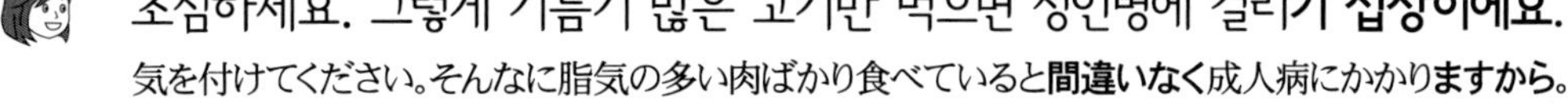

조심하세요. 그렇게 기름기 많은 고기만 먹으면 성인병에 걸리**기 십상이에요**.
気を付けてください。そんなに脂気の多い肉ばかり食べていると**間違いなく**成人病にかかり**ますから**。

単語

ㄱㄴㄷ
- 가락　：曲調
- 가사　：歌詞
- 과학　：科学
- 굽　：かかと
- 기술　：技術
- 끼우다：挟む、差し込む
- 남북한：南北朝鮮
- 널리　：広く
- 노랫말：歌詞
- 다하다：尽くす
- 단순하다：単純だ
- 덜렁거리다：そそっかしい

ㅁㅅㅇ
- 민요　：民謡
- 삶　：暮らし、人生
- 서민　：庶民
- 수천 곡：数千曲
- 아리랑：アリラン
- 온갖　：あらゆる
- 응원하다：応援する
- 이르다：及ぶ、達する
- 이별　：別れ
- 일상적：日常的

ㅈㅊ
- 자유롭다：自由だ
- 장거리：遠距離
- 장사　：商売
- 절망　：絶望
- 지배적：支配的
- 청국장：納豆チゲ
- 책임지다：責任を負う
- 충동구매：衝動買い

ㅋㅌㅍㅎ
- 칼질　：包丁さばき
- 통틀다：ひっくるめる
- 편리해지다：便利になる
- 학설　：学説
- 헤어지다：別れる
- 희망　：希望

文法と表現

11-2

1 動詞の語幹 +(으)ㄹ 만큼 ― 動詞 +ほど、~くらい

慣用表現　動詞の語幹に付いて、一定の程度や限度を表す。程度や可能性を多少誇張して表すことが多い。「-(으)ㄹ 정도로」と置き換えることができる。

母音語幹 +ㄹ 만큼		子音語幹 +을 만큼	
포도를 물리+ㄹ **만큼**	ブドウを飽きるほど	세 사람이 먹+**을 만큼**	三人が食べるぐらい
그것을 모르+ㄹ **만큼**	それを知らないほど	호랑이를 손으로 잡+**을 만큼**	虎を手で捕まえるくらい

① 요즘은 눈코 뜰 새 없이 바빠요. 그래서 밥을 못 먹었어요.
　－밥 먹을 시간도 없**을 만큼** 바쁘다는 말이에요? 그래도 건강을 생각해야죠.
② 오늘 선생님한테 야단맞았어요?
　－네, 선생님께 야단맞**을 만큼** 잘못한 것도 없었는데 말이에요.
③ 100미터 앞이 안 보**일 만큼** 안개가 끼었어요. －그러니까 운전 조심하세요.

参考1　動詞 +(으)ㄹ 만큼 動詞 :~だけ~する
同じ動詞を繰り返して使って「もうこれ以上はないという限度まで~する」の意を表す。

① 나도 참**을 만큼** 참았다.　② 그에게 속**을 만큼** 속았다.　③ 다 자**랄 만큼** 자랐다.

参考2　用言の語幹 +는/으ㄴ 만큼 :~する分、~に比例して/~だけに、~から、~からには
用言の語幹に付いて、①比例や程度、②理由・根拠の意を表す。動詞の語幹には「-는 만큼」、用言の語幹には「-(으)ㄴ 만큼」の形で結合する。

① 과학 기술이 발전하**는 만큼** 인간 생활이 더욱 편리해진다.
② 그는 남에게 받**은 만큼** 돌려주어야 직성이 풀리는 성격이다.
③ 모처럼 좋은 일을 맡**은 만큼** 최선을 다할 생각이다.

参考3　名詞 +만큼 :~ほど、くらい
助詞。名詞に付いて、程度や限度を表す。

① 나도 수학은 너**만큼**은 할 수 있다.
② 올해도 작년**만큼** 장사가 잘 됐으면 좋겠다.

11-3

2 用言の語幹 +더군요 ― 用言 +ていましたよ、~でしたね、~でしたよ

終結語尾　用言の語幹、이다、先語末語尾「-았/었-・-겠-・-(으)시-」に付いて、話し手が過去に経験して知った事実を感想を込めて伝えることを表す。原形は더구나/더군。

用言の語幹 +더군요	공원에 사람이 많+**더군요**	公園に人が多かったですよ
	참외가 정말 맛있+**더군요**	マクワ瓜が本当に美味しかったです
	강아지가 정말 귀엽+**더군요**	子犬が本当に可愛かったです

① 청국장을 먹어 보니 맛있**더군요**.
② 전에 소개해 주셨던 냉면집, 정말 맛있**더군요**.
③ 아마 내일은 더 추울 모양이에요. 일기 예보에서 감기를 조심하라고 하**더군요**.
④ 어제 노래를 들어 보니 정말 잘 부르**더군요**. 가수 해도 되겠어요.

練習

1 보기のように文を作ってみよう。

보기 눈물이 나다 / 영화가 감동적이다	涙が出る／映画が感動的だ
➜ 눈물이 나 ㄹ 만큼 영화가 감동적이 었어요.	➜ 涙が出る ほど 映画が感動的 でした。

(1) 머리가 버스 천장에 닿다 / 키가 크다　　頭がバスの天井に届く/背が高い

➜

(2) 앞을 분간할 수 없다/ 안개가 짙게 끼다　　前が区別できない/霧が濃くかかる

➜

(3) 아이들이 모두 따라 부르다 / 그 노래는 인기가 많다

子供たちがみんな付いて歌う/その歌は人気が高い

➜

(4) 이번에 성적이 놀라다 / 좋아지다　　今回の成績に驚く/よくなる

➜

(5) 식사할 시간도 없다 / 바쁘다　　食事する時間もない/忙しい

➜

2 보기のように文を作ってみよう。

보기 제주도는 어땠어요?(바다가 정말 아름답다)	済州島はどうだ(海が本当に美しい)
➜ 바다가 정말 아름답 더군요.	➜ 海が本当に美し かったですね。

(1) 민수 씨 만났어요?(만나러 가니까 벌써 퇴근했다)　　ミンスさんに会う(会いに行ったら帰った)

➜

(2) 그 영화 어땠어요?(별로 재미없다)　　その映画はどうだ(あまり面白くない)

➜

(3) 요금을 알아봤어요?(알아보니까 비싸다)　　料金を調べる(調べてみると高い)

➜

(4) 전화해 봤어요?(전화하니까 집에 아무도 없다)　　電話をしてみる(電話したら家に誰もいない)

➜

(5) 그 사전 샀어요?(사러 가니까 다 팔렸다)　　その辞書を買う(買いに行ったら全部売り切れた)

➜

文法と表現

11-4

3 用言の語幹 +게 마련이다

用言 +ようになっている、~するものだ

慣用表現　用言の語幹に付いて、物事の本来の性質や傾向としてそのような状態・結果となるのは当然だとの意を表す。「-기 마련이다」の形としても用いられる。

用言の語幹 +게/기 마련이다	물건은 오래 쓰면 닳+**게 마련이다**	ものは長く使うとすり減るものだ
	아무리 추워도 봄은 오+**게 마련이다**	いくら寒くても春は来るものだ
	거짓말은 언젠가 들통 나+**기 마련이다**	嘘はいつかばれるに決まっている

① 하영이가 장거리 연애를 하더니 결국 헤어졌네요.
　- 멀리 떨어져 살면 마음도 멀어지**게 마련이에요**.
② 모든 것은 좋은 것이 있으면 나쁜 것도 있**게 마련입니다**.
③ 슬프고 힘든 일도 대개는 시간이 지나면 잊혀지**게 마련이다**.
④ 무슨 일이든지 최선을 다하면 인생에서 어느 정도 성공하**기 마련이다**.

11-5

4 動詞の語幹 +기 십상이다

動詞 +のがおちだ、十中八九~、間違いなく~

慣用表現　動詞の語幹に付いて、十中八九そうなる可能性が高いことを表す。主に否定的な状況で、条件の意味を持った「-(으)면」、「-다가는」などとともに用いられる。

動詞の語幹 +기 십상이다	감기에 걸리+**기 십상이다**	風邪にかかるのがおちだ
	굽이 높으면 넘어지**기 십상이다**	かかとが高いと間違いなく転ぶ
	그렇게 놀다가는 떨어지**기 십상이다**	そんなに遊んでいては間違いなく落ちるよ

① 그렇게 놀기만 하다가는 나중에 후회하**기 십상이**니까 공부해.
　- 걱정 마. 내 인생은 내가 책임질 거니까.
② 키 좀 크게 보이게 하려고 굽이 높은 구두를 샀어.
　- 이렇게 굽이 높은 구두를 신고 다니다가는 넘어지**기 십상이야**. 조심해.
③ 이거 봐. 백화점에 갔다가 예쁜 게 많아서 이것저것 사 왔어.
　- 그렇게 충동구매를 하면 지금은 좋지만 나중에 후회하**기 십상이야**.

参考1　用言の語幹 +(으)ㄹ 게 뻔하다 : ~のが明らかだ、~のが知れている、~のがわかり切っている
用言の語幹に付いて、諸状況から判断して、物事の内容や状況、成り行きが明らかに予想・推測できることを表す。

① 금요일 밤이니까 술집에서 한잔 마시고 있을 **게 뻔해요**.
② 그 사람은 이번 모임에도 안 올 **게 뻔해요**.

参考2　動詞の語幹 +기 일쑤이다 : ~するのが常だ、よく~する、~しがちだ
動詞の語幹に付いて、ある事がたびたび発生することを表す。否定的な状況でよく用いられる。

① 처음에는 요리를 할 때 칼질이 서툴러서 다치**기 일쑤였다**.
② 우리 막내 아들은 덜렁거리는 성격 때문에 물건을 잃어버리고 오**기 일쑤이다**.

練習

3 보기のように文を作ってみよう。

보기 축제가 열리다/ 사람이 모이다
➜ [축제가 열리]면
– [사람이 모이]**게 마련이에요.**

祝祭が開かれる/人が集まる
➜ [祝祭が開かれる] と
[人が集まる] ものです。

(1) 반복해서 연습하다 / 발음이 좋아지다　　繰り返して練習する/　発音がよくなる

➜

(2) 떨어져 살다 / 마음도 멀어지다　　離れて暮らす/気持ちも遠ざかる

➜

(3) 시간이 지나다 / 사회도 변하고 사람도 변하다　　時間が経つ/社会も変わり、人も変わる

➜

(4) 최선을 다하다 / 성공하다　　最善を尽くす/成功する

➜

(5) 습도가 높다 / 불쾌지수도 높다　　湿度が高い/不快指数も高い

➜

4 보기のように文を作ってみよう。

보기 창문을 열어 놓고 자다/ 감기에 걸리다
➜ [창문을 열어놓고 자]면
[감기에 걸리]**기 십상이에요.**

窓を開けておく/風邪を引く
➜ [窓を開けて寝る] と十中八九
[風邪を引き] ますよ。

(1) 매일 술만 마시다 / 건강을 해치다　　毎日酒ばかり飲む/健康を損なう

➜

(2) 그렇게 공부를 안 하다 / 시험에 떨어지다　　そんなに勉強をしない/試験に落ちる

➜

(3) 그렇게 놀기만 하다 / 후회하다　　そんなに遊んでばかりいる/後悔する

➜

(4) 그런 식으로 행동하다 / 욕을 먹다　　そんな風に行動する/非難される

➜

(5) 이런 불볕더위에 조깅을 하다 / 더위를 먹다　　猛暑にジョギングをする/夏ばてする

➜

ダイアローグ&作文

11-6

5 読んでみよう。

1 유타　미영 씨, 한국에서 가장 널리 알려진 민요는 역시 아리랑인가요?

2 미영　그렇죠, 국내에서든 국외에서든 한국인들이 한국팀을 응원하면서 하나라는 것을 확인하고 싶을 경우에는 아리랑을 부르게 **될 만큼** 대표적인 민요죠. 유타 씨도 불러 본 적이 있어요?

3 유타　네, 동아리 친구들한테서 아리랑을 배운 적이 있어요. 노랫말이 단순해서 기억하기 쉽고 여럿이 함께 부르기도 좋**더군요**. 그런데 '아리랑' 이나 '아라리' 는 어떤 뜻이 있나요?

4 미영　여러 가지 얘기가 있지만 아무 의미 없이 그저 가락이 이어져 나가도록 돕는다는 학설이 지배적인 것 같아요.

5 유타　아리랑은 지역에 따라 가사와 리듬이 다르다고 들었어요.

6 미영　맞아요. '아리랑' 이나 '아라리' 와 같은 소리를 노래의 앞뒤나 중간에 끼워서 부르는 민요들을 전부 아리랑이라고 하니까 지역에 따라 다양한 아리랑이 있**게 마련이에요**. 노랫말은 대개 삶의 어려움이나 즐거움, 절망과 희망, 그리고 사랑과 이별 같은 그 지역 서민들의 일상적인 생활과 감정을 노래하는 것이 대부분이죠.

7 유타　나는 처음에는 아리랑이 하나뿐**인 줄 알았어요**.

8 미영　아니에요. 그렇게 생각하**기 십상이**지만,노래 부르는 사람의 기분에 따라 자유롭게 가사를 붙여서 불렀기 때문에 지역적으로 굉장히 다양한 아리랑이 만들어졌대요. 남북한을 통틀어서 수천 곡에 이른다는 얘기가 있어요. 지금 우리가 흔히 부르는 아리랑은'경기 아리랑' 이라는 것인데, 그 밖에도 정선아리랑이나 진도아리랑, 밀양아리랑 같은 유명한 것들이 있어요.

※p.120の「아리랑」参照。

6 訳してみよう。

(1) 何度も繰り返して練習すれば発音がよくなるものです。　자꾸 반복하다, 발음이 좋아지다

➜

(2) 窓の外に見える景色が言葉で表現できないほど美しかったですね。　경치, 표현할 수 없다

➜

(3) 最近昼食も食べられないほど仕事が忙しかったです。　점심, 일이 바쁘다

➜

(4) そんな風に行動したら間違いなく人々に非難されますよ。　식으로, 행동, 욕을 먹다

➜

(5) 湿度が高くなると不快指数も高くなるものです。　습도, 높아지다, 불쾌지수

➜

主要助詞リスト(1)(ハン検準2級出題範囲)

※この助詞リストはハングル検定試験準2級の出題範囲に準拠して収録した。意味の分類と用例はすべて筆者による。
「主要助詞リスト(2)」は92ページ。

	助詞	意味	用例
1	(으)로부터	起点、出所	～から、～より
		・이건 그 사람**으로부터** 들은 이야기다. ・남쪽**으로부터** 꽃 소식이 전해 온다.	これは彼から聞いた話だ。 南のほうから花の便りが伝わって来る。
2	(이)고	並列、無関係	～でも、～であれ～であれ、～も～も
		・나는 어느 때**고** 다 좋다. ・밤**이고** 낮**이고** 간에 전화를 해 댄다. ・공부**고** 뭐**고** 다 집어치워라.	私はいつでもいい。 夜も昼も構わず電話をかけまくる。 勉強も何も全部やめちまえ。
3	(이)나	限定、条件、推測	～だけが、～では・くらい～だろうか
		・돈 있는 사람**이나** 할 수 있다. ・혹시 암**이나** 아닐까?	お金のある人だけができる。 もしかして癌ではないだろうか。
4	(이)든가	例示、羅列、無関係＊「(이)든지」と置き換えできる。	～でも、～でも～でも、～か～か、～だとか
		・뭐**든가** 하나는 잘하는 게 있어야 한다. ・밥**이든가** 빵**이든가** 간에 빨리 줘. ・책을 읽는다**든가**…. ・시라**든가** 소설이라**든가**….	何でも一つは得意なことがなければならない。 ご飯でもパンでも(とにかく)早くちょうだい。 本を読むとか …。 詩だとか小説だとか …。
5	(이)란	定義、語句の説明、話題としての取り上げ	～とは、～と言ったら
		・여자**란** 눈물이 흔한 법이다. ・그의 중대한 결심**이란** 무엇일까?	女って涙もろいものだ。 彼の重大な決心とは何だろう?
6	(이)며	羅列・列挙　▸-(이)며 -(이)며の形で	～や(ら)～や(ら)、～(だ)とか～(だ)とか
		・배**며** 대추**며** 사과며 실컷 먹었다. ・눈**이며** 코**며** 아빠를 꼭 닮았다.	梨やナツメやリンゴやらを飽きるほど食べた。 目とか鼻とかパパそっくりだ。
7	거나	羅列・列挙	～だとか、～したりとか
		▸-{다/ㄴ다/는다/(이)라,(으)라+ -거나 ・예쁘다**거나** 귀엽다**거나** 하는 칭찬…. ・공부를 한다**거나** 일을 한다거나 …. ・가라**거나** 오라**거나** 하는 명령이 싫다.	 きれいだとか可愛いとかの褒め言葉 …。 勉強をするとか仕事をするとか …。 行けとか来いとか言う命令が嫌いだ。
8	더러	対象(人、動物)	～に、～に向かって、～に対して(話し言葉)
		・동생**더러** 천천히 먹으라고 했다. ・나**더러** 어디에 가느냐고 물었다.	弟にゆっくり食べなさいと言った。 私にどこへ行くのかと聞いた。
9	따라	意外、限定	～に限って(時を示す一部の名詞に付いて)
		・오늘**따라** 택시도 안 잡힌다. ・그날**따라** 일이 몹시 바빴다.	今日に限ってタクシーもつかまらない。 その日に限って仕事が大変忙しかった。
10	ㄹ더러	対象(人)▸主に「나,너,저」などに付いて	～に、～に向かって、～に対して(話し言葉)
		・**날더러** 어쩌란 말인지 모르겠다. ・누가 **널더러** 이런 걸 사오라고 했니?	私にどうしろということか分からない。 誰が君にこんなものを買って来いと言ったの?
11	마냥	例示、比喩	～のように　☞ 同義語は「처럼」
		・발걸음이 새털**마냥** 가벼웠다. ・너**마냥** 요리를 잘할 수 있었으면….	足取りが羽毛みたいに軽かった。 きみみたいに料理が上手だったら …。
12	마저	否定的な状況の追加	～まで(も)、～さえ(も)
		・너**마저** 나를 떠나는구나. ・막내**마저** 시집을 보내니 허전하다.	お前までも私から離れていくんだな。 末っ子まで嫁に行かせたら寂しい。
13	만치	比較、程度・限度	～ほど、～くらい　☞ 同義語は「만큼」
		・나도 너**만치** 마셨다. ・부모님에게**만치** 잘해 드리고 싶었다.	僕もお前くらい飲んだ。 親にだけは良くしてあげたかった。
14	만치도	比較、程度の強調 ▸主に否定表現と共に用いられて	ぼど、～くらい、～も ☞ 同義語は「만큼도」
		・털끝**만치도** 신세를 안 지겠다. ・내 생각은 요**만치도** 안 한다.	これぽっちも世話になるつもりはない。 私のことはこれぽっちも思わない。

1 文型復習 문형복습

12-1

1 用言の語幹 +기에/길래：～ので、～だから

❶ 이렇게 맑은 날 왜 우산을 들고 다녀요?

－아침에 비가 올 것 같**길래** 가지고 나왔는데 비가 안 오네요.

❷ 차고에 차가 없**길래** 외출한 줄 알았어요.

－아들이 친구 이삿짐을 날라 준다고 타고 나갔어요.

❸ 요 앞에 새로 생긴 중국집에는 매일 사람들이 줄을 서네요.

－그럼 얼마나 맛있**기에** 사람들이 그렇게 줄을 서는지 오늘 한번 먹으러 가 볼까요?

2 動詞の語幹 +(으)려다가：～しかけて、～ようとしていて

❶ 왜 눈꺼풀이 부었어요?

－나비를 잡**으려다가** 벌에 쏘였어요.

❷ 너무 맛있어서 나온 음식을 다 먹**으려다가** 참았어요.

－과식은 몸에 안 좋으니까 적당히 먹도록 조심해야 돼요.

12-2

3 動詞の語幹 +(으)ㄴ 채로：～まま、～のまま

❶ 이 시험지는 누구 거예요?

－죄송합니다. 제가 이름을 쓰지 않**은 채로** 냈어요.

❷ 새벽까지 방에 불이 켜져 있던데 밤 새도록 공부했어요?

－아뇨, 불을 켜 놓**은 채** 잠이 들었어요.

4 用言の語幹 +는/은데도：～のに

❶ 집이 좁**은데도** 답답해 보이지 않네요.

－가구를 잘 배치해서 그런 것 같아요.

❷ 이거 기억 안 나세요?

－네, 어제 배웠**는데도** 벌써 잊어 버렸어요.

12-3

5 動詞の語幹 +(으)ㄹ 뻔하다：～するところだった

❶ 무슨 일이 있었어요?

－네, 누군가가 여기에 담배꽁초를 버려서 불이 날 **뻔했어요**.

❷ 왜 다리를 절어요?

－급한 일이 있어서 뛰어가다가 넘어질 **뻔했어요**. 그때 발을 삐었어요.

6 動詞の語幹 +(으)ㄹ걸 그랬다：～すればよかった(のに)

❶ 우리가 사려던 것이 다 팔리고 없네요.

－조금만 더 일찍 올**걸 그랬어요**.

❷ 이것저것 고민할 필요없이 해 **볼걸 그랬어요**.

－아무것도 안 하고 후회하는 것보다 해 보고 후회하는 게 나을지 몰라요.

7 名詞 +에 따라서：〜によって

12-4

❶ 어느 계절을 좋아하세요?

－사람**에 따라서** 다르겠지만 나는 봄을 좋아합니다.

❷ 오늘 날씨는 어떻대요?

－지역**에 따라** 비가 오는 곳이 있다고 합니다.

8 用言の語幹 +고 말고요：〜ですとも、〜だとも

❶ 이번에 들어온 신입사원은 일을 잘하고 있어요?

－잘하**고말고요**. 신입사원 같지 않게 잘하고 있어요.

❷ 결혼한 지 10년 만에 아기를 낳으셨다고요? 참 귀엽겠어요.

－그럼요. 귀엽**고말고요**.

9 動詞の語幹 +(으)ㄹ 만큼：〜ほど、〜くらい

12-5

❶ 영화 좋아하세요?

－네, 신작 영화는 하나도 빠짐없이 **볼 만큼** 좋아해요.

❷ 이번에 여행한 곳은 어땠어요?

－바다가 말로 표현할 수 없**을 만큼** 아름다웠어요.

10 用言の語幹 +더군요：〜ていましたよ、〜でしたね、〜でしたよ

❶ 10년만에 부산에 가 보니 참 많이 변했**더군요**.

－10년이면 강산도 변한다고 하니까요. 굉장히 변했을 거예요.

❷ 전에 소개해 주었던 냉면집, 정말 맛있**더군요**.

－가 봤어요? 거기 냉면은 정말 맛있어요.

11 用言の語幹 +게 마련이다：〜するものだ、〜ようになっている

12-6

❶ 왜 저렇게 말도 안 되는 소문이 퍼지는지 모르겠어요.

－소문이란 전해질 때마다 과장되**게 마련이에요**.

❷ 요즘 냉장고가 냉동이 잘 안 되네요. 10년이나 쓴 냉장고인데….

－물건이란 오래 쓰면 고장나**게 마련이에요**.

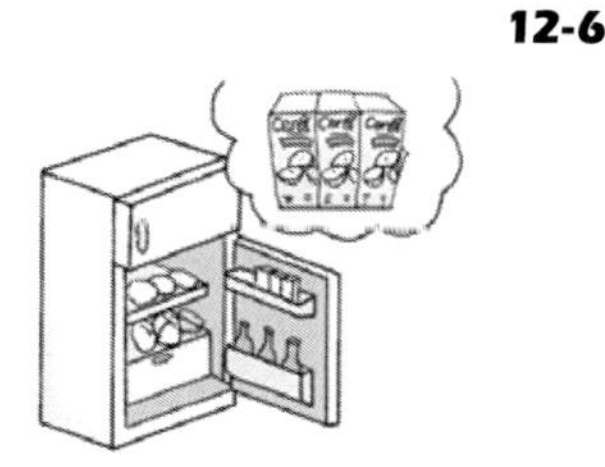

12 動詞の語幹 +기 십상이다：〜がおちだ、十中八九〜、間違いなく〜

❶ 실험 때문에 바빠서 한 달에 절반은 컵라면을 먹었어요.

－그렇게 영양이 부족한 식사를 계속하면 건강을 해치**기 십상이에요**.

❷ 조깅을 하고 왔더니 덥네요.

－그래도 그렇게 얇은 옷으로 돌아다니면 감기 걸리**기 십상이에요**.
　빨리 옷을 갈아입는 게 좋아요.

2 復習問題　복습문제

1 보기の中の表現を用いて二つの文を適切につないでみよう。

보기
①-길래, ②-(으)려다가, ③-는데도/(으)ㄴ데도
④-(으)ㄴ 채로, ⑤-(으)ㄹ 만큼

➜ 배가 (고프다) 빵을 사서 먹었어요.
고프길래

①〜ので、〜だから、②〜ようとしていて、
③〜のに、④〜まま、⑤〜ほど

お腹が(すく) パンを買って食べました。
➜ すいたので

(1) 음악을 들을 때 눈을 (감다) 듣는다.　音楽を聞く、目を閉じる
➜

(2) 정말이냐고 (묻다) 그만두었어요.　本当かと聞く、やめる
➜

(3) 바람이 (심하다) 창문을 꼭 닫아 두었다.　風が強い、窓をしっかり閉める
➜

(4) 여기는 차가 다니지 (못하다) 눈이 많이 왔어요.　車が通る、雪がたくさん降る
➜

(5) 아기가 (울다) 엄마가 없는 줄 알았다.　赤ちゃんが泣く、ママがいないと思う
➜

(6) 어제 푹 (쉬었다) 피곤이 안 풀려요.　ゆっくり休む、疲れが取れない
➜

(7) 어제 (가다) 일이 생겨서 못 갔어요.　昨日行く、用事ができて行けない
➜

(8) 음식이 남지 않게 (먹다) 준비하는 게 좋아요.　残らないように食べる、準備する
➜

(9) 나는 눈이 나빠서 안경을 (쓰다) 목욕탕에 들어간다.　眼鏡をかける、風呂に入る
➜

(10) 친구는 배가 부르다고 (하다) 나 혼자 주문했다.　お腹が一杯だと言う、一人で注文する
➜

(11) 이 약을 한 달이나 (먹었다) 효과가 없는 것 같아요.　一カ月も飲む、効果がない
➜

(12) 문제를 다 풀지 (못하다) 시험지를 제출했다.　問題を全部解けない、答案用紙を提出する
➜

(13) 공부를 (하다) 너무 졸려서 그냥 잤어요.　勉強をする、眠たくて寝る
➜

(14) 양념을 모두 (넣었다) 왠지 맛이 없네요.　ヤンニョムを入れる、なぜか美味しくない
➜

2 **보기**の中の表現を用いて文を適切に完成してみよう。

보기 ①-더군요, ②-(으)ㄹ 뻔하다, ③-게 마련이다, ④-(으)ㄹ걸 그랬다, ⑤-기 십상이다	①～ていましたよ・でしたね、②～ところだった、③～ものだ・～にきまっている、④～ばよかった、⑤～がちだ・ほぼ～
면접 시험은 누구나 (긴장하다)	面接試験は誰でも(緊張する)
➜ 긴장하게 마련이다.	➜ 緊張するものだ

(1) 날씨가 좋아서인지 어제 공원에 사람이 참 (많다).　公園に人が多い

➜

(2) 지하철을 타지 않았으면 약속 시간에 (늦다).　約束の時間に遅れる

➜

(3) 운동도 하지 않고 매일 앉아서 일만 하면 성인병에 (걸리다).　成人病にかかる

➜

(4) 무슨 일이든지 최선을 다하면 인생에서 (성공하다).　最善を尽くす、人生で成功する

➜

(5) 그 소식을 영미 씨한테 전하니까 눈물을 (흘리다).　その知らせを伝える、涙を流す

➜

(6) 어떤 일이나 시간이 지나면 점점 (잊혀지다).　時間が経つ、次第に忘れる

➜

(7) 일 처리를 그렇게 하면 욕을 (먹다).　仕事の処理、非難される

➜

(8) 시험을 못 봐서 속상해요.　평소에 공부 좀 열심히 (하다).　試験の出来が悪くて悔しい

➜

(9) 싸다고 해서 물건을 함부로 샀다가는 (후회하다).　ものをやたらに買う、後悔する

➜

(10) 눈길에서 속력을 줄이지 않아서 사고가 (나다).　雪道でスピードを落とさない、事故が起きる

➜

(11) 모든 것은 좋은 게 있으면 나쁜 것도 (있다).　良いことがあれば悪いこともある

➜

(12) 혼자서 고민할 필요 없이 좀 더 일찍 (상담하다).　一人で悩む必要なく、早く相談する

➜

(13) 너무 놀란 나머지 들고 있던 컵을 (떨어뜨리다).　驚きのあまり持っていたコップを落とす

➜

(14) 10년 만에 고향에 갔더니 많이 (변했다).　10年ぶりに故郷に帰る、かなり変わる

➜

3 リーディング練習　문장읽기

12-7

1 次の文章を読んでみよう。

사람들은 누구나 행복하게 살기를 원한다. 희망을 품고 하루하루를 살아가면서 오늘보다 더 나은 날이 오겠거니 하는 기대를 하며 살아가는 것이다. ❷ 만약 내일이 오늘보다 더 힘들고 불행한 날이 될 것이라고 생각한다면, 이 세상에 희망이라는 말은 생겨나지 않았을지도 모른다.

❸ 행복이 무엇인지 물어 본다면, 사람들은 아마 제각기 평소에 생각하고 있던 것들을 예로 들어 대답할 것이다. 어떤 사람은 돈을, 어떤 사람은 명예를, 또 어떤 사람은 건강이나 사랑을 행복이라고 생각할 것이다. ❹ 사람들에게 일일이 물어 보지 않아도 행복에 대한 생각은 사람들의 외모만큼이나 가지각색이 아닐까 하는 추측을 쉽게 할 수 있다. ❺ 사람이 살아가는 목적이 행복의 추구에 있고, 개인마다 행복의 의미가 다르다면, 각자 자신의 삶에서 얻고자 하는 행복을 얻기 위해 어떻게 해야 할지에 대해서도 고민을 해 보아야 한다.

❻ 사실, 행복이란 먼 곳에 있는 것도 아니며, 먼 미래에 있는 것도 아니다. 흔히 행복을 멀리에서 찾기 쉽지만, 슬기로운 사람은 자신의 발 밑에서 행복을 찾는다. 내일 행복하기 위해 오늘 불행하다면, 그것은 진정한 의미의 행복을 추구하는 자세가 아닐 것이다.

❼ 같은 일을 경험하더라도 사람에 따라 그것에 대한 생각은 다르다. 반 잔의 물을 보고, "반이나 남았구나!" 라고 생각하는 사람도 있고, "반밖에 안 남았네!" 라고 생각하는 사람도 있다. ❽ 그렇다면 행복은 바로 우리의 삶의 자세에 달려 있는 것이 아닐까? 지금 이 순간, 가장 소중히 여기는 것을 찾고, 그것에 기쁨을 느낄 수 있다면, 우리의 행복은 결코 멀리 있지 않을 것이다.

2 次の文章を読んでみよう。

12-8

사람들은 누구나 미래의 유망한 직업이 무엇인지를 알고자 한다. 미래의 직업에 대한 다양한 정보를 알고 그 직업을 위한 준비를 잘하는 사람이 사회적으로 성공할 수 있기 때문이다. ❷ 장래 유망한 직업이 무엇인지를 알기 위해서는 먼저 미래 사회에 가서 생활 환경과 산업구조는 어떻게 변동할 것인지, 직업에 대한 평가 기준이 어떻게 변할 것인지를 정밀하게 분석해 보아야 한다. ❸ 나아가 미래 사회가 세계화된 사회로서 모든 생활이 국제적으로 개방될 것이라는 점을 고려해야 한다. 특히 사회가 변하면 그에 따라 유망한 직업도 변해가기 때문에 늘 사회의 변동 추세에 관심을 가지는 것이 필요하다.

❹ 우리가 일생을 살아가는 과정에서 삶의 방향과 가치를 결정하는 요인은 자신의 신념이나 가치관, 종교, 타인과의 사회적 관계, 결혼 및 직업 등 여러 가지가 있다. 그 중에서도 직업은 매우 중요한 비중을 차지하는 요소라 할 수 있다. 삶이란 구체적으로 무엇인가 일을 하는 것이기 때문이다. ❺ 그리고 현실적으로 볼 때 누구와 사회적 관계를 맺는지는 어떤 집단 속에 소속되는가에 따라 달라지며 그 집단은 주로 직업이 같은 사람들로 구성되는 경우가 많다. 또한 배우자를 선택할 때에도 어떠한 직업을 가지고 있는가를 중요시하고 있다.

❻ 이처럼 직업을 선택하는 것은 일생의 방향을 결정하는 것이라고 볼 수 있다. 직업을 선택할 때는 무엇보다도 자신의 희망과 조건을 우선적으로 고려해야 한다. 그러므로 먼저 내가 원하는 것이 무엇이며, 나는 그 일에 적성이 맞는가? 또, 그만한 능력이 있는지를 신중하게 생각해야 한다. ❼ 아무리 사회에서 선망 받는 좋은 직업일지라도 자신의 이상이나 적성 및 능력과 맞지 않으면 일하는 것 자체가 어렵고, 그 분야에서 성공할 수 없기 때문이다.
❽ 직업 선택에 있어서 또 중요한 점은 각각의 직업 자체가 가지고 있는 환경 조건이다. 그것에는 보수, 일하는 환경, 장래성, 사회적 평판 등이 있다. 경제 개발 과정에서는 생활의 안정과 향상을 위해서 보수 수준을 중요한 조건으로 보게 된다. ❾ 그러나 어느 정도 부가 축적되어 생활이 기본적으로 안정이 되면 더 많은 보수보다도 더 많은 여가 시간을 요구하게 된다. 현대 사회에서는 적절한 여가는 생산성 향상을 가져오게 되며 자기 개발의 기회가 되기 때문이다. ❿ 이와 같이 직업을 선택할 때 여러 가지를 종합적으로 고려해야 하는 이유는 직업이 단순한 돈벌이 수단만이 아니라 인간으로서의 자아를 실현하기 위한 기본 조건이기 때문이다.

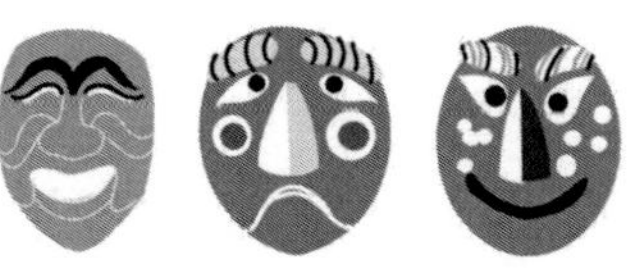

主要助詞リスト(2)(ハン検準2級出題範囲)

※この助詞リストはハングル検定試験準2級の出題範囲に準拠して収録した。意味の分類と用例はすべて筆者による。
「主要助詞リスト(1)」は85ページ。

No.	助詞	意味・用例	訳
1	만큼도	比較、程度の強調 ▸主に否定表現と共に用いられて	～ほど、～くらい、～も
		・돈을 벌 생각은 손톱**만큼도** 없다. ・그런 생각은 티끌**만큼도** 없다.	金を稼ぐつもりは爪の垢ほどもない。 そういう考えは毛頭ない。
2	보고	対象(人・動物)	～に、～に向かって、～に対して(話し言葉)
		・누가 너**보고** 그 일을 하라고 그랬어? ・너 자꾸 나**보고** 욕하지 마.	誰がお前にその事をしろと言ったの? お前さ、何度も私に対して悪口を言うな。
3	아/(이)야	呼びかけ(人・動物)	～君、～ちゃん、～よ、～や
		・철수**야**, 나 좀 보자. ・희영**아**, 나랑 같이 놀자.	チョルス、ちょっといい? ヒヨン、私と一緒に遊ぼう。
4	에게로 (縮)게로	対象、到達点(人・動物)	～に、～のところに
		・이 행운이 누구**에게로** 갈 것인지…. ・그 둘**에게로** 관심이 집중되었다.	この幸運が誰のところに行くのか …。 その二人に関心が集中した。
5	에게서나 (縮)게서나	出所の例示・限定(人・動物)	①～からでも　②～からだけ
		・언제, 어디서나, 누구**에게서나** 배운다. ・서양인**에게서나** 볼 수 있는 현상이다.	いつ、どこでも、誰からでも学ぶ。 西洋人からだけ見られる現象だ。
6	에로	方向、志向	～に、　～へ、　～のところに
		・호텔**에로** 돌아온 건 밤이 깊어서였다. ・미래**에로** 나아가기 위해 노력하고 있다.	ホテルに帰って来たのは深夜だった。 未来へ進むために努力している。
7	에서나 (縮)서나	場所の例示、強調、限定	～ででも、～でだけ、～からでも、～からだけ
		・세금은 전국 어디**에서나** 낼 수 있다.	税金は全国どこででも払える。
		・영화**에서나** 보던 미래 세계 같다.	映画でだけ見ていた未来世界のようだ。
8	에서부터 (縮)서부터	起点、始まり、由来	～から、　～より
		・한 시**에서부터** 두 시 사이에…. ・여기**서부터** 2시간은 걸어야 할 거야. ・싸움은 아이 문제**에서부터** 시작되었다.	一時から二時の間に …。 ここから 2時間は歩かなければならない。 喧嘩は子供の問題から始まった。
9	은커녕/ 는커녕 (縮)ㄴ커녕	否定の内容強調	～どころか、　～はおろか
		・돕기**는커녕** 방해만 한다. ・잎**은커녕** 싹도 나지 않았다. ・말**은커녕** 서로 쳐다보지도 않는다.	手伝うどころか邪魔ばかりする。 葉っぱどころか芽も出なかった。 会話どころか互いに視線も合わせない。
10	을/를 (縮) ㄹ	強調、語調の整え	～ではない、　～しはしない、～するに(は)
		・아무도 날 믿어 주지**를** 않아.	誰も私を信じてくれない。
		・좀처럼 흥분이 가라앉지**를** 않았다.	なかなか興奮が収まらなかった。
		・엄마는 내 말은 곧이**를** 듣지 않아.	母は私の話は真に受けてくれない。
		・어쩌자고 혼자 시장에**를** 갔니?	どうするつもりで一人で市場に行ったの?
		・내 말도 좀 들어**를** 봐.	ちょっと私の話も聞いてくれる?
11	조차	事柄の強調、極端、譲歩	～まで(も)、　～さえ(も)、　～すら(も)
		・편지는커녕 제 이름**조차** 못 쓴다. ・술은 물론 담배**조차** 끊었다. ・그것은 생각**조차** 할 수 없는 일이다.	手紙どころか自分の名前すら書けない。 酒はもちろんタバコまでやめた。 それは想像すらできないことだ。
12	치고(는) (縮)치곤	①当然、②例外	①～ならば、②～にしては、　～のわりには
		・겨울 날씨**치고는** 따뜻한 편이다. ・대학생**치고** 그걸 모르는 사람은 없다.	冬の天気にしては暖かいほうだ。 大学生でそれを知らない人はいない。
13	한테로	対象(人・動物)	～に、　～のところに　(話し言葉)
		・아이는 어머니**한테로** 달려갔다. ・아이를 먼 친척**한테로** 보냈다.	子供はお母さんに走り寄った。 子供を遠い親戚のところに行かせた。
14	한테서나	起点、出所、限定(人・動物)	①～からでも ②～からだけ　(話し言葉)
		・아무**한테서나** 과자를 받으면 안 돼. ・한국 사람**한테서나** 볼 수 있는 특징.	誰からでもお菓子をもらっちゃだめ。 韓国人からだけ見られる特徴。

제13과 떡

学習表現

13-1

1 여간 [用言の語幹]+는/(으)ㄴ 게 아니다：とても・非常に～だ、並大抵の～ではない

새로 시작한 일은 어때요?
新しく始めた 仕事はどうですか。

모르는 게 너무 많아서 **여간** 힘든 **게 아니에요**.
知らないことが多すぎて **とても**大変**です**。

2 [名詞]+은/는 물론(이고)：～はもちろん、～はもちろんのこと

여기는 길도 좁고 사람도 많네요.
ここは 道も狭く 人も多いですね。

그래서 차는 **물론** 자전거도 지나가기가 어려워요.
それで 車**はもちろん** 自転車も 通りにくいです。

3 [用言の語幹]+(으)ㄹ 리가 없다：～はずがない、～わけがない

그 친구가 이렇게 늦**을 리가 없는데요**.
彼が こんなに 遅れる**はずがありませんが**。

전화도 안 받는 걸 보면 무슨 일이 생긴 것 같아요.
電話にも 出ないのを見ると 何か あったようです。

4 [動詞の語幹]+(으)려면 멀었다：～にはまだまだだ、～にはほど遠い

이 그림 언제 완성돼요? 빨리 보고 싶은데요.
この絵はいつ完成されますか。早く 見たいですね。

그저께부터 시작했으니까 완성되**려면 아직 멀었어요**.
一昨日から 始めたから 完成する**にはまだまだです**。

単語

ㄱㄴㄷ
거짓말 ：うそ
긴밀하다：緊密だ
끈적끈적하다：ねばねばする
넓적하다：平べったい
농경 사회：農耕社会
도 ：度
돌 ：一歳の誕生日
돌리다 ：配る
동화 ：童話
등장하다：登場する

ㅁㅂㅅ
마찬가지：同じだ、同様
막아주다：防いでくれる
미워하다：憎む
방심하다：油断する
백일 ：百日(の祝い)
붙다 ：くっつく
빠짐없이：もれなく
색 ：色
속담 ：ことわざ
송편 ：ソンピョン
수수경단：キビ団子
수학 ：数学
쑥떡 ：ヨモギ餅

ㅇㅊ
여간 ：並大抵の
원망하다：恨む
이사하다：引っ越す
인절미 ：きな粉餅
찹쌀떡 ：チャプサルトック餅
초보 운전：初心運転
추석 ：秋夕

ㅍㅎ
팥 ：あずき
풀다 ：やわらげる
하얗다 ：白い
한식날 ：寒食
흥미롭다：興味深い
흰떡 ：ヒントック餅

文法と表現

13-2

1 여간 用言の語幹 +는/(으)ㄴ 게 아니다

とても/非常に〜だ、並大抵の〜ではない

慣用表現 用言の語幹に付いて、「非常にそうだ」の意を表す。主に「않다」、「아니다」のような否定の語ともに用いられる。「여간」は「並大抵に、普通に」の意の副詞である。

接続 ①動詞の語幹には「〜는 게 아니다」、②形容詞の語幹には「〜(으)ㄴ 게 아니다」の形で結合する。

① 여간 動詞 +는 게 아니다	아이가 **여간** 많이 먹+**는 게 아니다**	子供が非常にたくさん食べる
	춤을 **여간** 잘 추+**는 게 아니다**	踊りをとても上手に踊る
② 여간 形容詞 +(으)ㄴ 게 아니다	요즘 **여간** 바쁘+ㄴ **게 아니다**	最近非常に忙しい
	사무실이 **여간** 넓+은 **게 아니다**	事務室がとても広い

① 요즘 서울 날씨는 어때요?
 －**여간** 추운 **게 아니에요**. 영하 15도가 넘었어요.

② 그 연극 봤어요?－네, 지난 주 일요일에 가 봤는데 **여간** 재미있는 **게 아니네요**.

③ 어제 노래방에 갔다면서요?
 －네, 수민 씨가 노래를 **여간** 잘 부르는 **게 아니더군요**.

参考1 여간 用言の語幹 +지 않다 : とても/非常に〜だ、並大抵の〜ではない

「여간 ~는/(으)ㄴ 게 아니다」は、「여간 ~지 않다」と置き換えて用いることができる。

① 요즘 일이 **여간** 바쁘**지 않아요**.

② 수학 문제가 **여간** 어렵**지 않네요**.

参考2 여간해서 動詞の語幹 +지 않다 : ちょっとやそっとでは〜ない、並大抵のことでは〜ない

「아니다」、「않다」などの否定の語の前で用いられて「並大抵のことでは〜ない」の意を表す。「여간하다」が原形。

① 아내는 **여간해서는** 표정을 풀 기미를 보이**지 않았다**.

② 그는 **여간해서는** 남을 미워하거나 원망하**지 않는다**.

③ 상대 팀도 **여간한** 실력들**이 아니니까** 방심해서는 안 된다.

13-3

2 名詞 +는/은 물론(이고)

名詞 +〜はもちろん、〜はもちろんのこと

慣用表現 名詞に付いて、「〜は当然として、〜は言うまでもなく」の意を表す。自明の前の事柄に対して程度が上か下の後の事柄が加わって強調される。「-는 물론」の물론は副詞、「-는 물론이고」の물론は名詞になるが、意味上の違いはない。

母音体言 + 는 물론(이고)		子音体言 + 은 물론(이고)	
도시는 **물론** 농촌도	都市はもちろん農村も	본인은 **물론** 가족도	本人はもちろん家族も
노래는 **물론이고** 춤도	歌はもちろんのこと踊りも	주말은 **물론이고** 평일에도	週末はもちろん平日にも

① 요즘은 도시**는 물론** 농촌에서도 정보를 쉽고 빠르게 얻을 수 있게 되었다.

② 이 책은 아이**는 물론이고** 어른도 흥미롭게 읽을 수 있는 동화이다.

③ 오전에 책상 정리**는 물론** 방 청소까지 모두 끝내 놓았다.

④ 이 길은 출퇴근 시간**은 물론** 낮 시간에도 자주 막혀서 불편하다.

練習

1 보기のように文を作ってみよう。

보기 장미꽃이 아주 예뻐요. ➜ [장미꽃이] 여간 [예쁘] ㄴ 게 아니에요.	バラの花がとてもきれいです。 ➜ [ばらの花が] とても [きれい] です。

(1) 연말이라서 일이 아주 바빠요. 年末なので仕事がとても忙しい

➜

(2) 혼자 한국어를 공부하는 게 아주 힘들어요. 一人で韓国語を勉強するのはとても大変だ

➜

(3) 혼자 아이를 키우는 것은 많이 어려워요. 一人で子供を育てるのはとても難しい

➜

(4) 십 년 만에 친구를 만나니까 정말 기뻐요. 10年ぶりに友達に会うので本当にうれしい

➜

(5) 고모가 만든 김치는 아주 매워요. 父方のおばが作ったキムチはとても辛い

➜

2 보기のように文を作ってみよう。

보기 냉장고뿐만 아니라 세탁기도 필요하다. ➜ [냉장고]는 물론 [세탁기]도	冷蔵庫だけでなく洗濯機も必要だ。 ➜ [冷蔵庫]はもちろん[洗濯機]も

(1) 그 가게는 주말뿐만 아니라 평일에도 손님이 붐빈다. その店は週末だけでなく平日にもお客で混む

➜

(2) 길이 좁아서 차뿐만 아니라 자전거도 시나가기가 어렵다. 道が狭くて車だけでなく自転車も通りにくい

➜

(3) 우리 고향은 경치뿐만 아니라 음식도 맛있어요. 私の故郷は景色だけでなく食べ物も美味しい

➜

(4) 이 책은 아이뿐만 아니라 어른도 흥미롭게 읽을 수 있는 내용이다.
この本は子供だけでなく大人も興味深く読める内容だ

➜

(5) 그 가수는 노래뿐만 아니라 춤 솜씨도 뛰어났다. その歌手は歌だけでなくダンスの実力も抜群だ

➜

文法と表現

13-4

3 用言の語幹 +(으)ㄹ 리가 없다　用言 +～はずがない、～わけがない

慣用表現　用言の語幹に付いて、話し手が確信を持って強くその可能性を打ち消すことを表す。

母音語幹 + ㄹ 리가 없다		子音語幹 + 을 리가 없다	
여름에 눈이 오+ㄹ **리가 없다**	夏に雪が降るわけがない	기분이 좋+을 **리가 없다**	気持ちが良いはずがない
나를 속이+ㄹ **리가 없다**	私をだますはずがない	약속에 늦+을 **리가 없다**	約束に遅れるはずがない

① 그렇게 매일 놀기만 하면 합격할 **리가 없지요**.
② 무슨 일이든지 열심히 노력하면 안 될 **리가 없어요**.
③ 그 애가 우리에게 거짓말을 했을 **리가 없어요**.
④ 이런 일을 경험해 보지 않은 사람은 내 마음을 알 **리가 없을** 거예요.

参考1　用言の語幹 +(으)ㄹ 리가 있다 : ～はずがない、～わけがない

主に反語的な疑問の形で用いられて、そうする理由や可能性がないことを表す。
① 그런 말을 들으면 기분이 좋을 **리가 있겠어요?**
② 그분이 그 약속을 잊을 **리가 있겠어요?**
③ 한번 만났을 뿐인데 아직까지 기억할 **리가 있나요?**

参考2　名詞 +일 리가 없다 : ～であるはずがない、～であるわけがない

① 비행기표가 만 원**일 리가 없지요**.
② 비행기표가 만 원**일 리가 있나요?**

13-5

4 動詞の語幹 +(으)려면 멀었다　動詞 +にはまだまだだ、～にはほど遠い

慣用表現　動詞の語幹に付いて、①ある状況や完成になるまでは時間がかかる、②ある目標や水準に到達するにはまだ足りない、及ばないとの意を表す。副詞「아직」とともに用いられることが多い。「～기엔 멀었다」の形でも用いられる。

母音語幹 + 려면 멀었다		子音語幹 + 으려면 멀었다	
도착하+**려면 멀었다**	到着にはまだまだだ	다 읽+**으려면** 아직 **멀었다**	全部読むにはまだまだだ
끝나+**려면** 아직 **멀었다**	終るにはまだまだだ	다 옮기**려면** 아직 **멀었다**	全部移すにはまだ時間がかかる

① 일이 다 끝났으면 한잔하러 갈까요?
　－아뇨. 다 끝나**려면** 아직 **멀었어요**.
② 서울 가는 버스가 도착하**려면 멀었나요?**
　－40분 더 기다리셔야 합니다.
③ 운전 잘하세요?－잘 못해요. 초보 운전인데 운전에 익숙해지**려면** 아직도 **멀었어요**.
④ 이 그림 멋있네요? 누가 그린 거예요?
　－내가 그린 거예요. 좋은 작품을 그리**려면** 아직 **멀었어요**.

練習

3 보기のように文を作ってみよう。

보기 놀기만 하다 / 합격하다 ➜ [놀기만 하] 니까 [합격하] ㄹ 리가 없어요	遊んでばかりいる/合格する ➜ [遊んでばかりいる] から [合格する] はずがありません。

(1) 배가 고프다 / 음식이 맛이 없다　お腹がすく/食べ物が美味しくない

➜

(2) 어제 전화했다 / 그 약속을 잊었다　昨日電話した/約束を忘れた

➜

(3) 물건이 좋고 싸게 팔다 / 손님이 안 오다　ものがよくて安く売る/お客さんが来ない

➜

(4) 열심히 공부했다 / 떨어지다　一生懸命勉強した/落ちる

➜

(5) 그렇게 비싸게 팔다 / 손님이 오다　そんなに高く売る/お客さんが来る

➜

4 보기のように文を作ってみよう。

보기 그 책은 다 읽었어요? ➜ 아니요, [다 읽] 으려면 아직 멀었어요.	その本は全部読みましたか。 ➜ いいえ、[全部読む] には まだまだです。

(1) 일은 다 끝냈어요?　仕事は全部終わらせる

➜

(2) 내년에 결혼할 거예요?　来年結婚する

➜

(3) 그 아이들이 이젠 어른이 다 됐겠죠?　その子たちがもう大人になる

➜

(4) 그림이 거의 다 완성이 됐죠?　絵がほぼ完成する

➜

(5) 서류는 다 정리했어요?　書類は全部整理する

➜

ダイアローグ&作文

13-6

5 読んでみよう。

1 미호 어제 옆집에 새로 이사 온 사람이 샌드위치처럼 팥이 들어가 있는 넓적한 떡을 가져 왔어요. 한국에서는 이사 오면 떡을 돌리는 모양이죠?

2 경민 그건 시루떡이라고 해요. 이사할 때나 사업을 시작할 때에 주변 사람들에게 나눠 주기도 하죠. 팥의 붉은 색이 나쁜 것들을 막아준다고 생각하는 거예요. 아기 생일에 수수경단을 먹는 것도 마찬가지예요.

3 미호 한국 사람들도 떡을 좋아하는 모양이죠. 지난주엔 인사동에 가서 금방 만든 인절미를 먹었는데 **여간** 맛있는 **게 아니었어요**. 일본에서도 인절미는 마을 축제 때마다 자주 먹거든요.

4 경민 농경 사회였던 한국에서는 옛날부터 명절이나 중요한 날에는 여러 가지 떡을 만들어 먹었어요. 그래서 지금도 명절**은 물론이고** 백일이나 돌, 결혼식, 장례식, 제사 같은 중요한 날이면 빠짐없이 떡이 등장하곤 하죠. 백일이나 돌잔치에는 아기가 하얀 백설기처럼 깨끗한 몸과 마음으로 자라기를 바라는 마음에서 백설기가 꼭 나오고, 설날에는 흰떡, 한식날에는 쑥떡, 추석에는 송편과 같은 떡을 먹지요.

5 미호 한국인과 떡은 그만큼 긴밀한 관계가 있는 것이네요. 내가 알고 있는 속담에도 떡이 들어가 있는 게 많은 것 같아요. 누워서 떡 먹기, 그림의 떡, 떡 줄 사람은 생각지도 않는데 김칫국부터 마신다,미운 놈 떡 하나 더 준다, 떡 본 김에 제사 지낸다.

6 경민 놀랐어요. 속담은 미호 씨가 나보다 많이 아는 것 같네요.

7 미호 그럴 **리가 있겠어요?** 속담이 많아서 다 이해하**려면 아직도 멀었어요**. 이건 그냥 한국어를 공부할 때 인상에 남은 속담들이에요. 그런데 대학 수학 능력 시험 볼 때도 찹쌀떡을 선물한다면서요?

8 경민 그래요. 한국어에서는 '합격하다' 라는 의미로 '붙다' 라고 말하기도 하는데, 끈적끈적해서 잘 붙는 찹쌀떡처럼 시험에 붙으라고 선물하는 거예요.

6 訳してみよう。

(1) この頃は都市ではもちろん、小さな農村でも情報がすばやく得られるようになってきた。 도시,농촌,얻다

➜

(2) ミンスが一週間も欠席したのをみるととても具合が悪いようだ。 일주일, 결석, 아프다

➜

(3) その先輩には勉強についてはもちろんのこと、個人的な問題まで相談している。 선배, 개인적, 의논

➜

(4) あの子は漫画しか読まないんだからこんなに漢字の多い本を読むわけがない。 만화, 한자

➜

(5) いまの私の実力で良い作品を作るにはまだまだです。 실력, 작품

➜

제14과 추석

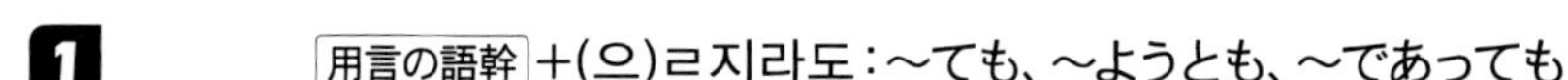

学習表現

14-1

1 用言の語幹 +(으)ㄹ지라도：～ても、～ようとも、～であっても

비가 오는데 어떡하지?
雨が降っているけど どうしよう?

비가 **올지라도** 이 일은 오늘 중에 다 끝내야 해.
雨が降っ**ても** この仕事は今日中に 全部終わらせないといけない。

2 用言の語幹 +(으)ㄹ 테니까：～つもりだから、～はずだから

여기 청소는 내가 할까?
ここの掃除は 私がやろうか。

내가 할 **테니까** 좀 쉬어.
私が やる**から** ちょっと休んで。

3 用言の語幹 +(으)ㄹ 뿐이다：～だけだ、～のみだ、～ばかりだ

시험에서 늘 일 등인데 뭔가 공부의 비결이라도 있어?
試験で いつも1位だけど、何か勉強の秘訣でもある?

별다른 비결은 없고 그저 배운 것을 빠짐없이 복습했**을 뿐이야**.
特別な 秘訣はなく ただ 学んだことを もれなく 復習した**だけなの**。

4 用言の語幹 +(으)ㄹ수록：～するほど、～であるほど

너무 신경 쓰지 마.
あまり 気にしないで。

알겠어. 그런데 생각할**수록** 너무 화가 나.
わかった。 でも(思えば)思う**ほど** すごく頭にくる。

単語

ㄱㄴㄷ
가난하다：貧しい
거들다：助ける、手伝う
거지：乞食
깔다：敷く
깨：胡麻
대이동：大移動
데우다：温める
매진：売り切れ
묵묵히：黙々と

ㅂㅅㅇ
반달：半月
반죽하다：こねる
발전하다：発展する
발휘하다：発揮する
밤：栗
비난：非難
비록：たとえ、仮に
사흘：三日
상하다：傷づく、害する
새롭다：新しい
성묘：墓参り
속도 위반：スピード違反
솔잎：松の葉
시루：せいろ(蒸籠)
식다：冷める
심심하다：退屈だ
쌀가루：米粉
영수증：領収書
이：人、こと

ㅈ
조상님：祖先
존중하다：尊重する
지키다：守る
찌다：蒸す

ㅋㅎ
콩：豆
햇곡식：新穀
햇과일：初物の果物
흥미：興味

文法と表現

14-2

用言の語幹 +(으)ㄹ지라도　用言 +ても、~ようとも、~であっても

連結語尾 用言の語幹に付いて、ある状況や事柄に対する仮定や条件を提示し、それとは反対、または無関係な内容や状況を強調する意を表す。話し手の強い主張や判断などを表す。「비록, 설령,아무리」などともに用いられることが多い。

接続 用言の母音語幹、語尾−으시−, 이다には−ㄹ지라도, 子音語幹と語尾−았/었−には−을지라도の形で接続する。

母音語幹 + ㄹ 지라도		子音語幹 + 을지라도	
아무리 급하+**ㄹ지라도**	いくら急いでいようとも	야단을 맞+**을지라도**	叱られようとも
큰돈은 아니+**ㄹ지라도**	大金ではないにしても	기분이 상했+**을지라도**	機嫌を損なったとしても

① 야단을 맞**을지라도** 할 말은 해야겠어요.
② 아무리 급**할지라도** 속도 위반을 해선 안 돼요.
③ 기분이 상했**을지라도** 그렇게 화를 내면 안 되지요.
④ 비록 몸은 떨어져 있**을지라도** 마음은 함께 있을 거예요.
⑤ 어린아이**일지라도** 하나의 인격체로서 존중해야 합니다.

参考 用言の語幹 +(으)ㄹ망정 : ~するとも、~てあっても、~といえども

連結語尾。用言の語幹に付いて、逆接や逆接の仮定を強調する意を表す。逆接の仮定の場合、否定的な仮定状況を強調し、話し手の強い主張を表す。

① 거지가 **될망정** 그런 식으로 돈을 벌고 싶지는 않다.
② 사람들에게 비난을 받**을망정** 내가 옳다고 생각하는 일을 묵묵히 해 나갈 것이다.
③ 돈이 없어서 가난**할망정** 즐겁게 산다.

14-3

2 用言の語幹 +(으)ㄹ 테니까　用言 +つもりだから、~はずだから

慣用表現 用言の語幹に付いて、話し手の意志、または推測、判断の意を表す。同じ意味の「−(으)ㄹ 테니」と置き換えることができる。語尾「−니까」は「−니」の強調形。

母音語幹 + ㄹ 테니까		子音語幹 + 을 테니까	
내가 소개하+ㄹ **테니까**	私が紹介するから	메모해 놓+을 **테니까**	メモしておくから
내가 표를 사+ㄹ **테니까**	私がチケットを買うから	택시를 잡+을 **테니까**	タクシーを拾うから

① 그 일은 제가 **할 테니까** 그냥 두세요.
② 제가 좋은 사람을 소개해 드릴 **테니까** 만나 보시겠어요?
③ 내가 택시를 잡**을 테니**(까) 여기서 기다리세요.

④ 그 컴퓨터는 곧 값이 내릴 **테니까** 다음에 사는 게 좋을 거예요.
⑤ 그 영수증은 나중에 필요**할 테니까** 버리지 마세요.
⑥ 국이 식었**을 테니**(까) 데워 드세요.

参考 「−(으)ㄹ 테니까」は連結表現であるが、文の倒置により文末で用いられることもある。

① 여기서 기다려. 내가 물어보고 올 **테니까**.
② 내일 오후에 찾으러 오세요. 그때까지 고쳐 놓**을 테니까요**.

練習

1 보기のように文を作ってみよう。

보기 날씨가 안 좋다/ 산에 가겠다
➜ [날씨가 안 좋] 을지라도
[산에 가겠] 어요.

天気がよくない/山に行く
➜ [天気が良くなく] ても
[山に行き] ます。

(1) 부모가 반대하다 / 그 사람과 결혼하겠다　親が反対する/その人と結婚する

➜

(2) 일이 성격에 안 맞다/ 지금은 참고 일하겠다　仕事が性格に合わない/いまは我慢して働く

➜

(3) 모두가 그만두다 / 우리는 끝까지 하겠다　みんながやめる/私たちは最後までやる

➜

(4) 그 사람이 나를 좋아하다 / 나는 관심이 없다　その人が私を好きだ/私は興味がない

➜

(5) 물가가 오르다/ 생활 필수품은 사야 한다　物価が上がる/生活必需品は買わなければならない

➜

2 보기のように文を作ってみよう。

보기 청소를 하다/ 좀 쉬다
➜ 내가 [청소를 하] ㄹ까요? – [청소] 는
내가 [하] ㄹ 테니까 [좀 쉬] 세요.

掃除をする/少し休む
➜ 私が[掃除をし]ましょうか。–[掃除]は
私が[する]から[少し休んで]ください。

(1) 접시를 닦다/ 청소를 하다　皿を洗う/掃除をする

➜

(2) 빨래를 널다/ 그냥 두다　洗濯物を干す/そのままにしておく

➜

(3) 택시를 잡다/ 여기서 기다리다　タクシーを拾う/ここで待つ

➜

(4) 표를 사다/ 커피를 사다　ケットを買う/コーヒーをおごる

➜

(5) 문제를 만들다/ 나중에 결과를 정리해 주다　問題を作る/後で結果を整理してくれる

➜

文法と表現

14-4

3 用言の語幹 +(으)ㄹ 뿐이다　用言 + だけだ、～のみだ、～ばかりだ

慣用表現 用言の語幹や이다に付いて、「ただ～だけ/ただ～のみ」という限定の意を表す。

接続 母音語幹、語尾「-(으)시-」、이다には-ㄹ 뿐이다、子音語幹、語尾「-았/었-」には-을 뿐이다の形で結合する。

母音語幹 + ㄹ 뿐이다		子音語幹 + 을 뿐이다	
듣기만 하+ㄹ **뿐이다**	聞いてばかりいるだけだ	웃고만 있+을 **뿐이다**	笑ってばかりいるだけだ
그저 반가우+ㄹ **뿐이다**	ただうれしいだけである	소문으로만 들었+을 **뿐이다**	うわさで聞いただけだ

① 오랜만에 떨어져 있던 가족들을 만나니 그저 반가울 **뿐이었다**.
② 그들은 조용히 그의 이야기만을 듣고 있을 **뿐이었다**.
③ 누구 하나 거드는 이가 없이 구경만 할 **뿐이었다**.
④ 그 이야기는 소문으로만 들**었을 뿐이다**.

参考 用言の語幹 +(으)ㄹ 따름이다：～だけだ、～のみだ、～ばかりだ

「-(으)ㄹ 뿐이다」は限定の慣用表現「-(으)ㄹ 따름이다」と置き換えて用いることができる。

① 바쁜데도 불구하고 이렇게 도와줘서 고마울 **따름이다**.
② 나는 당연히 해야 할 일을 했을 **따름이다**.
③ 그는 실력이 없었던 것이 아니라 실력을 발휘할 기회가 없었을 **따름이다**.

14-5

4 用言の語幹 +(으)ㄹ수록　用言 + するほど、～であるほど

連結語尾 用言の語幹に付いて、前の事柄の程度が強まると後の事柄の程度もそれに比例して変わることを表す。

母音語幹 + ㄹ수록		子音語幹 + 을수록	
그 사람을 만나+ㄹ**수록**	彼に(会えば)会うほど	껌은 씹+**을수록**	ガムは噛むほど
소득이 감소하+ㄹ**수록**	所得が減少するほど	거품이 많+**을수록**	泡が多いほど

① 예전에 봤던 책을 다시 보는 중인데요. 읽**을수록** 새로운 감동을 주는 것 같아요.
② 그때 일은 생각할**수록** 가슴이 아파요.
③ 경제가 발전할**수록** 사회적인 문제도 많아지는 것 같아요.
④ 가까운 사이**일수록** 서로 예의를 지켜야 합니다.

参考 用言の語幹 +(으)면+ 用言の語幹 +(으)ㄹ수록：～すればするほど、～であればあるほど

用言の語幹に付いて、ある状況が比例的に強まる様子を表す。

① 이 책은 읽**으면** 읽**을수록** 재미가 있다.
② 외국어는 배우**면** 배울**수록** 어려운 것 같아요.
③ 잠은 자면 잘**수록** 느는 것 같아요.

練習

3 보기のように文を作ってみよう。

보기 하는 일마다 성공을 하는 걸 보니(부럽다).
➜ [부러우] ㄹ 뿐이에요.

やる仕事はすべて成功するのを見ると(うらやましい)。
➜ [うらやましい] ばかりです。

(1) 더 도와드리지 못해서 그저 (죄송하다)　もっと助けてあげられなくてただただ(申し訳ない)

➜

(2) 말과 행동을 보고 그냥 (짐작했다)　言葉と行動を見てただ(推測する)

➜

(3) 친구를 도와줄 수가 없어서 (안타깝다)　友達を助けられなくて(はがゆい)

➜

(4) 게임을 한 게 아니라 (모르는 단어를 찾았다)　ゲームをしたのではなく知らない単語を(調べた)

➜

(5) 남자든지 여자든지 모두 (같은 인간이다)　男子でも女子でもみんな(同じ人間だ)

➜

4 보기のように文を作ってみよう。

보기 책을 읽다/ 상식이 풍부해지다
➜ [책을 읽] 으면 [읽] 을수록
[상식이 풍부해지] 어요.

本を読む/常識が豊富になる
➜ [本を読め] ば [読む] ほど
[常識が豊富になり] ます。

(1) 그때 일을 생각하다 / 가슴이 아프다　その時のことを思う/胸が痛む

➜

(2) 날씨가 춥다 / 밖에 나가서 운동하다　寒い/外に出かけて運動する

➜

(3) 반죽에 거품이 많다 / 빵이 부드러워지다　練り粉に泡が多い/パンが柔らかくなる

➜

(4) 여행을 하다 / 한국을 더 잘 알게 되다　旅行をする/韓国をもっとよく理解できるようになる

➜

(5) 날씨가 덥다 / 맥주가 많이 팔리다　暑い/ビールがたくさん売れる

➜

ダイアローグ&作文

14-6

5 読んでみよう。

1 민준　모레부터가 추석 연휴인데 어떻게 지낼 거예요?

2 유카　사흘이나 회사에 안 가도 되니까 좋기는 하지만 외국 사람한테는 명절이 반가운 것만은 아닌 것 같아요. 고향 가는 사람들 때문에 기차표도, 비행기 표도 모두 매진이라서 여행도 못 가고 정말 심심해요.

3 민준　설날과 추석, 일 년에 두 번 민족의 대이동이 일어나는 셈이죠. 어디를 가나 붐비고 길도 막혀요.

4 유카　그렇게 길이 막**힐지라도** 고향에 가려고 하는군요. 민준 씨는 고향에 안 가세요?

5 민준　추석 전날까지는 길이 붐빌 **테니까** 나는 추석 날 새벽에 갈까 해요. 난 다행히 고향이 여기서 가까워요.

6 유카　추석에 고향에 가면 모두 뭘 하나요?

7 민준　추석은 새로 나온 햇곡식과 햇과일로 조상님들께 감사를 드리는 날이에요. 그래서 추석날 아침에 햇곡식으로 만든 음식과 햇과일로 차례를 지내고 성묘를 가지요. 그리고 추석에는 반드시 송편이라는 떡을 먹어요.

8 유카　송편은 말은 많이 들어봤는데 한 번도 먹어 본 적이 없어요.

9 민준　쌀가루를 반죽해서 깨나 콩이나 밤 같은 것을 속에 넣고 반달 모양으로 만들어서 쪄낸 떡이에요. 전통적으로는 솔잎을 시루에 깔고 쪄냈기 때문에 송편이라는 이름으로 불리게 된 거죠.

10 유카　민준 씨는 송편 만들 줄 아세요?

11 민준　만들기는 어렵지는 않은데 난 먹기만 **할 뿐이에요**. 대개 여자들이 송편을 만드는데, 송편을 예쁘게 만들면 예쁜 딸을 낳는다는 말도 있어요.

12 유카　들으면 들**을수록** 흥미가 나네요. 언젠가 나도 한번 만들어 보고 싶네요.

13 민준　그럼 이번에 고향 갔다가 돌아올 때 송편을 가지고 올게요. 어떤 건지 직접 먹어보면 알 수 있을 거예요.

☞p.10の「추석」の新暦換算を参照。

6 訳してみよう。

(1) 意地を張るのではなく、ただ僕の考えをのべただけだ。　고집을 부리다, 생각을 말하다

➜

(2) 領収書は後で両替するときに必要だろうから捨てないでください。　영수증, 환전하다, 필요, 버리다

➜

(3) 彼女は何も言わないで静かに彼の話を聞いているだけだった。　아무 말도 없이, 조용히

➜

(4) 親がいくら反対しても僕は彼女と結婚するつもりだ。　부모, 반대, 결혼하다

➜

(5) 駅に近いほどいいんですが、どこかいい部屋はありませんか。　가깝다

➜

제15과 설날

学習表現

15-1

1 動詞の語幹 +기 나름이다 : ~次第だ、~なりだ

지금 공부를 시작하기에는 좀 늦지 않았을까요?
いま 勉強を 始めるには 少し 遅くないですか。

그건 생각하**기 나름이에요.** 늦었다고 생각할 때가 가장 빠를 때예요.
それは 考え**方次第です。** 遅いと思った時が いちばん早いときです。

2 用言の語幹 +는/(으)ㄴ 법이다 : ~するものだ

아버지랑 나는 비슷한 점이 많아요.
父と 私は 似ているところが多くあります。

당연하죠. 아들은 아버지를 닮**는 법이에요.**
当たり前ですよ。息子はお父さんに 似る**ものです。**

3 用言の語幹 +거나 : ~たり、~か

자기 전에 뭘 해요?
寝る前に 何をしますか。

스마트폰을 보**거나** 음악을 들어요.
スマホを 見る**か** 音楽を聞きます。

4 用言の語幹 +는/(으)ㄴ 척하다 : ~ふりをする

민영이가 우리를 못 본 모양이지요?
ミニョンが 僕たちに気付いてなかったようですね。

글쎄요. 모른 **척하고** 지나갔네요.
そうですね、知らぬ**ふりをして**通り過ぎて行きましたね。

単語

ㄱㄴㄷ
걸 : うわべ、表
경찰 : 警察
곤충 : 昆虫
굉장히 : ものすごく
교육하다 : 教育する
구별하다 : 区別する
구정 : 旧正月
군인 : 軍人
그네뛰기 : ブランコ乗り
깨우다 : 起こす
꾸준히 : 根気よく、粘り強く
널뛰기 : 板跳び
놀이 : 遊び
단오절 : 端午節
답 : 答え
떡국 : トックスープ

ㅁㅅㅇ
말띠 : 午年
모면하다 : 免れる
민속 : 民俗
설날 : ソルナル、元旦
세배 : 新年のあいさつ
세뱃돈 : お年玉
습관 : 習慣
신정 : 新正月
아랫물 : 下流の水
양력 : 太陽暦
어색하다 : ぎこちない
외모 : 外見
원숭이 : 猿
위기 : 危機
윗물 : 上流の水
유치원 : 幼稚園
윷놀이 : ユンノリ
음력 : 太陰暦

ㅈㅊㅍㅎ
정월 : 正月
정의하다 : 定義する
조카 : おい・めい
차례 : 祭祀
천적 : 天敵
풍습 : 風習
후배 : 後輩

文法と表現

15-2

1 動詞の語幹 +기 나름이다　動詞+次第だ、~なりだ、~による

慣用表現　動詞の語幹に付いて、「~によってあることが変わる、あることが決まる」意を表す。「~次第だ」の「~」が後の事柄の決定要素であることを示す。

接続　①動詞の語幹には「~기 나름이다」、②名詞には「~나름이다」の形で接続する。

動詞 + 기 나름이다	행복은 생각하+**기 나름이다**	幸せは考え方次第だ
	음식은 만들+**기 나름이다**	料理はつくり方次第だ
名詞 + 나름이다	모든 것은 노력+**나름이다**	すべては努力次第だ
	잘하고 못하고는 학생+**나름이다**	出来不出来は学生次第だ

① 그것이 중요하고 안 하고의 문제는 생각하**기 나름이다**.
② 아이의 습관은 부모가 교육하**기 나름인** 것 같다.
③ 모든 일은 생각하**기 나름이니까** 긍정적으로 생각하자.
④ 책도 책 **나름이다**. 책이라고 해서 모두 좋은 것은 아니다.
⑤ 그림이 좋은 작품인지 아닌지는 보는 사람 **나름이다**.

参考　動詞の語幹+(으)ㄹ 나름이다 : ~次第だ、~なりだ

基本的には「-기 나름이다」の形で用いられることが多いが、「-(으)ㄹ 나름이다」のように連体形の形で用いられることもある。「~기 나름이다」と同義語で、置き換えることができる。

① 귀염을 받고 못 받고는 제 **할 나름이다**.
② 아름답다는 것은 정의**할 나름인** 것 같다.

15-3

2 用言の語幹 +는/(으)ㄴ 법이다　用言+~ものだ、~に決まっている

慣用表現　用言の語幹に付いて、ある事柄が社会的、道徳的な常識として、または物事の本来の性質や傾向としてそのように決まっている、またはそうする(そうしない、そうなる)のは当然であることを表す。取り上げる事柄は誰もが認める共通認識として示され、注意や忠告の表現として用いられることが多い。

接続　①動詞の語幹、있다/없다には「~는 법이다」、②形容詞の語幹には「~(으)ㄴ 법이다」の形で結合する。

① 動詞 + 는 법이다	노력하는 사람이 성공하+**는 법이다**	努力する人が成功するものだ
	서두르면 실수하+**는 법이다**	急ぐとミスをするものだ
② 形容詞 + (으)ㄴ 법이다	자기 자식은 다 예쁘+**ㄴ 법이다**	自分の子供はみんな可愛いものだ
	입에 쓴 약이 몸에는 좋+**은 법이다**	口に苦い薬が体には良いものだ

① 죄를 지으면 누구나 벌을 받**는 법이다**.
② 원숭이도 나무에서 떨어질 때가 있**는 법이다**.
③ 윗물이 맑아야 아랫물도 맑**은 법이다**.
④ 돈은 가지면 가질수록 더 갖고 싶**은 법이다**.

参考　用言の語幹+게/기 마련이다 : ~に決まっている、~ものだ　☞11課文法3参照

物事の本来の性質や傾向としてそのようになるのは当然である意を表す。「~는/(으)ㄴ 법이다」と置き換えられる。

① 꾸준히 노력하면 성공하**게 마련이다**. / 꾸준히 노력하면 성공하**는 법이다**.
② 기대가 크면 실망도 크**게 마련이다**. /기대가 크면 실망도 **큰 법이다**.

練習

1 보기のように文を作ってみよう。

보기 건강 / 자기가 관리하다
➜ 건강 은 자기가 관리하 기 나름이에요.

健康/自分が管理する
➜ 健康 は 自分の管理 次第です。

(1) 모든 일 / 받아들이다　すべてのこと/受け取る

➜

(2) 행복 / 생각하다　幸せ/考える

➜

(3) 사람의 첫인상 / 옷을 입다　人の第一印象/服を着る

➜

(4) 시험 성적 / 노력하다　試験成績/努力する

➜

(5) 어릴 때의 습관 / 부모들이 교육하다　子供の時の習慣/親が教育する

➜

2 보기のように文を作ってみよう。

보기 자기 자식은 누구나 다 예쁘다
➜ 자기 자식은 누구나 다 예쁘 ㄴ 법이에요.

自分の子供は誰でもみんな可愛い
➜ 自分の子供は誰でもみんな可愛い ものです。

(1) 운동도 심하게 하면 역효과가 나다.　運動を過度にすると逆効果になる

➜

(2) 누구나 사랑에 빠지면 눈이 멀다.　誰でも恋に落ちると盲目になる

➜

(3) 오랫동안 만나지 않으면 마음도 멀어지다.　久しく会わないと気持ちも遠ざかる

➜

(4) 최선을 다하면 좋은 결과가 나오다.　最善を尽くすと良い結果が出る

➜

(5) 사람의 욕심은 끝이 없다.　人間の欲には際限がない

➜

文法と表現

15-4

3 用言の語幹 ＋거나

用言 ＋たり、〜か、〜とか、〜ようが、〜ても

連結語尾 用言の語幹に付いて、①羅列や選択の意を表す、②前の状態が後の事柄には関係ないことを表す。

☞ p.85の「主要助詞リスト(1)」を参照。

用言の語幹 ＋ 거나	야구를 하+**거나** 축구를 하+**거나** 한다	野球をしたりサッカーをしたりする
	영화를 보+**거나** 음악을 듣는다	映画を見るか音楽を聞く

① 동생은 어려운 문제는 나에게 물어보**거나** 답을 보고 풀**거나** 한다.
② 혼자 살면서 몸이 아프**거나** 외로울 때는 부모님 생각이 더 난다.
③ 외모로 봤을 때 그는 경찰이**거나** 군인인 것 같았다.
④ 막내는 비가 오**거나** 눈이 오**거나** 늘 밖에 나가 논다.
⑤ 아버지는 내 성적이 좋**거나** 나쁘**거나** 잘했다고만 한다.

参考1 用言の語幹 +거나 말거나：〜ようが〜まいが、〜ようと〜まいと、〜ても〜なくても

前の内容に関係なく、後の事柄が成り立つことを表す。「〜든지 말든지」と置き換えることができる。

① 아무리 깨워도 안 일어나니까 학교에 늦**거나 말거나** 내버려 두자.
② 그 사람은 늘 다른 사람이 듣**거나 말거나** 자기가 하고 싶은 말만 한다.

参考2 用言の語幹 +거나 〜거나 (간에/상관없이)：〜ようが(関係なく)、〜ても(関係なく)

後の事柄に何の影響も与えないことを強調する場合は、「-거나 간에」、「-거나 상관없이」の形で用いられる。

① 남들이 칭찬을 하**거나** 비난을 **하거나 (간에)** 신경 쓰지 말고 네 할 일만 열심히 해라.
② 평소에 공부를 열심히 한 학생이라면 언제 시험을 치르**거나 (간에)** 자신이 있을 것이다.

15-5

4 用言の語幹 ＋는/(으)ㄴ 척하다
用言の語幹 ＋는/(으)ㄴ 체하다

用言 ＋ふりをする

慣用表現 用言の語幹に付いて、偽りの様子や態度を見せる、意図的にそう見えるように振る舞うことを表す。「척하다」と「체하다」は同義語で意味上の違いはない。

接続 動詞の語幹には「-는 척하다/는 체하다」、用言の語幹には「-(으)ㄴ 척하다/(으)ㄴ 체하다」の形で接続する。

動詞の語幹 ＋는 척하다/ 는 체하다		用言の語幹 ＋(으)ㄴ 척하다/ (으)ㄴ 체하다	
자+**는 척했다**	寝ているふりをした	기분 좋+**은 척했다**	気持ち良いふりをした
일을 하+**는 체했다**	仕事をしているふりをした	못 들+**은 체했다**	聞かなかったふりをした

① 천적을 만나면 죽**은 척해서** 위기를 모면하는 곤충들이 있다.
② 후배가 한 잘못을 알고 있었지만 미안해할까 봐 모르**는 척했다**.
③ 겉으로는 아무렇지 않**은 체하지만** 속으로는 굉장히 마음이 아플 거야.

参考 用言の語幹 +(으)ㄴ 척 만 척하다 / (으)ㄴ 체 만 체하다：〜て〜ないふりをする

主に「보다, 듣다」とともに使われ、「見て見ぬふりをする」、「聞いていて聞いてないふりをする」の意で用いられる。

① 엄마가 빨리 일어나라고 하는데 아이들은 들**은 척 만 척해요**.
② 민영이가 본 **척 만 척하고** 지나가네요. 우리를 못 본 모양이지요?

練習

3 보기のように文を作ってみよう。

보기 운동을 하다/ 친구를 만나다 ➜ [운동을 하]**거나** [친구를 만나]**아요.**	運動をする/友達に会う ➜ [運動をし]たり[友達に会い]ます。

(1) 일요일에는 청소를 하다/ 빨래를 하다　日曜日は掃除をする/洗濯をする

➜

(2) 내일은 흐리다/ 비가 온다고 하다　明日は曇る/雨が降ると言う

➜

(3) 비가 올 때는 택시를 타다/ 지하철을 타다　雨が降るときはタクシーに乗る/地下鉄に乗る

➜

(4) 시간이 나면 책을 읽다/ 음악을 듣다　時間があれば本を読む/音楽を聞く

➜

(5) 회사 일이 끝나면 친구를 만나다/ 헬스클럽에 가다　仕事が終わると友達に会う/スポーツジムに行く

➜

4 보기のように文を作ってみよう。

보기 부르는 소리를 들었다 / 자다 ➜ [부르는 소리를 들었]**지만** [자]**는 척했어요.**	呼んでいる声を聞いた/寝る ➜ [呼んでいる声を聞いた]けど [寝ている]ふりをしました。

(1) 눈물이 날 정도로 슬펐다 / 기분 좋다　涙が出るほど悲しい/気分が良い

➜

(2) 맛이 없었다 / 맛있게 먹다　美味しくない/美味しく食べる

➜

(3) 배가 아팠다 / 괜찮다　お腹が痛い/大丈夫だ

➜

(4) 엄마가 빨리 오라고 했다 / 못 들었다　母が早く来るようにと言う/聞いていない

➜

(5) 아는 사람이었다 / 모르다　知り合いの人だ/知らない

➜

ダイアローグ&作文

15-6

5 読んでみよう。

1 성준 치카 씨, 새해 복 많이 받으세요. 올해엔 모든 일이 잘 되길 바라겠습니다.
2 치카 성준 씨도 새해 복 많이 받으세요. 그런데 좀 이상한 느낌이에요. 지금은 2월이잖아요. 설날이 두 번 있는 것도 이상하고….
새해 인사는 1월에 했는데 또 한다는 게 어색하지 않아요?
3 성준 생각하**기 나름이지만**, 그렇게 느껴지는 게 당연하겠죠.
그러나 오랫동안 이어져 온 풍습이라는 건 간단히 바뀌지 않**는 법이에요**. 그래서 음력 1월 1일을 설날로 정하고 예전의 풍습이나 민속을 살려서 지내고 있는 거예요.
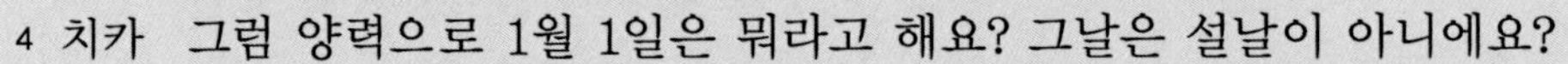
4 치카 그럼 양력으로 1월 1일은 뭐라고 해요? 그날은 설날이 아니에요?
5 성준 그날은 '신정' 이라고 해서 음력 1월 1일의 설날과는 구별하고 있지요.
그래서 신정과 대비해서 음력 설날을 '구정' 이라고 부르기도 해요. 신정은 그냥 집에서 쉬**거나** 여행을 가**거나** 하는 사람이 많아요.
6 치카 그럼 설날에는 어떻게 지내나요?
7 성준 구정인 설날에는 온 가족이 모여서 아침에 차례를 지내죠. 차례가 끝나면 아이들이 할아버지, 할머니께 세배를 하고 세뱃돈을 받아요. 그리고 떡국을 먹는데 떡국을 한 그릇 먹으면 나이도 한 살 먹는다는 말이 있어요.
8 치카 난 떡국도 먹지 말고 설날은 모르**는 척하고** 지내야겠네요.
나이 먹는 게 싫으니까….
9 성준 그래서 유치원에 다니는 내 조카는 떡국을 두 그릇이나 먹었다네요.
빨리 나이를 두 살 더 먹고 초등학교에 가고 싶다고요.
10 치카 귀엽군요. 그네뛰기는 설날에 하는 놀이인가요?
11 성준 정월에 하는 민속놀이는 그네뛰기가 아니라 널뛰기예요. 그네뛰기는 단오절에 하는 놀이이죠.
정월의 대표적인 놀이로서는 윷놀이가 있어요.
올해는 원숭이 해인데 치카 씨는 무슨 띠예요?

12 치카 나는 말띠예요. 윷놀이는 수업 시간에 해 본 적이 있어요.

☞p.120の童謡「설날」、p.10の「설날」の新暦換算を参照。

6 訳してみよう。

(1) 動物の中には危険を感じた時に死んだふりをするものもいる。　동물, 위험, 느끼다, 죽다

➜

(2) 彼が辞めようが辞めまいが、サークルには何の影響もない。　그만두다, 동아리, 영향

➜

(3) 公園で子どもたちがボール投げをしたり水遊びをしたりしながら遊んでいる。　공던지기, 물놀이

➜

(4) 奨学金をもらえるかもらえないかは、この試験の結果次第だ。　장학금을 받다, 결과

➜

(5) 最初は誰でも緊張するものです。ミスをしてもいいから大きな声で発表してください。　처음, 긴장하다

➜

主要連結表現リスト(ハン検3級/準2級・TOPIK中級レベル) 

※V:動詞、A:形容詞、N:名詞

意味	連結表現	意味	連結表現
推測	V/A+(으)ㄹ 텐데	選択 比較	V/A+거나
	V/A+(으)ㄹ까 봐		V　+느니
	V/A+(으)ㄹ 테니(까)		V　+는다기보다(는)
理由 原因	V/A+아/어/여 가지고		V/A+는/ (으)ㄴ대신에
	V/A+아서/어서/여서		V　+든지
	V/A+(으)니까	目的	V/A+게
	V/A+(으)므로		V/A+도록
	V/A+았/었/였더니		V/A+고자
	V　+느라고		V/A+기 위해(서)
	V　+는 바람에		V/A+(으)ㄹ 겸
	V　+는 탓에	逆接 譲歩	V/A+(으)ㄹ 게 아니라
	V　+는 통에		V/A+(으)ㄹ지라도
	V/A+(으)ㄴ 나머지		V/A+(으)ㄹ지언정
	V/A+(은)느니만치		V/A+(으)ㄹ망정
	V/A+고 해서		V/A+(으)나
	V/A+기에		V/A+(으)나 마나
	V/A+기 때문에		V/A+(으)면서도
	V/A+길래		V/A+고도
	V　+다가 보니까		V/A+기는 하지만
	V/A+아/어/여서 그런지		V　+ㄴ/는다고 할지라도
	V　+더니		V　+ㄴ/는다고 해도
	V　+(으)ㄴ/는 덕분에		V　+ㄴ/는다고 하더라도
	얼마나 A+(으)ㄴ지		V/A+기는 고사하고
仮定 条件	V　+(으)려거든		V/A+기는커녕
	V　+(으)려면		V/A+는/ (으)ㄴ 데 반해
	V　+ㄴ/는다면		V/A+는/ (으)ㄴ 반면에
	V/A+는/ (으)ㄴ 한		V/A+는/ (으)ㄴ가 하면
	V/A+는/ (으)ㄴ 이상		V/A+는/ (으)ㄴ데
	V　+다가보면		V/A+는/ (으)ㄴ데도
	V/A+거든		V/A+는/ (으)ㄴ데도 불구하고
	V/A+기라도 하면		V/A+아/어/여도
	V/A+기만 하면		V/A+아/어/여 봤자
	V/A+(ㄴ/는)다면		V　+았/었/였는데도
	V　+는 한		V/A+다고 할 수 있지만
	V　+다(가) 보면		V/A+더니
	V　+았/었더라면		V/A+더라도
	V　+자면		아무리 V/A+기로서니
羅列 添加	V/A+기도 하고	時間 前後 過程	V　+고 나서
	V/A+는/(으)ㄴ 데다가		V　+기가 무섭게
	V/A+(으)ㄹ 뿐만 아니라		V　+는 대로
	V/A+(으)ㄴ 한편		V　+다가/ V +았/었다가
	V/A+(으)ㄹ 뿐더러		V　+자
	V/A+(으)ㄴ다든가/는다든가		V　+자마자
状態持続	V　+(으)ㄴ 채(로)		V　+다(가) 보니(까)

※ 各語尾と慣用表現は複数以上の意味で用いられるものも多い。従って上記の意味上の分類は大まかな便宜的な分類として参考されたい。

제 16 과 復習(13課・14課・15課)

1 文型復習 문형복습

16-1

1 여간 用言の語幹 +는/(으)ㄴ 게 아니다：とても・非常に〜だ、並大抵の〜ではない

❶ 새로 시작한 일은 좀 어때요?
　ー모르는 것투성이라서 **여간** 힘든 **게 아니에요**.

❷ 김치를 직접 만들어 보니까 어때요?
　ー배추를 절이는 데서부터 과정이 **여간** 번거로운 **게 아니네요**.

❸ 한국어를 배우면서 제일 힘든 게 뭐였어요?
　ー발음이요. 발음이 **여간** 어려운 **게 아니었어요**.

2 名詞 +은/는 물론(이고)：〜はもちろん、〜はもちろんのこと

❶ 초등학교 아이에게 읽힐 만한 좋은 책이 없을까요?
　ー이건 어때요? 이 동화책은 아이**는 물론이고** 어른도 흥미롭게 읽을 수 있는 거예요.

❷ 그곳은 태풍 때문에 피해가 큰 모양이죠?
　ー그런가 봐요. 교통**은 물론** 전기와 통신도 두절됐나 봐요.

16-2

3 用言の語幹 +(으)ㄹ 리가 없다：〜はずがない、〜わけがない

❶ 역시 어머니가 만든 음식이 맛이 있네요.
　ー정성이 들어간 음식이 맛이 없**을 리가 없지요**.

❷ 오늘 저녁은 선수들이 식사를 거의 안 하는 것 같네요.
　ー우승을 놓쳤으니 식욕이 있**을 리가 없지요**.

4 動詞の語幹 +(으)려면 멀었다：〜にはまだまだだ、〜にはほど遠い

❶ 일이 다 끝났어요? 다 끝났으면 같이 가시죠.
　ー아니요. 끝나**려면** 아직 **멀었어요**. 먼저 가세요.

❷ 졸업 후에는 결혼할 건가요?
　ー아니요. 결혼하**려면** 아직 **멀었어요**.
　　군대도 다녀와야 하고 취직도 해야 하거든요.

16-3

5 用言の語幹 +(으)ㄹ지라도：〜ても、〜ようとも、〜であっても

❶ 미안합니다. 깜빡 잊고 속도를 줄이지 못했네요.
　ー아무리 급할**지라도** 속도 위반을 해선 안 됩니다.

❷ 아무래도 비가 올 것 같은데 괜찮겠어요?
　ー비가 올**지라도** 오늘부터는 공사를 시작해야 돼요.

6 用言の語幹 +(으)ㄹ 테니까：〜つもりだから、〜はずだから

❶ 그 회사에 가는 길을 잘 몰라서 걱정이에요.
　ー내가 약도를 그려 드릴 **테니까** 걱정하지 마세요.

❷ 어떤 과일을 사 가는 게 좋을까요?

ー요즘 딸기가 맛있을 **테니까** 딸기를 사는 게 어때요?

7 用言の語幹 +(으)ㄹ 뿐이다 : ~だけだ、~のみだ、~ばかりだ

16-4

❶ 열심히 한다고 주변에서 칭찬을 많이 하던데요.

ー아닙니다. 저는 제가 맡은 일을 하고 있**을 뿐입니다**.

❷ 왜 부장님한테 야단을 맞았어요?

ー나는 과장님 지시대로 움직였**을 뿐인데** 어떻게 된 건지 이유를 모르겠네요.

8 用言の語幹 +(으)ㄹ수록 : ~するほど、~であるほど

❶ 시간은 없는데 할 일은 많고…. 서두르니까 일도 더 안되는 것 같아요.

ー바쁠**수록** 천천히 하세요. 급할**수록** 돌아가라는 옛말도 있잖아요.

❷ 입사한 지 1년이 됐으니까 이제 일이 익숙해졌겠네요.

ー회사 일은 하**면 할수록** 어려운 것 같아요.

9 動詞の語幹 +기 나름이다 : ~次第だ、~なりだ、~による

❶ 이 일이 언제 끝날지 예상이 안 되네요.

ー일이 많기는 하지만 언제 끝날지는 우리가 하**기 나름인** 것 같아요.

❷ 요즘 일 때문에 걱정이 많아서 잠이 안 와요.

ー모든 일은 생각하**기 나름이니까** 긍정적으로 생각하세요.

10 用言の語幹 +는/(으)ㄴ 법이다 : ~するものだ

❶ 우리 선배는 요즘 아들 자랑이 이만저만이 아니에요.

ー원래 자기 자식은 다 예쁜 **법이에요**.

❷ 요즘 빨래가 잘 안 말라서 고민이에요.

ー여름에는 습기가 많**은 법이에요**.

빨래가 안 마를 때는 건조기를 이용하는 게 편해요.

11 用言の語幹 +거나 : ~たり、~か

16-6

❶ 오전엔 집에 있을 텐데 왜 전화를 안 받지요?

ー잠시 밖에 나갔**거나** 아직 자고 있**거나** 둘 중에 하나일 거예요.

❷ 한국에서는 아들이 아버지 앞에서 담배를 못 피운다지요?

ー네, 담배를 피우**거나** 술을 마시**거나** 하지 못해요.

12 用言の語幹 +는/(으)ㄴ 척하다/체하다 : ~ふりをする

❶ 왜 아까 나를 보고도 모르**는 척했어요**?

ー모르**는 척하기는요**. 눈이 나빠서 누가 누군지 몰랐을 뿐이에요.

❷ 이번 인사 이동에 대해 여러가지 소문이 많던데요.

ー그런 건 보고도 못 **본 체** 듣고도 못 들**은 체하**는 게 좋아요.

2 復習問題 복습문제

1 보기の中の語尾を用いて二つの文を適切につないでみよう。

보기	
①-(으)ㄹ지라도, ②-(으)ㄹ 테니까, ③-(으)ㄹ수록, ④-거나	①~ても、~ようとも、②~するから、~はずだから、③~ば~ほど、④~たり、~か
청소는 내가 (하다) 좀 쉬세요.	掃除は私が(する)少し休んでください。
➜ 할 테니까	➜ しますから

(1) 눈이 와서 길이 (막히다) 지하철을 타는 게 좋아요. 道路が渋滞する、地下鉄に乗る

(2) 내일 날씨가 안 (좋다) 등산을 가겠어요. 天気がよくない、登山に行く

(3) 내가 먼저 가서 자리를 (잡다) 나중에 천천히 오세요. 先に行って席を取る、ゆっくり来る

(4) 이 책은 (읽다) 새로운 감동을 주는 것 같아요. 本を読む、新しい感動を与えてくれる

(5) 야단을 (맞다) 할 말은 해야겠어요. 叱られる、言いたいことは言う

(6) 거기에 가려면 15번 버스를 (타다) 아니면 지하철 2호선을 타세요. 地下鉄の2号線に乗る

(7) 국이 (식었다) 데워서 드세요. スープが冷める、温める

(8) 지위가 높고 돈이 (많다) 행복한 것은 아니다. 地位が高い、幸せだ

(9) 아침에는 보통 밥을 (먹다) 빵을 먹어요. 普通ご飯を食べる、パンを食べる

(10) 내가 택시를 (잡다) 여기서 기다리세요. タクシーを拾う、ここで待つ

(11) 아무리 (급하다) 속도 위반을 해선 안 돼요. 急ぐ、スピード違反をする

(12) 주말에는 보통 친구를 (만나다) 영화를 봐요. 友達に会う、映画を見る

(13) 음식은 내가 다 준비해 (놓다) 걱정하지 마세요. 準備しておく、心配する

(14) 산은 높이 (올라가다) 기온이 떨어진다. 山は高く登る、気温が落ちる

2 보기の中の表現を用いて文を適切に完成してみよう。

보기

①-(으)ㄹ 리가 없다, ②-(으)ㄹ 뿐이다, ③-기 나름이다, ④-는/(으)ㄴ 법이다, ⑤-는/(으)ㄴ 척하다, ⑥-(으)려면 아직 멀었다	①～はずがない、②～のみだ・だけだ、 ③～次第だ・なりだ、④～ものだ、 ⑤～ふりをする、⑥～にはまだまだだ
열심히 공부했으니까 (떨어지다). ➜ 떨어질 리가 없어요.	一生懸命勉強したから(落ちる) ➜ 落ちるはずがありません。

(1) 면허를 딴 지 얼마 안 돼서 운전에 (익숙해지다).　　免許を取る、間もない、運転に慣れる

➜

(2) 그는 매우 정확한 사람이라 약속을 (잊다).　　正確な人、約束を忘れる

➜

(3) 포기하지 않고 노력하는 사람이 (성공하다).　　諦める、努力する

➜

(4) 나는 선생님 설명을 이해 못했지만 (알아듣다).　　説明が理解できない、理解する

➜

(5) 어릴 때의 습관은 부모가 (교육하다).　　幼い時の習慣、親が教える

➜

(6) 속으로는 많이 당황했지만 아무렇지 (않다).　　内心慌てる、何でもない

➜

(7) 최선을 다하면 좋은 결과가 (나오다).　　最善を尽くす、良い結果が出る

➜

(8) 그 가게 물건이 그렇게 (비싸다).　　その店のもの、そんなに高い

➜

(9) 한 가지 일을 너무 오래 해서 싫증이 (났다).　　一つの仕事を長くする、嫌になる

➜

(10) 학교 가기기 싫어서 배가 (아프다).　　学校に行くのがいやだ、お腹が痛い

➜

(11) 오랫동안 만나지 않으면 마음도 (멀어지다).　　久しく会わない、気持ちも遠ざかる

➜

(12) 이삿짐이 너무 많아서 다 (정리하다).　　引っ越しの荷物が多い、片付ける

➜

(13) 그는 실력이 없었던 것이 아니라 실력을 발휘할 기회가 (없었다).　実力を発揮する機会がない

➜

(14) 그것이 가치가 있고 없고의 문제는 (생각하다).　　価値があるかないかの問題、考える

➜

3 リーディング練習 문장읽기

16-7

1 次の文章を読んでみよう。

윷놀이는 오랜 옛날부터 행해져 온 한국 고유의 민속놀이이다. 좁은 장소에서 남녀 노소 누구나 함께 즐길 수 있는 대표적인 놀이라 할 수 있다.

❷ 윷놀이는 이미 삼국 시대 이전부터 널리 행해져 왔다. 부여에서는 왕이 다섯 종류의 가축을 다섯 부락에 나누어 주고, 그 가축들을 잘 번식시키기 위한 목적으로 윷놀이를 하였다고 한다. ❸ 그래서 윷놀이를 할 때에 도는 돼지, 개는 개, 걸은 양. 윷은 소, 모는 말을 나타내기도 한다.

그리고 몸의 크기와 걸음의 크기에 따라 순서를 정했다. ❹ 도가 한 칸을 가고 모가 다섯 칸을 가도록 한 것은 돼지가 다섯 걸음 뛰는 거리와 말이 한 걸음 뛰는 거리가 같다는 뜻이다.

❺ 윷놀이는 보통 네 사람이 두 편으로 갈라 윷을 번갈아 던지며 논다.

윷가락을 던져서 네 개가 다 엎어진 것은 '모'요, 네 개가 다 잦혀진 것은 '윷', 한 개가 엎어지고 세 개가 잦혀진 것은 '걸', 두 개가 엎어지고 두 개가 잦혀진 것은 '개', 한 개가 잦혀지고 세 개가 엎어진 것은 '도'라 한다. ❻ 윷이 가는 말을 보면, 도는 한 발, 개는 두 발, 걸은 세 발. 윷은 네 발, 모는 다섯 발을 간다. 앞서 가는 상대편의 말을 잡을 수도 있다.

❼ 상대편 말을 잡거나, 윷 또는 모가 나오면 다시 한 번 던질 수 있는 기회가 주어진다. 이렇게 하여 네 개의 말이 상대편보다 먼저 말판을 돌아오는 편이 승리를 하게 된다.

❽ 윷놀이는 원래, 정월 무렵에 농민들이 그 해 농사가 높은 지대에서 잘 될까, 낮은 지대에서 잘 될까를 점치던 옛날 풍습의 하나였다. 그러나 오늘날에는 단순한 오락으로서 계절에 관계없이 일 년 내내 즐기는 놀이가 되었다.

区分	도	개	걸	윷	모
形					
移動	1칸	2칸	3칸	4칸	5칸
動物	돼지	개	양	소	말

※ 11ページの「윷놀이(ユンノリ)」参照。

2 次の文章を読んでみよう。

16-8

세상에서 대인관계처럼 복잡하고 미묘한 일이 어디 또 있을까. 까딱 잘못하면 남의 입살에 오르내려야 하고, 때로는 이쪽 생각과는 엉뚱하게 다른 오해도 받아야 한다. 그러면서도 이웃에게 자신을 이해시키고자 일상의 우리는 한가롭지 못하다.
❷ 이해란 정말 가능한 걸까. 사랑하는 사람들은 서로가 상대방을 이해한다고 입술에 침을 바른다. 그리고 그러한 순간에서 영원히 살고 싶어한다. 그러나 그 이해가 진실한 것이라면 불변해야 할 텐데 번번이 오해의 구렁으로 떨어진다. ❸ "나는 당신을 이해합니다" 라는 말은 어디까지나 언론 자유에 속한다. 남이 나를, 또한 내가 남을 어떻게 온전히 이해할 수 있단 말인가. 그저 이해하고 싶을 뿐이지. ❹ 그래서 우리는 모두가 타인이다. 사람은 저마다 자기 중심적인 고정관념을 지니고 살게 마련이다. 그러기 때문에 어떤 사물에 대한 이해도 따지고 보면 그 관념의 신축 작용에 지나지 않는다. ❺ 하나의 현상을 가지고 이러쿵저러쿵 말이 많은 걸 봐도 저마다 자기 나름의 이해를 하고 있기 때문이다. '자기 나름의 이해' 란 곧 오해의 발판이다. ❻ 우리는 하나의 색맹에 불과한 존재다. 그런데 세상에는 그 색맹이 또 다른 색맹을 향해 이해해 주지 않는다고 안달이다. 연인들은 자기만이 상대방을 속속들이 이해하려는 열기로 하여 오해의 안개 속을 헤맨다.

❼ 그러고 보면 사랑한다는 것은 이해가 아니라 상상의 날개에 편승한 찬란한 오해다. "나는 당신을 죽도록 사랑합니다" 라는 말의 정체는 "나는 당신을 죽도록 오해합니다" 일지도 모른다. ❽ 언젠가 이런 일이 있었다. 불교 종단 기관지에 무슨 글을 썼더니 한 사무승이 내 안면 신경이 간지럽도록 칭찬의 말을 연발하는 것이었다. ❾ 그때 나는 속으로 이렇게 뇌고 있었다. "자네는 날 오해하고 있군. 자네가 날 어떻게 안단 말인가. 만약 자네 비위에 거슬리는 일이라도 있게 되면, 지금 칭찬하던 바로 그 입으로 나를 또 헐뜯을 텐데. 그만두게 그만둬."
❿ 아니나 다를까, 바로 그 다음 호에 실린 글을 보고서는 입에 게거품을 물어 가며 비난을 퍼부었다. 속으로 웃을 수 밖에 없었다. "그거 보리고. 내가 뭐랬어. 그게 오해라고 하지 않았어. 그건 말짱 오해였다니까." ⓫ 누가 나를 추켜세운다고 해서 우쭐댈 것도 없고 헐뜯는다고 해서 화를 낼 일도 못된다. 그건 모두가 한쪽만을 보고 성급하게 판단한 오해이기 때문에.
⓬ 오해란 이해 이전의 상태 아닌가. 문제는 내가 지금 어떻게 살고 있느냐에 달린 것이다. 실상은 말 밖에 있는 것이고 진리는 누가 뭐라 하건 흔들리지 않는다. ⓭ 온전한 이해는 그 어떤 관념에서가 아니라 지혜의 눈을 통해서만 가능할 것이다. 그 이전에는 모두가 오해일 뿐. 나는 당신을 사랑합니다. 제기랄, 그건 말짱 오해라니까.

(중앙일보. 1972.1.31. 법정)

主要終結表現リスト(ハン検3級/準2級・TOPIK中級レベル) 

※V:動詞、A:形容詞、N:名詞

意味	連結表現		連結表現
推測	V +(으)ㄹ 모양이다	条件 基準	V +기 나름이다
	V/A+(으)ㄹ지도 모르다		V/A+(느)냐에 따라 다르다
	V/A+(으)ㄹ 텐데요		V/A+(느)냐에 달려 있다
	V/A+(으)ㄹ까 보다		N +에 달려 있다
	V +나 보다	意図 目的	V +(으)ㄹ 생각이다
	V +는 게 아닐까 싶다		V +(으)ㄹ까 보다
	V +는 듯하다		V +(으)ㄹ까 하다
	V/A+(으)걸요		V +고자 하다
	V/A+(으)ㄹ 리가 없다		V +(으)러 가다/오다
	V/A+(으)ㄹ 줄 몰랐다		V +(으)려고 하다
	V/A+(으)ㄹ 줄 알았다		V +(으)려던 참이다
	V/A+(으)ㄹ 것 같다	判断 程度	V +(으)ㄹ 지경이다
後悔	V +(으)ㄹ걸 그랬다		V +는 셈이다
	V +지 말걸 그랬다		V +(으)ㄴ 셈 치다
	V +았/었어야 하는데		V/A+는 거나 마찬가지이다
	V +지 말았어야 하는데		V/A+(ㄴ/는)다고 본다
願望 希望	V +고 싶다		V +기는 틀렸다
	V/A+기를 바라다		V/A+(으)ㄴ 감이 있다
	V/A+았/었/였으면 좋겠다		V/A+(으)ㄹ 게 뻔하다
	V/A+기라도 하면 좋겠다		N +(이)나 다름없다
理由 原因	V/A+거든요		V/A+(으)ㄴ 척하다
	V/A+기 때문이다	確認	V/A+지요?
	V/A+아/어/여서요		V/A+지 않아요?
	N +탓이에요		V/A+(ㄴ/는)다면서요?
反復 習慣	V +곤 하다/ 고는 하다		V/A+다지요?
	V +기 일쑤다		V/A+다니요?
提案 勧誘	V +는 것이 어때(요)?		V/A+잖아요.
	V +(으)ㄹ래(요)?		V/A+(ㄴ/는)다고요?
	V +는 것이 어때(요)?	回想	V/A+더군(요)
	V +도록 하세요		V/A+더라고요
	V +는 것이 좋겠어(요)		V/A+던데요
	V +아/어/야지(요)	限定	V/A+기만 하다
	V +재(요)		N +만 하다
	V +지 그래(요)?		V/A+(으)ㄹ 뿐이다/ N+뿐이다
可能	V +(으)ㄹ 수 있다/없다		V/A+(으)ㄹ 따름이다
	V +(으)ㄹ 수 있어야지요		V/A+(으)ㄹ 수밖에 없다
	도저히+ V+(으)ㄹ 수 없다	同意	V/A+고말고(요)
	V +(으)ㄹ 수조차 없다		V/A+다마다(요)
	V +(으)ㄹ 법하다	強調	V+(으)ㄹ래야 V+(으)ㄹ 수가 없다
	V +(으)ㄹ 뻔하다		A +기 짝이 없다
当然	V +게 되어 있다		V/A+아/어서 죽을 뻔하다
	V/A+기 마련이다		얼마나 A+(으)ㄴ지 모르다
	V/A+기 십상이다		여간 A+지 않다
	V/A+는 법이다	価値/可能	V +(으)ㄹ 만하다

※ 各語尾と慣用表現は複数以上の意味で用いられるものも多い。従って上記の意味上の分類は大まかな便宜的な分類として参考されたい。

付 録

韓国の歌

17-1
아리랑
韓国民謡
아 － 리랑 － 아 － 리랑 － 아 라 － － 리 － 요 － － － －
아 － 리 랑 － 고 － 개 － 로 － 넘 － 어간 다 －
나 － 를 버 리 고 가 시는 임 － 은 － － － －
십 － 리도 － 못 － 가 － 서 － 발 － 병난 다 －
17-2
설날
1924年
윤극영 작사・작곡
까 치 까 치 설 날 － 은 어 저 께 － 고 － 요
우 리 언 니 저 고 － 리 노 랑 저 － 고 － 리
우 리 우 리 설 날 － 은 오 늘 이 래 요
우 리 동 생 저 고 － 리 색 동 저 고 리
곱 디 고 운 댕 기 － 도 내 가 들 － 이 － 고
아 버 지 와 어 머 － 니 호 사 하 － 시 － 고
새 로 사 온 신 발 － 도 내 가 신 － 어 － 요
우 리 들 의 절 받 － 기 좋 아 하 － 셔 － 요

韓国料理・飲み物

국밥(クッパ)

비빔밥(ビビンバ)

볶음밥(チャーハン)

김밥(のり巻き)

갈비탕(カルビタン)
(牛カルビ煮込みスープ)

삼계탕(サムゲタン)
(高麗人参入りの若鶏煮スープ)

설렁탕(ソロンタン)
(牛の骨と臓物の煮出しスープ)

육개장(ユッケジャン)
(牛のあばら肉の辛みそスープ)

된장찌개(みそチゲ)

김치찌개(キムチチゲ)

두부찌개(豆腐チゲ)

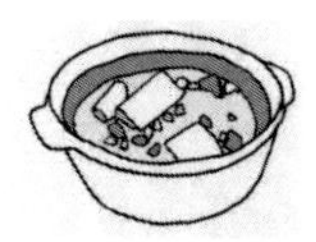

청국장찌개(納豆チゲ)

냉면(冷麺)

짜장면(ジャージャー麺)

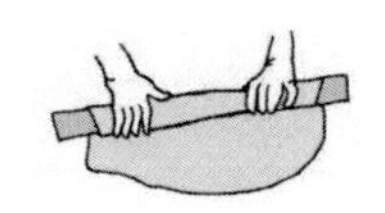

칼국수(手打ちうどん)

떡국(餅入りお雑煮)

불고기(焼肉)

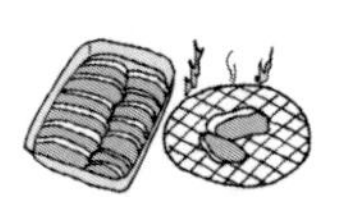

삼겹살(豚ばら肉の焼肉)

돼지갈비(豚カルビ)

닭갈비(タッカルビ)
(鶏肉の辛味炒め)

잡채
(チャプチェ・春雨炒め)

파전(ネギチヂミ)

빈대떡(緑豆チヂミ)

떡볶이(トッポッキ)
(もちの辛みそ炒め)

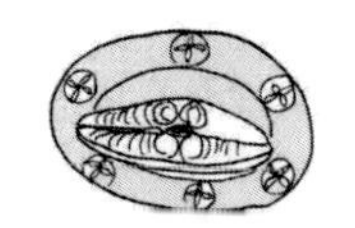

생선조림(魚の煮つけ)

생선구이(焼き魚)

갈비찜(カルビチム)

낙지볶음
(イイダコの炒め物)

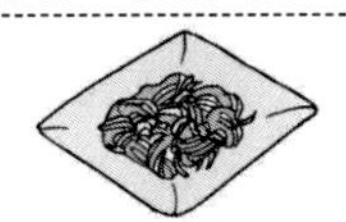

고사리나물
(ワラビのナムル)

된장국(味噌汁)

미역국(わかめスープ)

팥죽(アズキ粥)

송편(ソンピョン餅)

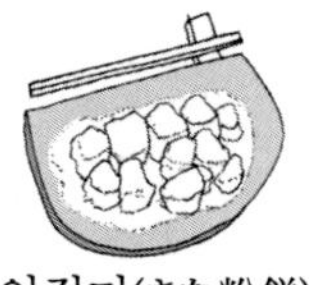

인절미(きな粉餅)

막걸리(マッコリ)

수정과(スジョングァ茶)

※ YouTubeで検索して動画で見てみよう。

数詞一覧

1 漢数詞

1	2	3	4	5	6	7	8	9	10
一	二	三	四	五	六	七	八	九	十
일	이	삼	사	오	육	칠	팔	구	십
11	12	13	14	15	16	17	18	19	20
十一	十二	十三	十四	十五	十六	十七	十八	十九	二十
십일	십이	십삼	십사	십오	십육	십칠	십팔	십구	이십
30	40	50	60	70	80	90	100	1000	10000
三十	四十	五十	六十	七十	八十	九十	百	千	万
삼십	사십	오십	육십	칠십	팔십	구십	백	천	만

❑ 월:月

1월	2월	3월	4월	5월	6월	7월	8월	9월	10월	11월	12월
一月	二月	三月	四月	五月	六月	七月	八月	九月	十月	十一月	十二月
일월	이월	삼월	사월	오월	**유월**	칠월	팔월	구월	**시월**	십일월	십이월

2 固有語の数詞

1	2	3	4	5	6	7	8	9	10
一つ	二つ	三つ	四つ	五つ	六つ	七つ	八つ	九つ	十つ
하나(한)	둘(두)	셋(세)	넷(네)	다섯	여섯	일곱	여덟	아홉	열
11	12	13	14	15	16	17	18	19	20
十一	十二	十三	十四	十五	十六	十七	十八	十九	二十
열하나 (열한)	열둘 (열두)	열셋 (열세)	열넷 (열네)	열다섯	열여섯	열일곱	열여덟	열아홉	스물 (스무)
30	40	50	60	70	80	90	100		
三十	四十	五十	六十	七十	八十	九十	百		
서른	마흔	쉰	예순	일흔	여든	아흔	백		

☞ 1つ～4つ、20などは単位名詞の前で連体形として用いられるときは(　　) 内のように語形が変わります。

❑ 시:時

1시	2시	3시	4시	5시	6시	7시	8시	9시	10시	11시	12시
一時	二時	三時	四時	五時	六時	七時	八時	九時	十時	十一時	十二時
한 시	두 시	세 시	네 시	다섯시	여섯시	일곱시	여덟시	아홉시	열 시	열한시	열두시

代名詞の縮約形一覧

代名詞+助詞		縮約形	意味
이것	을	이걸	これを
그것	을	그걸	それを
저것	을	저걸	あれを
어느 것	을	어느 걸	どれを

代名詞+助詞		縮約形	意味
이것	이	이게	これが
그것	이	그게	それが
저것	이	저게	あれが
어느 것	이	어느 게	どれが

代名詞+助詞		縮約形	意味
이것	으로	이걸로	これで
그것	으로	그걸로	それで
저것	으로	저걸로	あれで
어느 것	으로	어느 걸로	どれで

代名詞+助詞		縮約形	意味
이것	은	이건	これは
그것	은	그건	それは
저것	은	저건	あれは

代名詞+助詞		縮約形	意味
것		거	もの
것	이	게	ものが
누구	가	누가	だれが
누구	를	누굴	だれを

代名詞+助詞		縮約形	意味
여기	를	여길	ここを
거기	를	거길	そこを
저기	를	저길	あそこを
어디	를	어딜	どこを

代名詞+助詞		縮約形	意味
여기	는	여긴	ここは
거기	는	거긴	そこは
저기	는	저긴	あそこは

代名詞+助詞		縮約形	意味
무엇		뭐	何
무엇	이	뭐가	何が
무엇	을	뭘	何を
무엇	으로	뭘로	何で

代名詞+助詞		縮約形	意味
나	가	내가	私が
나	는	난	私は
나	를	날	私を
나	에게	내게	私に
저	가	제가	私が
저	는	전	私は
저	를	절	私を
저	에게	제게	私に

代名詞+助詞		縮約形	意味
너	가	네가	君が
너	는	넌	君は
너	를	널	君を
우리	는	우린	私たちは
우리	를	우릴	私たちを
저희	는	저흰	私たちは
저희	를	저흴	私たちを

☞「나, 저, 너, 누구」は助詞「가」と接続すると必ず「**내+가, 제+가, 네+가, 누+가**」と語形が変わって接続するので注意。

반말(パンマル)

해体 {해요体 ➜ 해体}	해라体 {합니다体 ➜ 해라体}
✎ 友だちや親しい年下の人に、または子供が親しい身内の大人に用いることができる。	✎ 友だちや親しい年下の人に、または大人が子供に用いることができる。身内でも子供が大人に用いることはできない。
❶叙述形	
① 用言の語幹 +아요/어요 ➜ 用言の語幹 +아/어 ② 名詞 +예요/이에요 ➜ 名詞 +야/이야	① 動詞の語幹 +ㅂ니다/습니다 ➜ 動詞の語幹 +ㄴ다/는다 ② 形容詞の語幹 +ㅂ니다/습니다 ➜ 形容詞の語幹 +다 ③ 名詞 +입니다 ➜ 名詞 +(이)다
① 지금 **뭐 해요**? - **음악을 듣고 있어요**. ➜ 지금 뭐 **해**? - 음악을 듣고 있**어**. ② 이게 뭐**예요**? - 수첩**이에요**. ➜ 이게 뭐**야**. - 수첩**이야**. 고향이 서울**이에요**? -아니**에요**. 대구**예요**. ➜ 고향이 서울**이야**? -아니**야**. 대구**야**.	① 지금 밥을 먹**습니다**. ➜ 지금 밥 먹**는다**. 여긴 지금 비가 많이 **옵니다**. ➜ 여긴 지금 비가 많이 **온다**. ② 여기는 아주 춥**습니다**. ➜ 여기는 아주 춥**다**. ③ 이 아이가 내 딸**입니다**. ➜ 이 아이가 내 딸**이다**.
❷疑問形	
① 用言の語幹 +아요/어요? ➜ 用言の語幹 +아/어? ② 名詞 +예요/이에요? ➜ 名詞 +야/이야? ③ 動詞の語幹 +(으)ㄹ 거예요? ➜ 動詞の語幹 +(으)ㄹ 거야?	① 用言の語幹 +ㅂ니까/습니까? ➜ 用言の語幹 +니?/냐? ② 名詞 +입니까? ➜ 名詞 +(이)니/?(이)냐? ③ 動詞の語幹 +(으)ㄹ 겁니까? ➜ 動詞の語幹 +(으)ㄹ 거니? /(으)ㄹ 거냐?
① 밥 먹었**어요**? - 네, 아까 먹고 왔**어요**. ➜밥 먹었**어**? - 응, 아까 먹고 왔**어**. ② 누구**예요**? - 우리 언니**예요**. ➜ 누구**야**? - 우리 언니**야**. ③ 뭘 입을 **거예요**?-치마저고리를 입을 거**예요**. ➜ 뭘 입을 **거야**?-치마저고리를 입을 거**야**.	① 언제 갑**니까**? ➜ 언제 가**니**? / 언제 가**냐**? ② 이게 언니 가방**입니까**? ➜ 이게 언니 가방**이니**?/ 언니 가방**이냐**? ③ 언제 갈 겁**니까**? ➜ 언제 갈 거**니**? / 언제 갈 거**냐**?
❸命令形	
① 動詞の語幹 +(으)세요 ➜ 動詞の語幹 +아/어 ② 動詞の語幹 +지 마세요 ➜ 動詞の語幹 +지 마	① 動詞の語幹 +(으)십시오 ➜ 動詞の語幹 +아라/어라 ② 動詞の語幹 +지 마십시오 ➜ 動詞の語幹 +지 마라
① 여기에 앉**으세요**. ➜ 여기에 앉**아**. ② 가**지 마세요**. ➜ 가**지 마**.	① 여기에 앉**으십시오**. ➜ 여기에 앉**아라**. ② 가**지 마십시오**. ➜ 가**지 마라**.
❹勧誘形	
① 動詞の語幹 +(으)ㅂ시다 ➜ 動詞の語幹 +자 ② 動詞の語幹 +지 맙시다 ➜ 動詞の語幹 +지 말자	① 動詞の語幹 +(으)십시다 ➜ 動詞の語幹 +자 ② 動詞の語幹 +지 마십시다 ➜ 動詞の語幹 +지 말자
① 여기에 앉**읍시다**. ➜ 여기에 앉**자**. ② 담배를 피우**지 맙시다**. ➜ 담배를 피우**지 말자**.	① 여기에 앉**으십시다**. ➜ 여기에 앉**자**. ② 담배를 피우**지 마십시다**. ➜ 담배를 피우**지 말자**.

主要敬語表現リスト

敬語	普通語	意味	用例
1 名詞			
댁	집	お宅:家	선생님 **댁**에 놀러 간 적이 있습니다.
말씀	말	お言葉・お話:言葉	사장님 **말씀**대로 하겠습니다
병환	병	ご病気:病気	할아버지께서는 **병환**으로 병원에 입원하셨습니다.
생신	생일	お誕生日:誕生日	할머니 **생신**에는 가족들이 모두 모입니다.
성함	이름	お名前:名前	**성함**을 말씀해 주시겠습니까?
연세	나이	お年:年(年齢)	어머니께서는 **연세**에 비해서 젊어 보이십니다.
진지	밥	お食事・ご飯:(ご)飯	할아버지께서는 **진지**를 잡수시고 외출하셨습니다.
2 動詞			
계시다 있으시다	있다	いらっしゃる:いる おありになる:ある	할머니께서는 지금 방에 **계십니다.** 지금 잠깐 시간 좀 **있으세요?** 잠시 사장님 말씀이 **있으시겠습니다.**
돌아가시다	죽다	なくなる:死ぬ	아버지께서는 병환으로 일찍 **돌아가셨습니다.**
드시다	먹다	召し上がる:食べる	할아버지께서 고기를 좋아하셔서 자주 **드십니다.** 진지 **드세요.**
말씀하시다 말씀드리다	말하다	おっしゃる:話す 申し上げる:話す	교장 선생님께서 그렇게 **말씀하셨습니다.** 그 문제에 대해서는 제가 **말씀드리겠습니다.**
뵙다/ 뵈다	보다, 만나다	お目にかかる:会う	오늘은 선생님을 **뵈러** 학교에 갈 겁니다. 처음 **뵙겠습니다.**
찾아뵙다	찾아가다	うかがう:訪ねていく	오늘 저녁에 댁으로 **찾아뵙겠습니다.** 생전에 한번 **찾아뵙지** 못한 게 몹시 후회가 돼요.
잡수시다	먹다	召し上がる:食べる	할머니께서는 진지를 다 **잡수셨습니다.**
주무시다	자다	お休みになる:寝る	**주무시**는 아버지를 깨웁니다. 할아버지께서는 항상 낮잠을 **주무신다.**
주시다 드리다	주다	くださる:くれる 差し上げる:やる	할아버지께서 손녀에게 사탕을 **주십니다.** 할아버지께서 동생에게 용돈을 **주셨다.** 저는 할머니의 가방을 들어 **드렸습니다.** 동생이 할아버지께 용돈을 **드렸다.**
물으시다 여쭙다	묻다	お尋ねになる:問う うかがう:問う	선생님께서 저희의 의견을 **물으셨어요.** 실례합니다만 말씀 좀 **여쭙겠습니다.** 선생님께 내일 시간이 있으신지 **여쭤** 보았다.
모시고 가다 모시고 오다	데리고 가다 데리고 오다	ご案内していく:連れていく ご案内してくる:連れてくる	할머니는 제가 **모시고 가겠습니다.** 할아버지를 **모시고 왔어요.**
3 形容詞			
편찮으시다	아프다	具合が悪い:具合が悪い	요즘 할머니께서 많이 **편찮으십니다.** 어디가 **편찮으세요?**
4 その他			
께	에게, 한테	に	할아버지**께** 이 선물을 전해 주십시오. 첫 월급을 받은 기념으로 부모님**께** 선물을 드렸다.
께서	이/가	が	할아버지**께서** 어디에 계십니까? 김 선생님**께서** 주셨습니다.
께서는	는/은	は	할아버지**께서는** 운동을 하십니다. 사장님**께서는** 지금 회의중이십니다.
저	나	わたくし:わたし、僕	**저**와 같이 가시겠어요?
저희	우리	私ども:私たち	**저희**가 먼저 가겠습니다.

※ ここでは本来の尊敬語・謙譲語だけでなく、尊敬形語尾「(으)시」と結合して良く用いられる尊敬表現まで便宜上敬語に含めて提示した。

主要補助用言リスト

区分	語尾	補助用言	意味	用例	
使役	～게	하다	～せる・させる ～ようにする	아이들에게 일기를 쓰**게 했다.** 전화해서 여기로 오**게 했다.**	子供達に日記を書かせた。 電話してここに来させた。
希望	～았/었으면		～たらと思う ～たらと願う	꼭 합격**했으면 한다.** 그를 용서해 **줬으면 한다.**	必ず合格することを願う。 彼を許してあげてほしい。
意図	～고자		～ようとする ～ようと思う	낚시를 가**고자** 집을 나섰다. 내년엔 결혼을 하**고자 한다.**	釣りに行こうと家を出た。 来年は結婚しようと思う。
一部肯定	～기는		～することはする ～ではある	조금씩 먹**기는 한다.** 좋**기는 한**데 값이 비싸다.	少しずつ食べるのは食べる。 良いのは良いけど、値段が高い。
例示	～기도		～たりする ～こともある	친구와 술을 마시**기도 한다.** 이야기하다가 울**기도 한다.**	友人と酒を飲んだりもする。 話しの途中泣くこともある。
反復	～곤(고는)		～たりする よく～する	매일처럼 서점에 들르**곤 한다.** 여름에도 눈이 오**곤 한다.**	毎日のように書店に寄る。 夏にも雪が降ったりする。
理由	～고		−고 해서の形で ～ので、～たりして	눈도 오**고 해서** 일찍 귀가했다. 잠도 안 오**고 해서** 책을 읽었다.	雪も降ったので早く帰った。 眠れなかったので本を読んだ。
結果条件	～고	보다	「−고 보니」の形で ～てみると、～てみたら	도착하**고 보니** 아무도 없었다. 듣**고 보니** 내가 잘못한 것 같다.	到着してみると誰もいなかった。 聞いてみたら私が悪かったようだ。
	～고		−고 보면の形で ～てみると、～てみたら	알**고 보면** 별것 아니다. 듣**고 보면** 납득이 간다.	知ってみると大したことではない。 聞いてみると納得がいく。
理由	～다		−다 보니の形で ～ので、～から	너무어렵**다 보니** 푼 사람이 없다. 일이 많**다 보니** 잘 시간도 없다.	難しすぎて解いた人がいない。 仕事が多いので寝る時間もない。
過程	～다가		−다가 보니の形で ～するうちに	오래 하**다 보니** 익숙해졌다. 길을 걷**다 보니** 연못이 나왔다.	長くやっていたら慣れてきた。 歩くうちに池が出てきた。
過程	～다가		−다가 보면の形で ～ていると、～ていれば	얘기를 하**다 보면** 오해가 풀린다. 꾸준히 하**다 보면** 능숙해진다.	話していると誤解が解ける。 粘り強くやっていれば上手になる。
推測	～나 ～는가 ～은가		～ようだ ～みたいだ	열차가 도착했**나 보다.** 눈이 오**는가 봐요.** 인기가 많**은가 보다.**	列車が到着したようだ。 雪が降っているようです。 人気が高いようだ。
心配	～을까		−을까 봐(서)の形で ～かと思って	야단을 맞**을까 봐** 무서웠다. 매**울까 봐서** 조금 걱정했다.	叱られるかと思って怖かった。 辛いかと思って少し心配した。
達成	～아/～어	내다	～し抜く、～し終える ～し出す	신제품을 개발**해 냈다.** 상대의 공격을 막**아 냈다.**	新製品を開発し終えた。 相手の攻撃を防ぎ切った。
結果維持	～아/～어	놓다	～ておく	더워서 창문을 열**어 놓았다.** 보고서를 작성**해 놓았다.**	暑いので窓を開けておいた。 レポートを作成しておいた。
結果維持	～아/～어	두다	～ておく	상비약을 준비**해 두었다.** 보석은 금고에 보관**해 두었다.**	常備薬を準備しておいた。 宝石は金庫に保管しておいた。
完了 残念な結果	～아/～어	버리다	～てしまう	그의 편지를 찢**어 버렸다.** 꽃도 다 시들**어 버렸다.**	彼の手紙を破いてしまった。 花もみんな萎れてしまった。
印象	～아/～어	보이다	～そうにみえる	아주 얌전**해 보였다.** 남자는 고집이 있**어 보였다.**	とてもおとなしそうに見えた。 男性は頑固そうに見えた。
表現			～てみせる	생긋 웃**어 보였다.** 내가 음식을 먹**어 보였다.**	にっこりと笑ってみせた。 私が料理を食べてみせた。
経過・結果	～게	되다	～ようになる ～ことになる	겨우 먹고 살**게 되었다.** 문제점을 발견하**게 되었다.**	やっと食べていけるようになった。 問題点を発見することになった。
受け身 自発 変化	～아/～어	지다	～になる、～くなる ～(ら)れる	회의가 한 시간 늦**춰졌다.** 매년 새로운 말이 만들**어진다.** 그 말이 사실인 것처럼 믿**어진다.** 왠지 불쾌하게 느**껴졌다.** 한 잔만 마셔도 얼굴이 빨**개진다.**	会議が1時間遅らされた。 毎年新しい言葉が作られる。 その話が事実のように思われる。 なんとなく不愉快に感じられた。 一杯だけ飲んでも顔が赤くなる。

主要発音規則

1 激音化

❶「ㄱ,ㄷ,ㅂ,ㅈ」の後に「ㅎ」がくると「ㄱ,ㄷ,ㅂ,ㅈ」+「ㅎ」は激音「ㅋ,ㅌ,ㅍ,ㅊ」で発音される。

ㄱ, ㄷ, ㅂ, ㅈ + ㅎ → ㅋ, ㅌ, ㅍ, ㅊ

국화[구콰] 菊　　입학 [이팍] 入学　　급행 [그팽] 急行　　맞히다[마치다] 当てる

❷ パッチム「ㅎ」の後に「ㄱ,ㄷ,ㅈ」がくると「ㅎ」+「ㄱ,ㄷ,ㅈ」は激音「ㅋ,ㅌ,ㅊ」で発音される。

ㅎ + ㄱ, ㄷ, ㅈ → ㅋ, ㅌ, ㅊ

놓고[노코] 置いて　　넣고[너코] 入れて　　좋다[조타] いい　　좋지요[조치요] いいですよ

2 鼻音化

❶ パッチム「ㄱ,ㄷ,ㅂ」の後に鼻音「ㄴ,ㅁ」が続くと、「ㄱ,ㄷ,ㅂ」は鼻音「ㅇ,ㄴ,ㅁ」で発音される。

ㄱ, ㄷ, ㅂ + ㄴ, ㅁ → ㅇ, ㄴ, ㅁ + ㄴ, ㅁ

작년[장년] 昨年　　끝나다[끈나다] 終わる　　옵니다[옴니다] 来ます　　십년[심년] 十年
한국말[한궁말] 韓国語　　낱말[난말] 単語　　꽃만[꼰만] 花だけ　　앞문[암문] 前の門

❷ パッチム「ㅁ,ㅇ」の後に「ㄹ」が来ると、「ㄹ」は「ㄴ」で発音される。

ㅁ, ㅇ + ㄹ → ㅁ, ㅇ + ㄴ

심리[심니] 心理　　음력[음녁] 陰暦　　종류[종뉴] 種類　　정류장[정뉴장] 停留場

❸ パッチム「ㄱ,ㅂ」の後に来る「ㄹ」は、発音が「ㄴ」に変わり、変化した鼻音「ㄴ」の影響で「ㄱ,ㅂ」はそれぞれ鼻音「ㅇ,ㅁ」で発音される。

ㄱ, ㅂ + ㄹ → ㄱ, ㅂ + ㄴ → ㅇ, ㅁ + ㄴ

국립[국닙] → [궁닙] 国立　　독립[독닙] → [동닙] 独立　　협력[협녁] → [혐녁] 協力

3 濃音化

❶ パッチム「ㄱ,ㄷ,ㅂ」の後にくる「ㄱ,ㄷ,ㅂ,ㅅ,ㅈ」は、「ㄲ,ㄸ,ㅃ,ㅆ,ㅉ」で発音される。

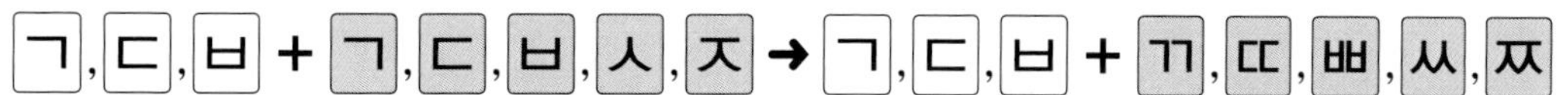

학교[학꾜] 学校　　약국[약꾹] 薬局　　식당[식땅] 食堂　　국밥[국빱] クッパ
듣기[듣끼] 聞取り　　듣다[듣따] 聞く　　입국[입꾹] 入国　　잡담[잡땀] 雑談

옆방[엽빵] 隣の部屋　학생[학쌩] 学生　맥주[맥쭈] ビール　있습니다[읻씀니다] あります
다섯장[다섣짱] 5枚　꽃집[꼳찝] 花屋　접시[접씨] 皿　잡지[잡찌] 雑誌

❷ パッチム「ㄴ,ㄹ,ㅁ,ㅇ」の後に「ㄱ,ㄷ,ㅂ,ㅅ,ㅈ」が来ると、「ㄲ,ㄸ,ㅃ,ㅆ,ㅉ」で発音される。

ㄴ, ㄹ + ㄱ, ㄷ, ㅂ, ㅅ, ㅈ ➜ ㄴ, ㄹ + ㄲ, ㄸ, ㅃ, ㅆ, ㅉ

안과[안꽈] 眼科　손등[손뜽] 手の甲　문법[문뻡] 文法　발가락[발까락] 足の指
발달[발딸] 発達　달밤[달빰] 月夜　한자[한짜] 漢字　글자[글짜] 文字

ㅁ, ㅇ + ㄱ, ㄷ, ㅂ, ㅅ, ㅈ ➜ ㅁ, ㅇ + ㄲ, ㄸ, ㅃ, ㅆ, ㅉ

밤길[밤낄] 夜道　심다[심따] 植える　밤비[밤삐] 夜雨　성격[성껵] 性格
용돈[용똔] 小遣い　등불[등뿔] 灯火　점수[점쑤] 点数　밤중[밤쭝] 夜中
방세[방쎄] 部屋代　빵집[빵찝] パン屋　장점[장쩜] 長所

❸ 語尾「-(으)ㄹ」の後に来る「ㄱ,ㄷ,ㅂ,ㅅ,ㅈ」は「ㄲ,ㄸ,ㅃ,ㅆ,ㅉ」で発音される。

ㄹ + ㄱ, ㄷ, ㅂ, ㅅ, ㅈ ➜ ㄹ + ㄲ, ㄸ, ㅃ, ㅆ, ㅉ

갈 거예요[갈꺼예요] 行くつもりです　갈 수 있다[갈쑤읻따] 行ける　살 집[살찝] 住む家

4 口蓋音化

パッチム「ㄷ,ㅌ」の後に「ㅣ」の母音が来ると、「ㄷ,ㅌ」は「ㅈ,ㅊ」と発音される。

ㄷ, ㅌ + 이 ➜ 지, 치

굳이[구지] 敢えて　같이[가치] 一緒に　끝이[끄치] 終わりが　밑이[미치] 下が

☞「이」以外に「히」がパッチム「ㄷ」と結合する場合も「치」と口蓋音化する。
닫히다 [다치다] 閉まる　묻히다[무치다] 埋もれる

5 流音化

パッチムと初声の組合せが「ㄴ+ㄹ」か「ㄹ+ㄴ」の場合、「ㄴ」はどちらも「ㄹ」で発音される。

ㄴ + ㄹ ➜ ㄹ + ㄹ

편리[펼리] 便利　연락[열락] 連絡

ㄹ + ㄴ ➜ ㄹ + ㄹ

설날[설랄] 元日　일년[일련] 一年

6 絶音化

パッチムの後に母音「ㅏ,ㅓ,ㅗ,ㅜ,ㅟ」で後続単語がある場合は、前のパッチムがそのまま連音せず、その代表音が連音される。

ㅋ → ㄱ → 連音

ㅌ, ㅅ, ㅈ, ㅊ → ㄷ → 連音

ㅍ → ㅂ → 連音

부엌 안 → 부억+안[부어간] 台所の中　　맛 없다 → 맏+업따[마덥따] まずい

꽃 위 → 꼳+위[꼬뒤] 花の上　　몇 월 → 멷+월[며뒬] 何月　　잎 위 → 입+위[이뷔]葉の上

☞「맛있다」は[마딛따]に発音すべきだが、実際は「마싣따」で発音されることが多いので両方とも標準発音としている。

7「ㄴ(ニウン)」添加

前の単語のパッチムの後に、後続の単語の初音節が「야,여,요,유,이」の場合は「ㄴ」音が添加されて「니,냐,녀,뇨,뉴」で発音する。

パッチム + 이, 야, 여, 요, 유 → パッチム + 니, 냐, 녀, 뇨, 뉴

부산+역[부산녁] 釜山駅　　무슨+요일[무슨뇨일] 何曜日　　열+여섯[열녀섣]→[열려섣]十六

볼 일[볼닐]→[볼릴] 用事　　못 읽어요→ [몯+일거요]→[몯+닐거요] →[몬닐거요] 読めません

8「ㅎ(ヒウッ)」の脱落と弱化

❶「ㅎ」の脱落：パッチム「ㅎ」は母音で始まる語尾や接辞の前では脱落し、発音しない。

많이[마니] たくさん　　싫어요[시러요] 嫌です　　좋아요[조아요] よいです

❷「ㅎ」の弱化：パッチム「ㄴ,ㅁ,ㅇ,ㄹ」や母音の後に初声「ㅎ」が続くと、「ㅎ」は有声音化して弱く発音されるか(無声音のㅎ/h/から有声音化したㅎ/ɦ/へ)、随意的に脱落して発音される。

전화[ʧənɦwa][전화/저놔] 電話　　지난해[ʧinanɦɛ][지난해/지나내] 去年

영화[jəŋɦwa][영화/영와] 映画　　결혼[kjərɦon][결혼/겨론] 結婚

고향[koɦjaŋ][고향/고양] 故郷　　지하철[ʧiɦaʧʰəl][지하철/지아철] 地下鉄

主要連語リスト（ハン検準2級出題レベル）

ㄱ

가난에 쪼들리다	貧乏に打ちひしがれる
가방을 뒤지다	カバンの中を捜す
가벼이 보다	軽く見る
가슴속에 맺히다	心に残る(遺恨など)
가슴에 품다	胸に抱く
가시가 걸리다	小骨がつかえる
가시가 박히다	とげが刺さる
가죽만 남다	皮だけ残る
가죽을 벗기다	皮をはぐ
가죽이 늘어나다	皮が伸びる
각오가 서다	覚悟が決まる
각오를 다지다	覚悟を決める
간을 맞추다	塩加減を調整する
간을 보다	塩加減をみる
간이 녹다	魅了する、気をもむ
간지럼을 타다	くすぐったがり屋だ
간지럼을 태우다	くすぐる
갈등이 생기다	葛藤が起こる
감을 잡다	見当をつける
값을 치다	値をつける
개가 짖다	犬が吠える
개념이 없다	概念がない
개선이 이루어지다	改善がなされる
거래를 트다	取引を始める
거울이 달리다	鏡が付いている
거저 먹다	ただで得る、たやすい
거저 얻다	ただでもらう
거짓이 없다	嘘偽りがない、率直だ
거품을 물다	口角泡を飛ばす
걸음을 멈추다	足を止める
걸음이 빠르다	歩き方が速い
겁을 내다	怖がる、恐れる
겁을 먹다	恐れをなす
겁을 주다	脅かす
겁이 나다	怖い、恐怖心がわく
게으름을 부리다	怠ける
게으름을 피우다	怠ける
결심이 서다	決心がつく
결심이 흔들리다	決心が揺らぐ
결의를 다지다	決意を固くする
결점을 보완하다	欠点を補う
경고를 받다	警告を受ける
경기가 호전되다	景気が好転する
경비가 들다	経費がかかる
경의를 표하다	敬意を表する
계기가 되다	きっかけになる
계기를 마련하다	きっかけを作る
계기를 만들다	きっかけを作る
계기를 삼다	きっかけにする
계약을 맺다	契約を結ぶ
계약이 만료되다	契約が満了する
계획을 짜다	計画を練る
고개를 끄덕이다	うなずく
고개를 들다	頭をあげる、台頭する
고개를 숙이다	頭を下げる
고개를 젓다	首を横に振る
고개를 흔들다	首を振る
고독에 빠지다	孤独に陥る
고독을 느끼다	孤独を感じる
고백 받다	告白を受ける
고집을 부리다	我を張る
고집을 피우다	我を張る
고집이 세다	我が強い、頑固だ
곤란에 부딪치다	困難にぶつかる
곤란을 겪다	困難を経験する
골을 넣다	ゴールを入れる
골이 띵하다	頭がぼうっとする
골이 아프다	頭が痛い
골치가 아프다	頭が痛い
골탕을 먹다	こらしめられる
골탕을 먹이다	こらしめる
공감을 느끼다	共感を感じる
공감을 불러일으키다	共感を呼び起こす
공감을 얻다	共感を得る
공감이 가다	共感する
공격을 가하다	攻撃をする
공격을 받다	攻撃を受ける
공평을 기하다	公平を期する
공평을 잃다	公平を欠く
과오를 범하다	過ちを犯す
관계가 얽히다	関係が絡みあう
교단에 서다	教壇に立つ
교단을 떠나다	教壇を離れる
교편을 잡다	教鞭を取る
구름에 싸이다	雲に包まれる
구름이 끼다	雲がかかる
구미가 당기다	興味がわく
구미에 맞다	好みに合う
구실로 삼다	口実にする
구실을 내세우다	口実を掲げる
구실을 만들다	口実を設ける
구실을 삼다	口実にする
국력을 기르다	国力を養う
국력을 키우다	国力を養う
권위가 떨어지다	権威が落ちる
권위가 서다	権威が立つ
권위가 있다	権威がある
궤도를 벗어나다	軌道を外れる
궤도에 오르다	軌道に乗る
궤도에 올리다	軌道に乗せる
귀가 솔깃하다	気持ちが傾く(耳寄りな話に)
귀에 거슬리다	気に障る
귀에 익다	耳に慣れる

규정을 짓다 規定する、事を決める
균형을 유지하다 均衡を保つ
균형을 잡다 バランスを取る
그네를 타다 ブランコに乗る
그늘이 지다 陰になる、陰がある
그럼에도 불구하고 それにもかかわらず
그림자와 같다 影のようだ
그물을 치다 網を張る
그저 그렇다 まあまあだ
그저 그만이다 申し分ない、最高だ
극과 극을 이루다 対極をなす
극에 달하다 極み(最高)に達する
금을 긋다 線を引く
금이 가다 ひびが入る
기름에 튀기다 油で揚げる
기말고사를 보다 期末考査を受ける
기말고사를 치르다 期末考査を実施する
기분이 거슬리다 気に障る
기술을 익히다 技術を身につける
기운 차다 生気があふれる
기운을 내다 元気を出す
기운을 차리다 元気を出す
기운이 나다 元気が出る
기일을 앞당기다 期日を繰り上げる
기일을 지키다 期日を守る
기적을 낳다 奇跡を生む
기적이 일어나다 奇跡が起きる
기침이 나다 咳が出る
기타를 치다 ギターを弾く
기품이 있다 気品がある
긴장을 풀다 緊張を解く
길을 닦다 道路を作る、道をつける
길을 익히다 道を覚える
길이 어긋나다 道を行き違える
김이 나다 湯気が立つ
까맣게 모르다 全然知らない
까맣게 잊다 すっかり忘れる
껍질을 까다 皮をむく
꼼작 안 하다 身じろぎもしない
꼼짝 않다 微動だにしない
꼼짝(도) 못하나 身動きが取れない、ものも言えない
꽁꽁 묶다 強く縛りつける
꽁꽁 얼다 かちかちに凍る
꾀가 많다 知謀に富む
꾀를 부리다 策を弄する、ずるける
꾀를 쓰다 智恵を働かす
꾀를 피우다 ずるける
꾀병을 부리다 仮病を使う
꾸중을 듣다 叱られる
꾸지람을 듣다 叱られる
끈기가 있다 根気がある
끝장을 내다 けりをつける
끝장을 보다 けりをつける
끝장이 나다 けりがつく
끼니를 거르다 食事を抜く

ㄴ

나물을 무치다 ナムルを和える
낙엽이 지다 落ち葉が散る
난로를 때다 ストーブをたく
난로를 쬐다/쪼이다 ストーブにあたる
난로를 피우다 ストーブをたく
난리가 나다 大騒ぎになる
난방이 잘 되다 暖房がよく効く
날을 세우다 刃を研ぐ
날이 무디다 刃が鈍い
날이 새다 夜が明ける
날이 서다 刃が鋭い
낮잠을 자다 昼寝をする
낯을 가리다 人見知りする
낯을 익히다 顔を覚える
낯이 익다 見覚えがある
내리막길에 접어들다 下り坂に入る
냄새를 맡다 臭いをかぐ
너 나 할 것 없이 誰かれなしに
넋이 나가다 魂が抜ける(驚いて)
노을이 지다 夕焼けになる
논란이 벌어지다 論議が巻き起こる
논에 물을 대다 田んぼに水を引く
논의를 불러일으키다 論議を巻き起こす
논쟁을 벌이다 論争する
논쟁이 벌어지다 論争が起こる
농담 반 진담 반 冗談半分本気半分で
눈 앞이 캄캄하다 目の前が真っ暗だ
눈물이 고이다 涙ぐむ
눈물이 맺히다 涙が浮かぶ
눈살을 찌푸리다 眉をひそめる
눈살을 펴다 眉間のしわを伸ばす
눈시울을 적시다 目頭を濡らす
눈시울이 뜨거워지다 目頭が熱くなる
눈썹을 그리다 眉を引く
눈에 거슬리다 目障りだ
눈에 익히다 目で覚える
눈을 가리다 目を隠す

ㄷ

다리가 저리다 足がしびれる
다림질을 하다 アイロンをかける
다이얼을 돌리다 ダイヤルを回す
다짐을 두다 誓う、念を押す
다짐을 받다 確約を受ける
단단히 각오하다 固く覚悟する
단풍이 들다 紅葉する
단풍이 물들다 紅葉する
달갑게 받아들이다 甘んじて受け入れる
달갑지 않다 ありがたくない
담이 작다 肝っ玉が小さい
담이 크다 肝っ玉が太い
답변에 궁하다 答弁に窮する

답장을 내다	返事を出す
답장을 주다	返事をくれる
대가 바뀌다	代が変わる
대가를 치르다	代価を払う
대가리를 치다	頭を殴る
대를 물리다	跡を譲る
대를 잇다	跡を継ぐ
대안을 내놓다	代案を出す
대안을 제시하다	代案を提示する
대안을 찾다	代案を探す
대우를 받다	処遇/もてなしを受ける
대접을 받다	もてなしを受ける
대조를 이루다	対照をなす
대출을 받다	貸出を受ける
더욱 노력이 아쉽다	さらなる努力が望ましい
더위를 먹다	夏ばてする
더위를 타다	暑さに弱い
데이트를 신청하다	デートを申し込む
도덕을 지키다	道徳を守る
도둑을 맞다	盗難にあう
도둑이 들다	泥棒が入る
도를 깨치다	道を悟る
도를 닦다	修行する
도리에 맞다	道理にかなう
도리에 어긋나다	道理にはずれる
도장이 찍히다	判が押される
도전에 응하다	挑戦に応じる
독감에 걸리다	インフルエンザにかかる
독을 타다	毒を盛る
독후감을 쓰다	読後感を書く
돈을 갚다	お金を返す
돈을 꾸다	金を借りる
동의를 구하다	同意を求める
동의를 얻다	同意を得る
동정을 받다	同情を受ける
두말 말고	なんだかんだ言わずに
두말 못하다	何も言えない
두말 않다	つべこべ言わない
두말 할 나위 없다	言うまでもない、明白だ
두말할 것 없다	とやかく言う必要がない
두통을 앓다	頭を悩ます
두통이 나다	頭痛がする
뒷걸음을 치다	後ずさりをする
등골이 서늘해지다	背筋がひやりとする
등골이 오싹하다	背筋が寒くなる
등급을 매기다	等級をつける
등급을 정하다	等級を定める
따지고 보면	考えて見ると
딱 부딪치다	こつんとぶつかる
딱 부러지다	ぽきっと折れる
딱 질색이다	まっぴらごめんだ
딴판이 되다	一変する
딴판이다	まったく違う
딸꾹질을 하다	しゃっくりをする
딸꾹질이 나다	しゃっくりが出る
때가 묻다	垢がつく
때를 밀다	垢を擦る
때와 장소를 가리다	時と場所をわきまえる

ㅁ

마감을 짓다	締め切る
마개를 따다	栓を抜く
마개를 막다	栓をする
마개를 열다	栓を開ける
마당을 쓸다	庭を掃く
마무리를 짓다	仕上げる
마음씨가 곱다	気立てが優しい
마음씨가 착하다	心根が優しい
마음에 거슬리다	気に障る
마음에 맺히다	心に残る(遺恨など)
마음을 독하게 먹다	固く決心する
마음을 잡다	心を入れ替える
마음을 돌리다	心を入れ替える
마음에 차다	心にかなう
마음을 졸이다	気をもむ
마음을 쓰다	気を使う
마음을 먹다	決心する
마음을 놓다	安心する
마음을 끌다	気を引く
마음에 걸리다	気にかかる
마음에 두다	意中に置く
마음이 든든하다	心強い
마중 나오다	出迎えに来る
마중을 나가다	出迎えに行く
말씨가 거칠다	言葉遣いが荒い
말씨가 곱다	言葉遣いがきれいだ
말이 채 끝나기도 전에	話がまだ終わる前に
말허리를 끊다	話の腰を折る
매너가 나쁘다	マナーが悪い
매너가 없다	マナーがなってない
매너가 좋다	マナーがいい
매를 맞다	むちで打たれる
맨발로 달리다	はだしで走る
맨발로 뛰다	はだしで走る
맺힌 데가 없다	わだかまりがない
머리가 지끈지끈 아프다	頭がずきずき痛む
머리를 맞대다	額を突き合わせる
머리를 세팅하다	髪をセットする
멀미가 나다	乗り物に酔う
멋을 부리다	めかしこむ
멍이 들다	あざができる
면목이 서다	面目が立つ
면목이 없다	面目がない
명성을 날리다	名声を馳せる
모기가 물다	蚊が刺す
모기에게 물리다	蚊に刺される
모자를 씌우다	帽子をかぶせる
목도리를 두르다	マフラーを巻く
목도리를 하다	マフラーをする
목이 메다	喉がつまる

몸살이 나다 過労で寝込む
몸에 익히다 体で覚える
몸을 가꾸다 身なりを整える
몸을 잠그다 没頭する
몸이 든든하다 体が丈夫だ
몸이 옥신옥신 아프다 体がずきずき痛む
몸이 튼튼하다 体が丈夫だ
몸조리 잘하세요 体調管理に気をつけてください
몸집이 크다 体格が大きい
몸짓을 하다 身振りをする
못을 박다 くぎを打つ
못지 않게 劣らずに
무기력에 빠지다 無気力に陥る
무리를 이루다 群れをなす
무지개가 걸리다 虹がかかる
무지개가 뜨다 虹が立つ
무지개가 서다 虹が立つ
문신을 새기다 イレズミ
문안을 드리다 ご機嫌を伺う
문을 두드리다 戸をたたく
문턱이 높다 敷居が高い
물기를 빼다 水気を切る
물방울을 튀기다 水滴をはじく
물에 타다 水で割る、水に入れる
물을 얼리다 水を凍らす
물을 푸다 水を汲む
물이 고이다 水が溜まる
미소를 띄우다 微笑を浮かべる
미소를 짓다 微笑する、微笑む
밑줄을 긋다 下線を引く
밑천을 날리다 元手をなくす

ㅂ

바가지를 긁다 がみがみいう(妻が夫に)
바가지를 쓰다 ぼられる
바둑을 두다 碁を打つ
바이올린을 켜다 バイオリンを弾く
박수를 치다 拍手する
박차을 가하다 拍車をかける
발길이 뜸해지다 足が遠のく
발길이 멀어지다 足が遠のく
밤을 새우다 夜明かしをする
밥맛을 잃다 食欲をなくす
밥맛이 나다 食欲がわく
밥맛이 떨어지다 食欲が落ちる
밥맛이 없다 食欲がない
밥이 되다 ご飯が固い
방 안이 엉망이다 部屋が散らかっている
방도가 서다 方策が立つ
방도가 없다 方策がない
방도가 있다 方策がある
방도를 마련하다 方策を講じる
방을 쓸다 部屋を掃く
방해를 놀다 邪魔をする
배가 살살 아프다 腹がしくしくする
배낭을 메다 リュックを背負う
배낭을 짊어지다 リュックを背負う
배웅을 가다 見送りに行く
배탈이 나다 腹をこわす
베개를 베다 枕をする
벼락을 맞다 雷に打たれる
벼락이 떨어지다 雷が落ちる
별말을 다 듣다 心外な話をあれこれ聞く
별말이 없다 特別な話はない
보수를 지불하다 報酬を支払う
복잡하게 얽히다 複雑に絡み合う
본을 뜨다 手本のまねをする
본을 받다 手本にする、見習う
본을 보다 手本にする、見習う
부아가 나다 腹が立つ
부아가 치밀다 腹が立つ
부아를 내다 腹を立てる
부아를 돋우다 怒らせる
부지런을 떨다 せっせとやる
부지런을 피우다 せっせと働く
부채를 부치다 扇であおぐ
북을 치다 太鼓を打つ
분위기를 조성하다 雰囲気を作る
분위기를 타다 雰囲気に乗じる
불을 때다 火を焚く
붙임성이 있다 人あたりがいい
비난을 받다 非難を受ける
비난을 퍼붓다 非難を浴びせる
비밀에 싸이다 秘密に包まれる
비상이 걸리다 非常命令がくだる
비위가 상하다 気に障る、むかつく
비위를 건드리다 気分を害する(他人の)
비위를 맞추다 機嫌を取る
비위에 거슬리다 気に障る、気にくわない
비위에 안 맞다 口に合わない
비탈이 가파르다 傾斜が急だ
빚을 갚다 借金を返す
빚을 지다 負債を負う
빨래를 걷다 洗濯物を取り込む

ㅅ

사기를 당하나 詐欺にあう
사기를 치다 詐欺を働く
사람됨이 좋다 性格がいい
사업을 벌이다 事業に取り掛かる
사위를 보다 婿を取る
사위를 얻다 婿を取る
살림을 꾸리다 生計を切り回す
상을 차리다 膳を整える
상을 타다 賞(褒美)をもらう
생각다 못하여 考えあぐねて、思い余って
생각에 잠기다 物思いに沈む
생각지 못하다 思いがけない
서리가 내리다 霜が降りる
서리를 맞다 霜が降りる

선뜻 응하다	快く応じる
선을 보다	見合いする
선을 보이다	初公開する
설을 쇠다	正月(元日)を過ごす
성격이 얌전하다	性格が温厚だ
성과를 거두다	成果を収める
성실을 다하다	真心を尽くす
성을 내다	腹を立てる、怒る
성이 나다	腹が立つ、怒る
세금을 물다	税金を払う
세금을 물리다	税金を払わされる
셔터를 누르다	シャッターを押す
소나기가 내리다	にわか雨が降る
소나기를 만나다	にわか雨にあう
소리를 지르다	大声を出す
소문이 번지다	うわさが広がる
소용(이) 없다	不要だ、無駄だ
소용(이) 있다	使い道がある、必要だ
소포를 부치다	小包を送る
속을 썩이다	心配をかけて苦しめる
손가락질을 당하다	後ろ指をさされる
손가락질을 받다	後ろ指をさされる
손길을 펴다	手を差し伸べる
손길이 닿다	手が届く
손뼉을 치다	手をたたく
손에 익히다	手に慣らす
손을 내밀다	手を差し出す
손해가 가다	損になる
손해가 나다	損害が発生する
손해를 배상하다	損害を賠償する
손해를 보다	損する
솜씨가 있다	腕前がいい
솜씨가 좋다	腕前がいい
솜을 타다	綿を打つ
수고를 끼치다	面倒をかける
수면을 취하다	睡眠をとる
수속을 밟다	手続きを踏む
수요가 늘다	需要が増える
수요가 줄다	需要が減る
수저를 놓다	食事をやめる
수저를 들다	食事を始める
수줍음을 타다	はにかむ
수표를 끊다	小切手を切る
숙소를 정하다	宿所を定める
술을 익히다	酒をよく発酵させる
술이 독하다	酒の度数が強い
숨을 거두다	息を引き取る
숨이 가쁘다	息が苦しい
숯을 굽다	炭を焼く
숱이 많다	髪が濃い
숱이 적다	髪が薄い
스트레스를 받다	ストレスを受ける
스트레스를 해소하다	ストレスを解消する
습기가 차다	湿気が多い
시선을 돌리다	視線をそらす
시선을 피하다	視線を避ける
시집 오다	嫁いでくる
시집을 가다	嫁に行く、嫁ぐ
시집을 보내다	嫁がせる
시치미를 떼다	しらを切る
식욕을 돋구다	食欲を高める
식욕이 돋다	食欲がわく
신경이 거슬리다	気に障る
신경이 예민하다	神経が鋭敏だ
신경질을 내다	癇癪を起こす
신경질을 부리다	癇癪を起こす
신경질이 나다	いらいらする、苛立つ
신명이 나다	興に乗る、興がわく
신세를 지다	世話になる
신용을 얻다	信用を得る
신용을 잃다	信用を失う
신이 나다	興がわく、浮かれる
싫증을 내다	飽き飽きする、嫌がる
싫증이 나다	嫌気が差す、飽きる
심술을 부리다	意地悪をする
심심한 사의를표하다	深甚なる謝意を表する
싸움이 벌어지다	けんかが起こる
쌍을 이루다	対を成す
쓸데없는 수고	無駄な苦労
쓸모가 많다	使い道が多い
쓸모가 없다	役に立たない
쓸모가 있다	訳に立つ

ㅇ

아득한 옛날	はるか昔
아랫배가 쑤시다	下腹がうずく
아무렇지도 않다	なんともない
아쉬운 마음	名残惜しい気持ち
아이를 씻기다	子供を洗ってやる
악수를 나누다	握手を交わす
악수를 청하다	握手を求める
안개가 끼다	雲がかかる
안부를 묻다	安否を尋ねる
안부를 전하다	安否を伝える
안색을 살피다	顔色を伺う
안색이 나쁘다	顔色が悪い
안색이 좋지 않다	顔色が良くない
안약을 넣다	目薬を入れる
압력을 가하다	圧力を加える
앞뒤를 가리다	前後をわきまえる
애가 타다	気が気でない、気が焦る
애를 먹다	手を焼く、一苦労する
애를 먹이다	てこずらせる
애를 쓰다	努力する、尽くす
애를 태우다	気をもむ
야단을 맞다	叱られる
야단을 치다	叱る
야단이 나다	大騒ぎになる
야한 옷	派手な服

약속을 어기다	約束を破る
약점을 보이다	弱みを見せる
약점을 잡다	弱みを握る
약점을 잡히다	弱みを握られる
양같이 순하다	羊のように大人しい
양념을 치다	味付けをする
양떼를 몰다	羊の群れを追う
어리석은 짓	愚かなこと
어색한 변명	不自然な弁解
어색한 사이	ぎこちない仲
어이(가) 없다	あきれる
억지를 부리다	無理押しをする
억지를 쓰다	無理を言う
언덕을 넘다	丘を越える
얼굴을 가리다	顔を覆う
얼굴을 찌푸리다	顔をしかめる
얼굴을 쳐들다	顔を上げる
얼굴이 화끈거리다	顔がカッと熱くなる
얽히고 설키다	複雑にもつれる
엄하게 키우다	厳しく育てる
업적을 남기다	業績を残す
엉뚱한 생각	突飛な考え
엉엉 울다	わあわあと泣く
엎드려팔굽혀펴기	腕立て伏せ
에어컨을 켜다	エアコンをつける
엑스레이를 찍다	レントゲン写真を撮る
여드름을 짜다	にきびをつぶす
여드름이 나다	にきびができる
여드름이 생기다	にきびができる
여지가 없다	余地がない
열매가 달리다	実がなる
열매가 맺히다	実がなる
열매가 열리다	実がなる
열매를 맺다	実を結ぶ
열성을 다하다	真心を尽くす
열성이 모자라다	真心が足りない
열을 재다	熱を測る
염원을 이루다	念願がかなう
영 딴판이다	まったく違う
영상에 나타나다	映像に現れる
옆구리를 찌르나	脇をつつく
예감이 들다	予感がする
예감이 맞다	予感があたる
예나 지금이나	昔も今も
예로 부터	昔から
예상대로	予想通り
예상외로	予想外に
예선을 통과하다	予選を通過する
예약을 취소하다	予約を取り消す
예외없이	例外なく
예의를 갖추다	礼儀をわきまえる
예절을 갖추다	礼儀をわきまえる
오해를 사다	誤解を買う
오해를 주다	誤解を与える
온데간데없다	影も形もない

온돌을 놓다	オンドルを作る
옷차림이 단정하다	身なりが端正だ
왕래가 심하다	往来が激しい
왕래가 잦다	往来が頻繁だ
요령을 부리다	手を抜く
요령이 없다	要領が悪い
요령이 있다	要領がいい
욕 보다	ひどく苦労する
욕심을 내다,	欲張る
욕심을 부리다	欲張る
욕심이 나다	欲が出る
욕을 듣다	悪口を言われる
욕을 먹다	悪口を言われる
욕을 얻어먹다	ののしられる
욕이 되다	恥になる
용서를 빌다	許しを請う
우습게 보다	見くびる
우습게 여기다	軽んじる
운이 나쁘다	運が悪い
운이 좋다	運がいい
운이 트이다	運が開く
운전을 익히다	運転を習う
웃음을 터뜨리다	笑い出す
웃음판이 벌어지다	どっと笑う
원수를 갚다	仇を討つ
원을 그리다	円を描く
월급을 받다	月給を受け取る
월급을 타다	月給をもらう
위기를 벗어나다	危機を脱する
위기에 빠지다	危機に陥る
위기에 처하다	危機に置かれる
위로가 되다	慰めになる
위로를 받다	慰められる
위협을 가하다	脅かす
유례가 없다	類例がない
유행을 타다	流行に影響される
은혜를 갚다	恩に報いる、恩を返す
은혜를 입다	恩をこうむる
음식을 가리다	偏食をする
의사를 전하다	意思を伝える
의사를 표시하다	意思を示す
의욕을 잃다	意欲をなくす
의의가 있다	意義がある
의의가 크다	意義が大きい
이 자리를 빌어서	この場を借りて
이가 쑤시다	歯がうずく
이름을 날리다	名を馳せる
이성에 눈을 뜨다	理性に目覚める
이성에 호소하다	理性に訴える
이성을 잃다	理性を失う
이슬이 맺히다	露を結ぶ
이해가 대립하다	利害が対立する
이해가 일치하다	利害が一致する
인권을 유린하다	人権を蹂躙する
인권을 침해하다	人権を侵害する

인연을 끊다	縁を切る
인연을 맺다	縁を結ぶ
인연이 멀다	縁が薄い
인원이 차다	定員に達する
인증을 받다	認証を受ける
일단락을 짓다	一段落をつける
일손을 놓다	仕事の手を休める
일손을 떼다	仕事をやめる
일을 벌이다	事を始める
일이 번지다	事が大きくなる
일자리를 구하다	勤め口を探す
일자리를 얻다	勤め口を得る
입맛을 다시다	舌なめずりをする
입맛을 잃다	食欲を失う
입맛이 돌다	食欲が出る
입맛이 당기다	食べたくなる
입맛이 떨어지다	食欲がなくなる
입맛이 변하다	好みが変わる
입맛이 없다	食欲がない
입술을 깨물다,	唇を噛む
입안이 얼얼하다	口の中がひりひりする
입을 가리다	口を隠す
입이 심심하다	口が寂しい
잉크가 마르다	インクが乾く
잉크가 번지다	インクがにじむ

ㅈ

자금을 대다	資金を提供する
자금을 마련하다	資金を準備する
자금이 달리다	資金が足りない
자리를 뜨다	席をはずす
자존심을 건드리다	プライドを傷つける
자존심을 걸다	プライドをかける
자존심을 버리다	プライドを捨てる
자존심을 세우다	プライドを立てる
자존심이 강하다	プライドが強い
자존심이 상하다	プライドが傷つく
자존심이 없다	プライドがない
작전을 세우다	作戦を立てる
작전을 짜다	作戦を練る
잔소리를 듣다	小言を聞く
잔치를 벌이다	宴会を開く
잘못을 저지르다	過ちを犯す
잠자리가 편치 못하다	寝心地がよくない
잠자리에 들다	寝床に入る
장가 보내다	結婚させる(男を)
장가를 가다	結婚する(男が)
장가를 들다	嫁をもらう、結婚する
장갑을 끼다	手袋をはめる
장난을 치다	いたずらをする
장례를 지내다	葬式を行う
장례를 치르다	葬式を行う
장마가 들다	梅雨入りする
장마가 지다	長雨になる
장을 보다	買い物をする
재간이 있다	才能がある、器用だ
재산을 날리다	財産をつぶす
재주가 없다	芸がない、才能がない
재주를 부리다	技を見せる
재주를 피우다	技を見せる
재채기가 나다	くしゃみが出る
저녁을 얻어먹다	夕食をおごってもらう
적자가 나다	赤字になる
적자를 보다	赤字になる
전등을 끄다	電気を消す
전등을 켜다	電気をつける
전력을 기울이다	全力を傾ける
전력을 다하다	全力を尽くす
전력을 쏟다	全力を尽くす
전망이 밝다	見通しが明るい
전망이 좋다	見晴らしがいい
전면에 나서다	前面に出る
전면에 내세우다	前面に立てる
전보를 치다	電報を打つ
전염병이 번지다	伝染病が広がる
전표를 끊다	伝票を切る
절차를 거치다	手続きを経る
절차를 밟다	手続きを踏む
점을 치다	占う
정권을 잡다	政権をとる
정년을 맞다	定年を迎える
정상에 서다	頂上に立つ
정성을 기울이다	真心をこめる
정성을 담다	真心をこめる
정성을 들이다	真心をこめる
정성이 어리다	真心がこもっている
정열을 바치다	情熱をささげる
정열을 불태우다	情熱を燃やす
정열을 쏟다	情熱を注ぐ
정원을 가꾸다	庭を手入れする
정책을 내걸다	政策をかかげる
정체가 들어나다	正体がばれる
정체가 밝혀지다	正体が明らかになる
정체를 모르다	正体が分からない
젖을 떼다	離乳させる
젖을 먹이다	乳を飲ませる
제 맛이 나다	本来の味が出る
제멋대로 굴다	自分勝手に行動する
제비를 뽑다	くじを引く
제사를 지내다	祭事を行う
조각이 나다	割れる、切れ切れになる
조치를 취하다	措置を取る
존댓말을 쓰다	敬語を使う
졸음이 오다	眠気がさす
종을 치다	鐘を鳴らす
종이 울리다	鐘が鳴る
종이를 찢다	紙を破る
주류를 이루다	主流を成す
주목을 받다	注目を受ける
주사를 놓다	注射を打つ

주연을 맡다 主演を担当する
죽을 쑤다 粥を炊く
준비를 갖추다 準備を整える
중상을 입다 重傷を負う
즙을 내다 絞って汁を出す
지면을 장식하다 紙面を飾る
지장을 받다 支障をこうむる
지장을 주다 支障を与える
지장이 없다 支障がない
지지를 얻다 支持を得る
진단을 내리다 診断を下す
진단을 받다 診断を受ける
진리를 탐구하다 真理を探究する
진을 치다 陣を張る
진찰을 받다 診察を受ける
질투가 나다 嫉妬する、妬む
질투를 사다 妬みを買う
짐을 꾸리다 荷造りをする
짐작이 가다 見当がつく
짐작이 되다 推測される
짜증을 내다 苛立って怒る
짜증이 나다 苛立つ

ㅊ

차근차근 말하다 順々(丁寧)に話す
차를 몰다 車を運転する
착각이 들다 錯覚を起こす
창피를 당하다 恥をかく
창피를 주다 恥をかかす
천둥이 울리다 雷がとどろく
천둥이 치다 雷が鳴る
천막을 치다 テントを張る
천을 짜다 布を織る
철을 놓치다 時期を逃す
철을 만나다 シーズンを迎える
철이 늦다 季節に遅れている
철이 들다 物心がつく
철이 없다 分別がない、幼稚だ
첫눈에 반하다 一目ぼれする
첫발을 내딛다 第一歩を踏み出す
청첩장을 보내다 結婚招待状を送る
체면을 유지하다 体面を保つ
체면을 지키다 面目を守る
체면을 차리다 体面をつくろう
체면이 깎이다 面目がつぶれる
체면이 서다 面目が立つ
체중을 달다 体重を量る
체중을 재다 体重を量る
체중이 늘다 体重が増える
체중이 붇다 体重が増える
체중이 줄다 体重が減る
초를 치다 酢をかける
최선을 다하다 最善を尽くす
추위가 심하다 寒さが厳しい
추위를 느끼다 寒さを感じる
추위를 타다 寒さに弱い
추측이 맞다 推測が当たる
추측이 어긋나다 推測が外れる
축전을 보내다 祝電を送る
축전을 치다 祝電を打つ
출석을 부르다 出席を取る
출장을 가다 出張に行く
충고를 받다 忠告を受ける
충돌이 일어나다 衝突が起きる
취재를 받다 取材を受ける
친선을 도모하다 親善を図る
칠판을 지우다 黒板を消す
침을 뱉다 つばを吐く
침을 삼키다 つばを飲み込む

ㅋ ㅌ

커튼을 치다 カーテンを閉める
코앞에 닥쳐오다 目前に迫る
큰일을 치르다 大事な行事を行う
키를 재다 身長を測る
탈이 나다 異常が生ずる
탈이 생기다 異常が起こる
탐을 내다 欲しがる
탐이 나다 欲が出る、欲しい
태도를 취하다 態度を取る
태세를 갖추다 態勢を整える
터를 닦다 地ならしをする
터를 잡다 敷地を定める
통 모르다 全然知らない
통 안되다 全然駄目だ
통조림을 따다 缶詰を開ける
통증이 멎다 痛みが止まる
통증이 있다 痛みがある
트집을 잡다 難癖をつける
특색을 살리다 特色を生かす
특색이 나타나다 特色が現れる
틀에 갇히다 型にはまる
틀에 맞추다 型にはめる
틀에 박히다 型にはまる
틈을 엿보다 隙をねらう

ㅍ

판결이 나다 判決が下る
판을 깨다 場の雰囲気を壊す
판을 치다 牛耳る、勢力を振るう
판이 깨지다 場の雰囲気が白ける
판이 벌어지다 場が開かれる
편을 가르다 組に分ける
편의를 도모하다 便宜を図る
편의를 제공하다 便宜を提供をする
평을 받다 評価を受ける
평이 나다 評判が立つ
평판이 나쁘다 評判が悪い
평판이 떨어지다 評判が落ちる
평판이 좋다 評判がいい

폐가 많다	迷惑をかける
폐를 끼치다	迷惑をかける
폭소를 터뜨리다	爆笑が沸き起こる
폼을 잡다	格好つける、気取る
폼이 나다	格好いい
표가 나다	目立つ
품위가 없다	品がない
품위가 있다	品がある
품위를 지키다	品位を保つ
품을 팔다	手間仕事をする
품을 사다	労働力を買う
품이 들다	手間がかかる
품이 큰 옷	身幅が広い服
풍선을 부풀리다	風船を膨らます
풍선이 터지다	風船が破れる
피리를 불다	笛を吹く
핏줄은 속일 수 없다	血は争えない
핏줄을 잇다	血統を継ぐ
핑계로 삼다	口実にする
핑계를 대다	言い訳をする

ㅎ

하늘을 올려다보다	空を見上げる
하품이 나오다	あくびが出る
학점을 따다	単位を取る
한 턱 내다	おごる、ご馳走する
한계에 다다르다	限界に達する
한계에 부닥치다	限界にぶつかる
한기가 들다	寒気がする
한눈에 반하다	一目ぼれする
한창 나이	働き盛りの年頃
한창 때	働き盛りのとき
함정에 빠뜨리다	わなにはめる
함정에 빠지다	落とし穴に落ちる
해를 보다	害をこうむる
해를 입다	害をこうむる
핸들을 꺾다	ハンドルを切る
핸들을 잡다	ハンドルを握る
햇볕을 쬐다	日光を浴びる
햇볕이 들다	日が差す
햇살이 따갑다	日差しが熱い
행방을 감추다	行方をくらます
행방을 좇다	行方を追う
행주를 짜다	ふきんを絞る
향기가 나다	におう、香る
향기가 풍기다	香りが漂う
향수를 뿌리다	香水をかける
허가가 나다	許可が出る
허가를 내주다	許可を出す
허가를 받다	許可を受ける
허락을 내리다	許可が下る
허락을 받다	許可を受ける
허리가 쑤시다	腰がずきずき痛む
허울을 벗다	仮面を脱ぐ
허울을 쓰다	仮面をかぶる
허풍을 떨다	ほらを吹く
허풍을 치다	ほらを吹く、大言を吐く
허풍이 있다	誇張がある
헤드폰을 끼다	ヘッドフォンをする
헤엄을 치다	泳ぐ
혈압을 재다	血圧を測る
혈압이 오르다	血圧が上がる
형편없이	さんざんに、ひどく
형편이 어렵다	暮らし向きが苦しい
형편이 좋다	暮らし向きが良い
혜택을 받다	恩恵を受ける
호기심이 강하다	好奇心が強い
호흡을 맞추다	呼吸を合わせる
호흡이 맞다	呼吸が合う
혼란에 빠지다	混乱に陥る
혼란을 가져오다	混乱をもたらす
홍수가 지다	洪水になる
화끈하게 한턱 내다	気前よくおごる
화상을 입다	やけどを負う
화제에 오르다	話題に上る
확 열리다	ぱっと開く
확 트이다	ぱっと開ける
확 풀리다	一気にゆるむ、晴れる
확신이 서다	確信を持つ
환갑을 맞다	還暦を迎える
활기를 띠다	活気を帯びる
활짝 개다	からっと晴れる
활짝 웃다	大きく笑う
활짝 피다	ぱあっと咲く
회답을 받다	回答を受ける
회답을 주다	回答をくれる
회답이 오다	回答が来る
회식을 가지다	会食する
회화를 익히다	会話を習う
휙 돌아서다	さっと背を向ける
효력을 가지다	効力を持つ
효력을 발휘하다	効力を発揮する
효력을 상실하다	効力を喪失する
효력을 잃다	効力を失う
휴식을 취하다	休息を取る
흉내를 내다	まねをする
흉터가 생기다	傷跡ができる
흉터가 있다	傷跡がある
흑자가 나다	黒字が出る
흔적을 남기다	痕跡を残す
흔적이 남다	痕跡が残る
흙이 묻다	泥がつく
흠이 나다	傷がつく
흥정을 붙이다	仲立ちをする

韓日単語リスト

ㄱ

가게	店
가격	価格、値段
가구	家具
가깝다	近い、親しい
가끔씩	たまに
가난하다	貧しい
가능성	可能性
가능하면	可能ならば
가다	行く
가락	曲調
가루비누	粉石けん
가르치다	教える
가뭄	日照り
가방	かばん
가볍다	軽い
가사	歌詞
가수	歌手
가슴	胸
가요	歌謡
가운데	中、真ん中
가을	秋
가장	いちばん
가족	家族
가지	なす
가지다	持つ
간	間(対象、関係)
간단하다	簡単だ
간단히	簡単に
간식	おやつ
간장	醤油
간판	看板
간호사	看護師
간호하다	看護する
갈비	カルビ、肋骨
갈비탕	カルビスープ
갈아타다	乗り換える
감기	風邪
감기약	風邪薬
감독	監督
감동	感動
감사	感謝
감사하다	感謝する
감상	鑑賞
감상하다	鑑賞する
감정	感情
갑자기	急に
값	値段
강	川
강남역	江南駅
강물	川水
강아지	子犬
강연	講演
강원도	江原道(地)
같다	同じだ、のようだ
같이	一緒に
개	個
개	犬
개구리	カエル
개나리	レンギョウ
개다	晴れる
개봉되다	開封される
개인	個人
거	もの、こと(것の縮約形)
거꾸로	逆に、逆さまに
거들다	助ける、手伝う
거리	街、通り
거실	居間
거울	鏡
거의	ほとんど
거지	乞食
거짓말	うそ
거품이 나다	泡が出る
걱정	心配
걱정하다	心配する
건	것은の縮約形
건강	健康
건너다	渡る
건물	建物
건배	乾杯
걷다	取り込む、晴れる
걷다	歩く
걸리다	かかる
걸어가다	歩いて行く
검다	黒い
검색	検索
검색하다	検索する
검소하다	質素だ
검은색	黒色
겉	うわべ、表
게	ことが
게을러지다	怠惰になる
게임	ゲーム
겨우	やっと
겨울	冬
결과	結果
결국	結局
결석하다	欠席する
결정	決定
결혼(하)	結婚(する)
결혼식	結婚式
경기	競技
경기도	京畿道(地)
경상북도	慶尚北道(地)
경우	場合
경제	経済
경제학	経済学
경주	慶州(地)
경찰	警察
경찰관	警察官
경치	景色
경험	経験
경험하다	経験する
계단	階段
계산	計算
계속	継続
계속하다	続ける
계시다	いらっしゃる
계절	季節
계획	計画
고개	首
고급	高級、上級
고기	肉、魚
고등학교	高校
고등학생	高校生
고르다	選ぶ
고맙다	ありがたい
고모	おば(父方の)
고무신	ゴム靴
고민하다	悩む
고양이	猫
고추	唐辛子
고추장	唐辛子味噌
고춧가루	唐辛子粉
고치다	直す
고프다	(お腹)空く
고향	故郷
곤충	昆虫
곧	すぐに、まもなく
골목	路地
골치가 아프다	頭が痛い
곱다	きれいだ
곳	所、場
곳곳에	各地に、あちこちに
공	0(ゼロ)
공	ボール
공기	空気
공무원	公務員
공부	勉強
공부하다	勉強する
공사	工事

공연장	公演会場
공원	公園
공포영화	ホラー映画
공항	空港
공휴일	公休日
과/와	と
과목	科目
과일	果物
과자	菓子
과장님	課長
과학	科学
관계	関係
관계없이	関係なく
관광객	観光客
관습적	慣習的
관심	関心
관중	観衆
광고	広告
괜찮다	結構だ、大丈夫だ
괜찮아지다	よくなる
굉장히	ものすごく
교과서	教科書
교사	教師
교수	教授
교실	教室
교양	教養
교육하다	教育する
교통	交通
교통사고	交通事故
교통카드	交通カード
교환	交換
교훈	教訓
구	区
구경	見物
구경하다	見物する
구두	靴、革靴
구름	雲
구별	区別
구별하다	区別する
구속하다	拘束する
구정	旧正月
구체적	具体的
구하다	探す、見つける
국	スープ、汁
국그릇	汁わん
국내	国内
국립공원	国立公園
국외	国外
군대	軍隊
군인	軍人
군항제	軍港祭
굽	かかと
굽다	焼く
궁금하다	気になる
권	冊
권력	権力
권위자	権威者
권하다	勧める
귀	耳
귀염을 받다	可愛がられる
귀엽다	可愛い
규칙적	規則的
귤	ミカン
그	彼・彼女・その人
그거	それ
그게	それが
그곳	そこ
그날	その日
그냥	ただ、そのまま
그네뛰기	ブランコ乗り
그들	彼ら、彼女ら
그때	その時
그래서	それで
그래요	そうです
그램	グラム
그러니까	だから
그러면	それなら
그러므로	したがって
그러세요	そうですか
그런	そんな、あんな
그런대로	それなりに
그런데	ところが、ところで
그럼	では、それなら
그렇게	そんなに
그렇다	そうだ
그렇습니다	そうです
그렇지만	けれども
그룹	グループ
그릇	器、入れ物
그리고	そして
그리다	描く
그림	絵
그만두다	やめる
그분	その方
그저	ただ、そのまま
그저께	おととい
그제	おととい
그중	その中
그쪽	そっち、そちら側
그치다	止む
극장	劇場、映画館
근무	勤務
근무하다	勤める
근처	近所
글	文、文章
글쎄(요)	さあ
글자	字、文字
금방	いますぐ
금요일	金曜日
급	級、クラス
급하다	急だ、急ぐ
긍정적	肯定的
기간	期間
기념하다	記念する
기다리다	待つ
기대	期待
기르다	育てる、飼う
기막히다	すごい、あきれ返る
기말	期末
기미	気配
기본적	基本的
기분	気持ち、気分
기분 전환	気分転換
기뻐하다	喜ぶ
기쁘다	うれしい
기사	記事
기술	技術
기억	記憶
기억나다	思い出す
기억하다	覚える、記憶する
기차	汽車、列車
기차표	乗車券
기침	咳
기침이 나다	咳が出る
기회	機会
기후	気候
긴밀하다	緊密だ
길	道
길다	長い
길이	長さ
김	海苔
김밥	海苔巻き
김밥집	海苔巻き店
김장	キムジャン
김치	キムチ
까맣다	黒い
깍두기	カクテキ
깎다	値引く
깔다	敷く
깨	胡麻
깨끗해지다	きれいになる
깨우다	起こす
꺾다	折る
껌	ガム
꼭	必ず、ぜひ、きっと
꼼짝 못하다	何もできない
꽂다	挿す、入れる
꽃	花
꽃꽂이	生け花
꽃집	花屋
꽤	かなり
꾀병	仮病
꾸준히	根気よく、粘り強く
꿈	夢
꿈속	夢の中

끄다　消す
끈적끈적하다　ねばねばする
끊다　やめる
끝　終わり、端、先
끝나다　終わる
끝내다　終える
끼다　はめる、挟まる
끼우다　挟む、差し込む

ㄴ

나가다　出る、出て行く
나라　国
나른하다　だるい
나무　木
나비　蝶
나빠지다　悪くなる
나쁘다　悪い
나오다　出てくる
나이　歳、年齢
나중에　後で
나타나다　表れる
낚시　釣り
난　나는の縮約
날　日
날다　飛ぶ
날리다　飛ばされる
날마다　毎日
날씨　天気、天候
날아오다　飛んでくる
날짜　日取り、日付
남　他人、人
남다　残る
남동생　弟
남동쪽　南東
남북　南北
남북한　南北朝鮮
남성　男性
남자　男、男性
남자아이　男の子
남쪽　南、南方
남편　夫
남학생　男子学生
낫다　治る
낭비　浪費
낭비하다　浪費する
낮　昼
낮다　低い
낮잠　昼寝
낳다　生む
내　〜内、〜中、〜以内
내내　ずっと、始終
내년　来年
내다　出す
내려가다　下って行く
내리다　おりる、降る
내밀다　差し出す
내버리다　捨てる
내용　内容
내일　明日
냄새　匂い、臭い
냉면　冷麺
냉면집　冷麺屋
냉장고　冷蔵庫
너무　とても、あまりにも
널다　干す、乾かす
널뛰기　板跳び
널리　広く
넓적하다　平べったい
넘어지다　転ぶ
넣다　入れる
넷　四つ、四人
넷째　4番目
년　年
노란색　黄色
노랗다　黄色い
노래　歌
노래방　カラオケ(ルーム)
노래하다　歌う
노랫말　歌詞
노력하다　努力する
노인　老人
노트　ノート
녹차　緑茶
놀다　遊ぶ
놀라다　驚く
놀이　遊び
놀이공원　遊園地
농경 사회　農耕社会
농구　バスケットボール
농담　冗談
농촌　農村
높다　高い
높아지다　高まる、高くなる
놓다　置く
놓치다　逃す、乗り遅れる
누가　誰が
누구　誰
누구나　誰でも
누나　姉(弟から見た)
누르다　押す
누리다　享受する
눈　①目、②雪
눈물　涙
눈사람　雪だるま
눈앞　目前、目の前
눈에 띄다　目につく
눈코 뜰 새 없이　目が回るほど
눕다　横になる
뉴스　ニュース
느껴지다　感じられる
느끼다　感じる
느낌　感じ
느닷없이　突然、不意に
늘　いつも
늘다　増える
늘어나다　増加する
능력　能力
늦게　遅く
늦다　遅れる、遅い
늦잠　寝坊
늦잠을 자다　寝坊をする

ㄷ

다　全て、全部、皆
다니다　通う
다르다　違う、異なる
다리　脚、足
다리　橋
다보탑　多宝塔
다섯　五つ、五つの
다시　再び
다양　多様
다양하다　多様だ
다음　次、次の
다음날　次の日、翌日
다음달　来月、翌月
다음주　来週、翌週
다음해　翌年
다치다　怪我する
다큐멘터리　ドキュメンタリー
다하다　尽くす
다행히　幸いに
다홍색　真紅色、真っ赤
닦다　磨く
단순하다　単純だ
단어　単語
단오절　端午節
단풍　紅葉
닫다　閉める
달　月、月(つき)、か月
달걀　卵(鶏の)
달다　甘い
달라지다　変わる、変化する
달려가다　駆けつける
달력　カレンダー
달리　他に、別に
달리다　走る、つるされる
닭　鶏
닮다　似ている
담그다　漬ける
담배　タバコ
답　答え
답답하다　窮屈だ
답장　返書、返事

당근	人参
당연하다	当然だ
당연히	当然
당황스럽다	戸惑う、慌てる
대	対
대개	たいてい
대단하다	すごい、大変だ
대답	返事、答え
대도시	大都市
대문	門
대본	台本
대부분	大部分
대신하다	代わる
대이동	大移動
대표적	代表的
대학원	大学院
대화	対話
댁	お宅
더	もっと、さらに
더욱	さらに
더운물	湯
덕분에	おかげで
덜렁거리다	そそっかしい
덜렁대다	軽率に行動する
덥다	暑い
데	～所、～場合
데우다	温める
도	～度(温度、角度)
도둑	泥棒
도시	都市
도시락	弁当
도와 주다	手伝ってくれる
도움을 받다	助けてもらう
도움이 되다	役に立つ
도장	はんこ、印鑑
도착하다	到着する
독감	インフルエンザ
독서	読書
독어	ドイツ語
돌	一歳の誕生日
돌	石
돌려주다	返す、返済する
돌리다	向ける、変える
돌리다	配る
돌아가시다	なくなる
돌아오다	帰ってくる
돌잔치	1歳の誕生日の祝宴
돌하르방	トルハルバン
돕다	助ける
동	洞(行政区域)
동대문시장	東大門市場
동물	動物
동물원	動物園
동생	弟、妹
동아리	サークル
동영상	動画
동쪽	東、東の方、東側
동창	同窓
동치미	トンチミ
동화	童話
돼지	豚
돼지고기	豚肉
되다	なる、できる
된장국	味噌汁
된장찌개	味噌チゲ
두 번 다시	二度と
두렵다	怖い、不安だ
두번째	二番目、二度目
두부	豆腐
두세	2～3の
둘	二つ
둘러싸이다	囲まれる
둘째	2番目
둥글다	丸い
뒤	後ろ、後
뒷모습	後姿
드디어	いよいよ
드리다	差し上げる
드시다	召し上がる
듣기	聞き取り
듣다	聞く
들다	持つ
들르다	寄る
들어가다	入る
등	灯、灯火
등	①～等(順位・等級)
등	①背中、②～など
등장하다	登場する
따뜻하다	暖かい
따르다	注ぐ
따르다	依る、従う
딸	娘
딸기	イチゴ
땀	汗
땀을 빼다	汗を流す
땅	土
때	時
때문	～せいで、～ために
떠나다	出発する
떠오르다	浮く、昇る
떡	餅
떡국	トックスープ
떡국	雑煮、トック
떡볶이	トッポギ
떨어뜨리다	落とす
떨어지다	落ちる
또	また、さらに
또한	また
뚜렷하다	鮮明だ
뛰어넘다	飛び越える
뛰어오다	走ってくる
뜀틀	跳び箱
뜨겁다	熱い
뜨다	昇る
뜻	意味、意志

ㄹ

라면	ラーメン
를/을 위한	のための
리듬	リズム
리포트	レポート

ㅁ

마늘	ニンニク
마다	毎に、置きに
마당	庭
마르다	痩せる、乾く
마리	匹、頭、羽、尾
마무리하다	まとめる
마시다	飲む
마을	村
마음	心
마음껏	思う存分
마음대로	思う通りに
마음에 들다	気に入る
마중하다	迎える
마찬가지	同様
마찬가지	同じだ、同様
마침	ちょうど
마흔	四十、四十の
막	ちょうど、いま
막걸리	マッコリ
막내	末っ子
막상	いざ
막아주다	防いでくれる
막히다	渋滞する、つまる
만	だけ、ばかり
만	万
만끽하다	満喫する
만나다	会う、出会う
만들다	作る
만들어지다	作られる
만약	もし
만원	満員
만장일치	満場一致
만족하다	満足する
만지다	触る
만큼	ほど
만화	漫画
만화방	漫画喫茶
만화책	漫画
많다	多い、たくさんある
많아지다	多くなる

많이	多く、たくさん
말	言葉、話、言語
말고는	以外は、ほかは
말띠	午年
말리다	乾かす
말씀	お言葉、お話し
말씀드리다	申し上げる
말하다	言う、話す
맑다	晴れる、きれいだ
맘대로	勝手に
맛	味
맛없다	まずい
맛이 나다	味が出る
맛있다	おいしい
맞다	正しい、合う
맞다	迎える
맞아요	そうです
맞은편	向かい側
맞추다	あつらえる
맡기다	任せる、預ける
맡다	担当する、受け持つ
매년	毎年
매다	しめる
매달	毎月
매달다	つるす
매번	毎回
매사	万事
매일	毎日
매주	毎週
매진	売り切れ
맥주	ビール
맨손 체조	徒手体操
맵다	辛い
머리	頭、髪
머지않다	遠くない
먹다	食べる
먼저	先に、まず
먼지	ほこり
멀다	遠い
멀리	遠く
멀어지다	遠ざかる
멋있다	素敵だ
멋지다	素敵だ
메뉴	メニュー
메모하다	メモする
메일	メール
며칠	何日
면적	面積
면하다	面する
면허를 따다	免許をとる
명	人、名
명동	明洞(地)
명랑하다	明朗だ、明るい
명절	祝祭日、節句
몇	いくつの、何～
몇 년째	何年間
몇 마디	数語
몇 번	何度、何回
몇 분	何分
몇 살	何歳
몇 시	何時
몇 월	何月
모두	すべて、みな、全部で
모든	あらゆる、すべての
모레	あさって
모르다	知らない、分からない
모면하다	免れる
모습	姿
모양	形、様子、格好、模様
모으다	集める、貯める
모이다	集まる、たまる
모임	会合、集まり
모자	帽子
모자라다	足りない
모처럼	せっかく
목	首、喉
목소리	声
목요일	木曜日
목욕	風呂、入浴
목적	目的
몰려오다	押し寄せる
몸	体、調子
몸살이 나다	過労で寝込む
몹시	非常に
못	できない、ない
못하다	できない、下手だ
무	大根
무겁다	重い
무덥다	蒸し暑い
무릎	ひざ
무사하다	無事だ
무사히	無事に
무섭다	怖い
무슨	何の、何か(の)
무엇	何、何か
무엇보다	何より
무척	とても
묵묵히	黙々と
문	ドア、門、扉
문구류	文具類
문법	文法
문을 닫다	店が閉まる
문장	文章、文
문제	問題
문학	文学
문화	文化
묻다	尋ねる
물	水
물가	物価
물개	オットセイ
물건	物、品物
물고기	魚
물김치	水キムチ
물론	もちろん
물병	水筒
물어보다	尋ねる、聞いてみる
뭐	何(무엇の縮約)
뭐든지	何でも
뭔가	何か
뭘	무엇을の縮約
뭘요	いえいえ
뮤지컬	ミュージカル
미국	アメリカ、米国
미끄러지다	滑る
미끄럽다	つるつるする
미끄럽다	滑らかだ
미끌미끌하다	すべすべする
미래	未来
미루다	延期する
미리	前もって
미술관	美術館
미안하다	すまない
미역	ワカメ
미역국	ワカメスープ
미워하다	憎む
미인	美人
미터	メートル(m)
민속	民俗
민속놀이	民俗遊び
민속적	民俗的
민속촌	民俗村
민요	民謡
민족	民族
믿다	信じる
밑	下、底

ㅂ

바꾸다	交換する、変える
바뀌다	変わる
바다	海
바라다	願う
바람	風
바람을 쐬다	気分転換をする
바로	まっすぐに
바쁘다	忙しい
바지	ズボン
박씨	瓢箪(夕顔)の種
밖에	しか
반	半分、半
반갑다	懐かしい、嬉しい
반년	半年
반달	半月
반드시	必ず
반말	ため口

반복하다	反復する
반사되다	反射する
반죽하다	こねる
반찬	おかず
받다	受ける、もらう
받치다	支える
발	足
발견하다	発見する
발생하다	発生する
발음	発音
발전	発展
발전하다	発展する
발표	発表
발휘하다	発揮する
밝다	明るい
밤	①夜、②栗
밤늦게	夜遅く
밤샘	徹夜
밤을 새우다	徹夜する
밤하늘	夜空
밥	飯、ご飯
밥값	食事代
방	部屋
방법	方法
방송	放送
방심하다	油断する
방학	(学校の)長期休暇
방해	じゃま、妨害
방향	方向
배	腹、おなか
배	船、舟
배가 부르다	満腹だ
배구	バレーボール
배우	俳優
배우다	学ぶ、習う
배추	白菜
배추김치	白菜キムチ
배출	排出
백	百
백설기	ペクソルギ餅
백일	百日(の祝い)
백화점	デパート
버리다	捨てる
번	番、回、度
번역	翻訳
번째	番目、度目
번호	番号
벌	蜂
벌	～着(衣服)
벌다	稼ぐ、儲ける
벌써	もう、すでに
벌을 받다	罰を受ける
벗다	脱ぐ
벗어나다	離れる
벚꽃	桜
벚꽃 축제	桜祭り
베스트셀러	ベストセラー
변하다	変わる
별	星
별로	さほど、別に
별명	あだ名
병	病気
병원	病院
보고서	報告書、レポート
보내다	送る、届ける
보다	より(比較)
보다	見る
보람	やり甲斐
보리차	麦茶
보이다	見える
보통	普通
복사	コピー
복사실	コピー室
복용	服用
복잡하다	混雑する
볼펜	ボールペン
봄	春
봄기운	春の気配
봄꽃	春の花
뵙다	お目にかかる
부럽다	うらやましい
부르다	歌う、呼ぶ
부모	父母、親
부모님	ご両親、親
부부	夫婦
부산	釜山(地)
부엌	台所
부엌용품	台所用品
부엌일	台所仕事
부인	夫人、奥様
부자	金持ち
부장	部長
부족	不足
부족하다	足りない
부지런하다	まめだ、勤勉だ
부처님오신날	お釈迦様の誕生日
부탁(하)	依頼、お願い
부탁을 받다	頼まれる
북쪽	北、北側、北の方
북한	北朝鮮
분	方(かた)、名様
분	分
분단되다	分断される
분야	分野
분위기	雰囲気
분홍색	ピンク色
불	火、明かり
불고기	プルゴキ、焼肉
불교	仏教
불국사	仏国寺
불리다	呼ばれる
불안감	不安感
불안해지다	不安になる
불어	フランス語
불어나다	増える、増す
불이 나다	火事が起きる
불편하다	不便だ
붉다	赤い
붐비다	混む
붓다	注ぐ
붙다	くっつく
붙이다	貼る
비	雨
비교적	比較的
비난	非難
비누	石けん
비다	空く
비디오	ビデオ
비록	たとえ、仮に
비롯되다	始まる
비롯하다	はじめとする
비밀번호	暗証番号
비비다	混ぜる
비빔냉면	ビビム冷麺
비빔밥	ビビンバ
비슷하다	似ている
비싸다	高い(値段)
비탈길	坂道
비하다	比べる(と)
비행기	飛行機
비행기 태우다	おだて上げる
비행기표	航空券
빈대떡	ビンデトック
빌려주다	貸す、貸してくれる
빌리다	借りる、貸す
빛	光
빠르다	早い
빠지다	陥る
빠짐없이	もれなく
빨간색	赤色
빨갛다	赤い
빨개지다	赤くなる
빨다	洗う
빨래	洗濯
빨리	はやく、急いで
빵집	パン屋
뽑다	選ぶ、採用する
뿐	だけ、～のみ

ㅅ

사계절	四季
사고가 나다	事故が起きる
사과	リンゴ
사과하다	あやまる

사귀다 付き合う
사다 買う
사람 人
사랑(하) 愛、恋
사랑하다 愛する
사막화 砂漠化
사무실 事務室
사실 事実
사업 事業
사용하다 使用する
사이 間、仲
사이좋게 仲良く
사이좋다 仲良い
사인 サイン、署名
사자 ライオン
사장(님) 社長
사전 辞典、辞書
사진 写真
사회 社会
사회적 社会的
사흘 三日
삭제하다 削除する
산 山
산책하다 散歩する
살 歳
살다 住む、暮らす
살리다 生かす
살아있다 生きている
살을 빼다 ダイエットをする
살이 빠지다 やせる
삶 暮らし、人生
삼겹살 サムギョプサル
삼계탕 参鶏湯
삼국 시대 三国時代
삼촌 叔父
상 食卓
상 賞
상관 없다 関係ない
상관없이 関係なく
상당히 かなり
상대 相手
상대방 相手
상대팀 相手チーム
상을 당하다 喪に遭う
상을 받다 賞をもらう
상자 箱
상점 商店、店
상징 象徴
상하다 傷む、傷づく、害する
상황 状況
새 新しい
새 鳥
새 집 新しい家
새기다 刻む、彫り付ける
새로 新たに
새롭다 新しい
새벽 明け方
새우다 夜を明かす
새차 新車
새해 新年
색 色
색깔 色彩、色
샌드위치 サンドイッチ
생각 考え、思い
생각나다 思い出す
생각보다 思ったより
생각하다 考える、思う
생기다① できる、生じる
생기다② 顔つきをしている
생선 魚(食物としての)
생선초밥 すし
생일 誕生日
생일날 誕生日
생활 生活
서너 번 3～4回
서다 立つ
서두르다 急ぐ
서랍 引出
서로 互いに
서류 書類
서른 三十、三十の
서명 署名
서민 庶民
서울타워 ソウルタワー
서점 書店
서쪽 西、西側、西の方
서툴다 下手だ
석 三～、三つの～
석가 탄신일 お釈迦様誕生日
석가탑 釈迦塔
석굴암 石窟庵
선녀 仙女
선물 プレゼント、お土産
선배 先輩
선생님 先生
선수 選手
선을 보다 見合いをする
선택하다 選択する
설날 ソルナル、元旦
설레다 ときめく
설명하다 説明する
설악산 雪嶽山
설탕 砂糖
섬 島
성격 性格
성공하다 成功する
성묘 墓参り
성적 成績
성함 お名前
세 ～歳
세계 世界
세다 強い、数える
세배 新年の挨拶
세뱃돈 お年玉
세수 洗面、洗顔
세숫비누 洗顔石鹸
세우다 立てる、止める(車)
세월 歳月
세일 セール
세탁소 クリーニング屋
센티미터 センチメートル(㎝)
셋 三つ
셋째 3番目
소 牛
소개 紹介
소개하다 紹介する
소고기 牛肉
소금 塩
소나기 にわか雨
소리 声、音、話
소문 うわさ
소백산 小白山(地)
소설 小説
소설가 小説家
소설책 小説
소식 便り、知らせ
소용없다 無駄だ
소원 願い
소중하다 大切だ、大事だ
소중히 大事に
속 内、中
속다 だまされる
속담 ことわざ
속도 위반 スピード違反
속옷 下着、肌着
속이다 だます
손 手
손가락 (手の)指
손님 お客さん
손발 手足
손수건 ハンカチ
솔잎 松の葉
솟아나다 湧き出る
송년회 忘年会
송편 ソンピョン
쇠고기 牛肉
쇼핑 ショッピング
수 数
수건 タオル、手ぬぐい
수고(하) 苦労(する)
수다를 떨다 おしゃべりをする
수도 首都
수면 睡眠
수박 スイカ
수수경단 キビ団子

- 수업(하) 授業
- 수영 水泳
- 수요일 水曜日
- 수원 水原(地)
- 수천 곡 数千曲
- 수학 数学
- 숙제(하) 宿題
- 순간 瞬間
- 순서 順序
- 순수하다 純粋だ
- 순환하다 循環する
- 숟가락 スプーン
- 술 酒
- 술값 飲み代
- 술고래 呑兵衛
- 술잔 杯
- 술집 飲み屋
- 숫자 数字
- 쉬다 休む
- 쉰 五十、五十の
- 쉽게 簡単に
- 쉽다 容易だ、易しい
- 스마트폰 スマホ
- 스무 20、20の
- 스무 살 二十歳
- 스물 20
- 스스로 みずから
- 스케이트 スケート
- 스타 スター
- 스트레스 ストレス
- 스포츠 スポーツ
- 슬프다 悲しい
- 습관 習慣
- 습관적 習慣的
- 시 市、時(じ)
- 시각 ①時刻、②視覚
- 시간 時間
- 시계 時計
- 시골 田舎
- 시골길 田舎道
- 시금치국 ホウレン草スープ
- 시내 市内
- 시대 時代
- 시들다 萎れる
- 시디 CD
- 시력 視力
- 시루 せいろ(蒸籠)
- 시루떡 シルトック餅
- 시설 施設
- 시원하다 冷たい
- 시원해지다 涼しくなる
- 시작되다 始まる
- 시작하다 始める
- 시장 市場
- 시집 가다 嫁に行く
- 시청 市庁
- 시청역 市庁駅
- 시키다 注文する、させる
- 시합 試合
- 시험 試験、テスト
- 시험 보다 試験を受ける
- 시험을 치르다 試験を実施する
- 식다 冷める
- 식당 食堂
- 식사(하) 食事
- 식탁 食卓
- 식후 食後
- 신 履物、靴
- 신경 神経
- 신경 쓰다 気を遣う
- 신다 履く
- 신라 新羅
- 신랑 新郎
- 신문 新聞
- 신발 履き物、靴
- 신부 新婦
- 신분증 身分証
- 신선하다 新鮮だ
- 신입 사원 新入社員
- 신정 新正月
- 신호등 信号
- 신혼 新婚
- 신혼 여행 新婚旅行
- 실내 室内
- 실력 実力
- 실례(하) 失礼
- 실망 失望
- 실수 ミス、失敗
- 실패 失敗
- 실패하다 失敗する
- 실험 実験
- 싫다 いやだ、嫌いだ
- 싫어하다 嫌う、いやがる
- 심심하다 退屈だ
- 심하다 激しい、ひどい
- 싱겁다 薄い、つまらない
- 싸다 安い
- 싸우다 喧嘩する
- 쌀 米
- 쌀가루 米粉
- 쌀쌀하다 肌寒い
- 쌓이다 たまる、積もる
- 쏘이다 刺される
- 쏟아지다 降り注ぐ
- 쑥떡 ヨモギ餅
- 쓰다① 書く、かぶる
- 쓰다② 使う、かける
- 쓰레기 ごみ
- 쓰이다 書かれる、使われる
- 씨 さん、氏
- 씩 ずつ
- 씹다 かむ
- 씻다 洗う

ㅇ

- 아가씨 お嬢さん
- 아기 赤ちゃん
- 아까 さっき
- 아깝다 残念だ
- 아끼다 大事にする、惜しむ
- 아내 妻、家内
- 아냐 いや
- 아니다 違う、〜ではない
- 아니면 でなければ
- 아니야 いや
- 아드님 息子さん
- 아들 息子
- 아래 下、下部
- 아랫물 下流の水
- 아르바이트 アルバイト
- 아름다움 美しさ
- 아름답다 美しい
- 아리랑 アリラン
- 아마 多分
- 아무 なんの、いかなる
- 아무 데도 どこにも
- 아무거나 何でも
- 아무것 何、何(も〜ない)
- 아무나 誰でも
- 아무도 誰も
- 아무래도 どうも、どうしても
- 아무렇지 않다 なんでもない
- 아무리 いくら
- 아버님 お父さま
- 아버지날 父の日
- 아빠 パパ、お父ちゃん
- 아쉽다 名残惜しい
- 아시아 アジア
- 아이 子供
- 아이디어 アイデア
- 아저씨 おじさん
- 아주 とても、非常に
- 아주머니 おばさん
- 아줌마 おばさん、おばちゃん
- 아직 まだ
- 아직도 まだ、いまだ
- 아차 しまった
- 아침 朝、朝食
- 아파트 マンション
- 아프다 痛い、(体の)具合が悪い
- 아프리카 アフリカ
- 아홉 九つ、九つの
- 아흔 九十、九十の
- 악수 握手

안	ない〈否定〉
안	中、内
안경	眼鏡
안내	案内
안녕하다	元気だ、無事だ
안되다	だめだ、うまく行かない
안심하다	安心する
안약	目薬
안전벨트	シートベルト
앉다	座る
알	粒
알다	知る、分かる
알려지다	知られる
알리다	知らせる
알맞다	適当だ、合う
알아듣다	理解する
알아보다	調べてみる
앞	前
앞두다	目前に控える
앞뒤	前後
앞으로	これから
애	子供
야구	野球
야단 맞다	叱られる
야외	野外
야채	野菜
약	薬
약	約、おおよそ
약간	若干
약국	薬局、薬屋
약사	薬剤師
약속	約束
약하다	弱い
약해지다	弱くなる
얌전하다	大人しい
양념	合わせ調味料
양력	太陽暦
양말	靴下
양복	スーツ、背広
양쪽	両方、両側、双方
얘기	話、物語
어깨	肩
어느	どの、ある
어두워지다	暗くなる
어둡다	暗い
어떤	どんな、ある
어떻게	どのように
어떻다	どうだ
어려움	困難、難しさ
어렵다	困難だ
어렵다	難しい
어른	大人、目上の人
어리다	幼い
어린아이	子供
어린이	子供、児童
어린이날	子供の日
어린이집	保育園
어머니날	母の日
어머님	お母さま
어버이날	父母の日
어색하다	不自然だ、ぎこちない
어울리다	似合う
어저께	昨日
어젯밤	昨晩
언덕	丘
언제	いつ
언제나	いつも
얻다	得る
얼굴	顔
얼다	凍る
얼룩	染み
얼마	いくら(値段)
얼마나	どのくらい、どんなに
엄마	ママ、お母ちゃん
엄청나다	途方もない
없다	ない、いない
에 대한	に対する
에 대해서	に対して
에 비해서	に比べて
에게	に(人)
에서	で、から
에어컨	エアコン
여간	並大抵の
여권	パスポート
여기다	思う、みなす
여기요	すみません
여기저기	あっちこっち
여덟	八つ、八つの
여동생	妹
여든	八十、八十の
여러	いろいろな、いくつもの
여러 가지	いろいろ(な)、各種
여러 번	何回も、何度も、数回
여러분	皆さん、皆様
여럿	何人かの、いくつかの
여름	夏
여섯	六つ、六つの
여성	女性
여유	余裕
여자	女、女性
여전히	相変わらず
여행	旅行
여행사	旅行社
역	駅
역사	歴史
역사가	歴史家
역사적	歴史的
역시	やはり
연결하다	連結する
연관되다	関連する
연구	研究
연구하다	研究する
연극	演劇、芝居
연기하다	延期する
연등	燃灯(提灯)
연등축제	燃灯祭り
연등행렬	燃灯行列
연락	連絡
연락처	連絡先
연락하다	連絡する
연세	お年(年齢の尊敬語)
연속극	連続ドラマ
연습	練習
연애	恋愛
연애하다	恋愛する
연예	芸能
연주회	演奏会
연필	鉛筆
연휴	連休
열	10、10の
열다	開く、開ける
열람실	閲覧室
열심히	熱心に
열이 나다	熱が出る
열중하다	熱中する
영	零、ゼロ
영국	イギリス、英国
영상	映像
영수증	領収書
영양	栄養
영어	英語
영어학원	英語学校
영업 실적	営業実績
영업	営業
영원하다	永遠だ
영하	零下
영향	影響
영화	映画
옆	隣、側、横
옆집	隣の家
예	例
예를 들어	例えば
예문	例文
예민해지다	敏感になる
예방 주사	予防注射
예방하다	予防する
예쁘다	きれいだ
예순	六十、六十の
예술	芸術
예약	予約
예약하다	予約する
예의	礼儀
예전	昔、ずっと前
예절	マナー
예정	予定

옛날	昔
옛말	昔言葉
오늘	今日
오다	来る、(雨が)降る
오락	娯楽
오래 되다	長くなる
오래간만	久しぶり
오랫동안	長い間
오르다	登る、上がる
오른발	右足
오른손	右手
오른쪽	右、右側
오빠	兄(妹から見ての)
오이	キュウリ
오전	午前
오후	午後
오히려	むしろ
온갖	あらゆる
온난화	温暖化
온도	温度
온천	温泉
올라가다	登る、上がる
올리다	載せる、あげる
올해	今年
옮기다	移す、運ぶ
옳다	正しい
옷	服
와/과 달리	と違って
와인	ワイン
왜	なぜ、どうして
외국	外国
외국어	外国語
외국인	外国人
외롭다	寂しい
외모	外見
외출하다	外出する
왼발	左足
왼손	左手
왼손잡이	左利き
왼쪽	左側
요금	料金
요리(하)	料理
요오드	ヨード
요일	曜日
요즘	最近、近頃
용돈	小遣い
용지	用紙
우리나라	わが国
우물	井戸
우산	傘
우선	まず、とりあえず
우승	優勝
우승하다	優勝する
우울하다	憂鬱だ
우울해지다	憂鬱になる
우유	牛乳
우체국	郵便局
우표	切手
운동하다	運動する
운전 면허	運転免許
운전하다	運転する
울다	泣く
울리다	泣かす
웃기다	笑わす
웃다	笑う
원	ウォン
원래	もともと、元来
원망하다	恨む
원숭이	猿
원작	原作
원하다	願う
월급	給料、月給
월요병	月曜病
월요일	月曜日
월초	～月初め
웨이터	ウエーター
위	上、 上の方、上部
위기	危機
위치하다	位置する
위험하다	危険だ
윗물	上流の水
윗사람	目上の人
유럽	ヨーロッパ
유명하다	有名だ
유산	遺産
유용하다	有用だ
유채꽃	菜の花
유치원	幼稚園
유쾌하다	愉快だ
유학	留学
유학생	留学生
유행	流行
유행어	流行語
육체적	肉体的
윷놀이	ユンノリ
은행	銀行
음력	太陰暦
음료수	飲み水、飲み物
음반	CD、音盤
음식	食べ物、料理
음식물	食べ物
음식점	飲食店
음악	音楽
음악회	音楽会
응원하다	応援する
의견	意見
의무	義務
의미	意味
의사	医者、医師
의자	いす
이	人、こと
이	歯
이것저것	あれこれ
이게	이것이の縮約形
이기다	勝つ
이나	や、か
이날	この日
이다	だ、である
이달	今月、この月
이들	これら、この人たち
이따가	あとで、のちほど
이때	この時、今
이러다가는	こうしていては
이런	このような
이렇게	このように
이루어지다	かなう
이르다	及ぶ、達する
이름	名前、氏名
이마	額
이모	おば(母方の)
이번	今回
이번주	今週
이별	別れ
이분	この方
이사	引っ越し
이사하다	引っ越す
이삿짐	引っ越しの荷物
이상	①以上、②異常
이상하다	おかしい
이야기	話、物語
이야기하다	話す、語る
이어지다	続く
이외	以外に、他に
이용하다	利用する
이유	理由
이전	以前
이제	いま、もう
이제부터	これから
이쪽	こっち、こちら側
이틀	二日(間)
이하	以下
이해하다	理解する
이후	以後、以降
익숙해지다	慣れる
인	～人(にん)
인격체	人格体
인구	人口
인기	人気
인도	インド
인분	～人前
인사	あいさつ
인사말	あいさつの言葉
인상	印象
인생	人生
인절미	きな粉もち

인천	仁川(地)
인터넷	インターネット
일	仕事、用事
일	日(にち)
일곱	七つ、七つの
일기	日記
일기예보	天気予報
일반적	一般的
일본 사람	日本人
일본	日本
일본말	日本語
일본어	日本語
일상적	日常的
일석이조	一石二鳥
일어	日本語
일어나다	起きる、生じる
일요일	日曜日
일정	日程
일종	一種
일주일	一週間
일찍	早く
일치	一致
일하다	働く、仕事をする
일흔	七十、七十の
읽다	読む
잃어버리다	なくす、失う
입	口
입구	入口
입다	着る
입대	入隊
입대하다	入隊する
입맛이 없다	食欲がない
입에 맞다	口に合う
입원하다	入院する
입학	入学
입학시험	入学試験
입학하다	入学する
있다	ある、いる
잊다	忘れる
잊혀지다	忘れられる

ㅈ

자	さあ
자극하다	刺激する
자기	自己、自分
자꾸	何度も、しきりに
자다	寝る、眠る
자동차	自動車
자라다	育つ
자료	資料
자르다	切る
자리	席、座席
자막	字幕
자매	姉妹
자명종	目覚まし時計
자세하다	詳しい
자세히	詳しく
자신	自身
자유	自由
자유롭다	自由だ
자전거	自転車
자전거길	自転車道路
자주	よく、しばしば
작년	昨年、去年
작다	小さい、低い(背)
작품	作品
잔	杯、～杯
잔소리	小言
잘	うまく、よく
잘 됐다	よかった
잘	うまく、よく
잘 풀리다	うまくいく
잘못 걸다	かけ間違う
잘못	過ち、間違い、誤り
잘못되다	間違う、誤る
잘못하다	間違う、誤る
잘하다	上手だ、うまくやる
잠	眠り
잠깐만요	ちょっと待って
잠시	しばらく
잠자리	①トンボ、②寝床
잡다	捕まえる、つかむ
잡지	雑誌
장	枚
장거리	遠距離
장난감	おもちゃ
장례식	葬式
장마	梅雨
장마철	梅雨時
장미꽃	バラの花
장보기	ショッピング
장사	商売
장소	場所
장애인	障害者
장학금	奨学金
재료	材料
재미있다	面白い
재활용	リサイクル
저	あの
저고리	チョゴリ
저곳	あそこ
저녁	夕方、夕食
저런	あのような
저렇다	あのようだ
저분	あの方、その方
저쪽	あっち、あちら側
저희	私ども、私どもの
적극적	積極的
적다	記す、書く、書き記す
전	前
전공	専攻、専門
전날	前日
전문가	専門家
전주	全州(地)
전철	電車
전체	全体
전통	伝統
전통적	伝統的
전하다	伝える
전혀	まったく、全然
전화(하)	電話
전화번호	電話番号
전화번호부	電話帳
전환	転換
절	寺
절다	びっこを引く
절대로	絶対に
절망	絶望
절약	節約
젊다	若い
점	点
점수	点数
점심	お昼、昼食
점심때	昼時
점원	店員
접시	皿
젓가락	箸
정답	正答
정도	程度、くらい、ほど
정리	整理
정리하다	整理する
정말	本当、本当に
정보	情報
정신이 없다	非常に忙しい
정신적	精神的
정월	正月
정의하다	定義する
정작	①いざ、②実際
정하다	決める
정해지다	決まる
정확하다	正確だ
젖다	濡れる
제	第
제대로	まともに
제대하다	除隊する
제목	タイトル、題目
제사	祭祀
제일	いちばん
제일	一番、最も
제주도	済州島(地)
제출하다	提出する
조계사	曹渓寺(名)
조그맣다	小さい
조금	少し、ちょっと

조상님	祖先
조선	朝鮮
조심하다	気を付ける
조용히	静かに
조카	甥、姪
존댓말	敬語
존중하다	尊重する
졸다	居眠りする
졸업생	卒業生
졸업식	卒業式
졸업하다	卒業する
졸음	眠気
좀	少し、ちょっと
좀처럼	なかなか
좁다	狭い
종각역	鐘閣駅
종로	鍾路(地)
종류	種類
종이	紙
좋다	良い、好きだ
좋아지다	よくなる
좋아하다	好む、好きだ、喜ぶ
죄를 짓다	罪を犯す
죄송하다	申し訳ない
주	週
주다	あげる、やる、くれる
주로	主に
주말	週末
주무시다	お休みになる
주문하다	注文する
주변	周辺
주부	主婦
주사	注射
주세요	ください
주소	住所
주스	ジュース
주위	周囲、周り
주의	注意
주인	主人
주인공	主人公
주일	週間
주차하다	駐車する
죽	お粥
죽다	死ぬ
죽음	死
준비	準備
준비물	準備物
준비하다	準備する
줄다	減る
줄어들다	減る、減少する
줄이다	減らす
중	～中、～間、～途中
중	中、中間
중간	中間
중국	中国
중급	中級
중독	中毒
중독자	中毒者
중순	中旬
중심	中心
중심지	中心地
중앙	中央
중요하다	重要だ
중학교	中学校
쥐	ねずみ
즐거움	楽しみ
즐겁다	楽しい
즐기다	楽しむ
증상	症状
지각	遅刻
지각하다	遅刻する
지갑	財布
지구	地球
지금	今、ただ今
지나가다	通り過ぎる
지나다	過ぎる、通る
지나치다	度が過ぎる、すれ違う
지난달	先月
지난번	前回、この間
지난주	先週
지난해	去年、昨年
지내다	過ごす
지다	負ける、負う
지도	地図、指導
지루하다	退屈だ
지리산	地異山(地)
지방	地方
지배적	支配的
지시	指示
지식	知識
지역	地域
지역적	地域的
지원제	志願制
지원하다	志願する
지정되다	指定される
지키다	守る
지하철	地下鉄
직성이 풀리다	気が済む
직업	職業
직장	職場
직접	直接
진달래	つつじ
진심으로	心から
진정하다	真正だ
진짜	本物、本当
진해	鎮海(地)
질문	質問
짐	荷物
집	家、家庭、店
집들이	新居祝いの宴
집중력	集中力
집중하다	集中する
짓다	建てる、作る
짖다	吠える
짜다	塩辛い
짜장면	ジャージャー麺
짜증나다	苛立つ
짧다	短い、足りない
짧아지다	短くなる
째	番目、目
쪽	方(ほう)、側
쪽지	紙片(短冊)
쯤	くらい、ころ
찌개	チゲ、鍋料理
찌다	蒸す
찍다	撮る
찜질방	韓国式サウナ

ㅊ

차	お茶
차	車、自動車
차갑다	冷たい
차다	冷たい
차례	茶礼(祭祀)
차례	順序、順番
차리다	身なりを整える
차이	差異、差、違い
차이점	違い、差異点
착각하다	錯覚する
착잡하다	気持ちが乱れる
찬물	冷や水、冷たい水
참	とても
참다	耐える、我慢する
찹쌀떡	チャプサルトック餅
찻집	喫茶店
창구	窓口
창문	窓
창밖	窓外
찾다	探す、調べる、おろす
찾아가다	訪ねる
찾아오다	訪ねてくる
채식주의자	ベジタリアン
책방	本屋、書店
책상	机、デスク
책임	責任
책임지다	責任を負う
책장	本棚
처음	最初、初めて
천	千
천적	天敵
천천히	ゆっくり(と)
철쭉제	ツツジ祭り
첫 출근	初出勤
첫날	初日

첫째 1番目
청각 聴覚
청개구리 青ガエル
청국장 納豆チゲ
청소 掃除、清掃
청소년 青少年
청하다 求める、請う
체력 体力
체험 体験
초 ～秒
초급 初級
초등학교 小学校
초록색 薄緑色
초보 운전 初心運転
총각김치 チョンガキムチ
최고 最高
최신 最新
추석 秋夕
축구 サッカー
축제 祭り、祝祭
축하하다 祝う
출구 出口
출근하다 出勤する
출발하다 出発する
출산 出産
출신 出身、～生まれ
출장 出張
출퇴근 出退勤
춤 踊り、ダンス
춥다 寒い
충동구매 衝動買い
충분히 十分に
취미 趣味
취소되다 取り消しになる
취소하다 取り消す、中止する
취업률 就業率
취직하다 就職する
취향 趣向
층 階
치다 たたく、打つ、弾く
치료하다 治療する
치마 チマ、スカート
치우다 片づける
친절하다 親切だ
친척 親戚
친하다 親しい
칭찬 賞賛、ほめること

ㅋ

카네이션 カーネーション
카드 カード
카드 게임 カードゲーム
카메라 カメラ
카페 カフェ
칼 ナイフ、刃物
칼슘 カルシウム
칼질 包丁さばき
캄캄하다 真っ暗だ
커피 コーヒー
커피숍 コーヒーショップ
커피잔 コーヒーカップ
컴퓨터 コンピュータ
컵 カップ
케이크 ケーキ
케이티엑스 KTX
켜다 点ける
코 鼻
코미디 コメディー
콘서트 コンサート
콜라 コーラ
콧노래 鼻歌
콧물 鼻水
콩 豆
크다 大きい、(背が)高い
크림 クリーム
큰길 大通り
키 身長、背

ㅌ ㅍ

타다 乗る
타월 タオル
탁구 卓球
탑 塔
탓에 ～せいで
태권도 テコンドー
태어나다 生まれる
택시를 잡다 タクシーを拾う
터널 トンネル
토요일 土曜日
통 全然
통장 通帳
통제되다 統制される
통틀다 ひっくるめる
통하다 通じる
퇴근 退勤
퇴근하다 退勤する
특별하다 特別だ
특히 特に
틀다 つける、まわす
틀리다 間違う
티브이 テレビ
티셔츠 Tシャツ
티켓 チケット
팀 チーム
파 ネギ
파괴되다 破壊される
파다 掘る
파도 波、波濤
파란색 青色
파랗다 青い
파일 ファイル
팔 腕
팔꿈치 ひじ
팔다 売る
팥 あずき
팩스 ファックス
퍼센트 パーセント
편 ほう
편리하다 便利だ
편리해지다 便利になる
편안하다 楽だ、安らかだ
편의점 コンビニ
편지(하) 手紙
편찮다 具合が悪い
편하다 楽だ
평가하다 評価する
평생 一生、生涯
평소 平素、ふだん
평일 平日
포장하다 包装する
표 切符、チケット
표정 表情
표현 表現
표현하다 表現する
푸르다 青い
푹 ゆったり、ぐっすり
풀다 解く、解消する
풍부하다 豊富だ
풍습 風習
프로그램 プログラム
프린트 プリント
피 血、血液
피곤하다 疲れている
피다 咲く
피하다 避ける
핀잔을 듣다 叱られる
필기도구 筆記道具
필요하다 必要だ

ㅎ

하나 一つ
하늘 天、空
하늘나라 天国
하다 する、と言う
하루 一日
하루 종일 一日中
하룻밤 一晩
하마터면 危うく
하얗다 白い
하지만 しかし、けれども
학기 学期
학년 学年、～年生
학설 学説
학습 学習

한 달	一か月
한 반	同じクラス
한	一つの、いち
한 통	一通
한가운데	真ん中
한가하다	暇だ
한강	漢江
한국말	韓国語
한국팀	韓国チーム
한글	ハングル
한꺼번	一度に
한두	1~2の
한라산	漢拏山
한반도	韓半島
한번	一度
한복	ハンボク(韓服)
한식날	寒食
한여름	真夏
한자	漢字
한잔하다	一杯やる
한턱 내다	おごる
할머니	おばあさん
할아버지	おじいさん
할인	割り引き
함께	一緒に
합격하다	合格する
항구	港
항상	いつも
항아리	甕(かめ)
해	太陽、年
해결되다	解決される
해당되다	該当する
해돋이	日の出
해외 여행	海外旅行
해외	海外
햇곡식	新穀
햇과일	初物の果物
햇볕	日差し
행동	行動
행복	幸福、幸せ
행사	行事、イベント
허리	腰
헌책방	古本屋
헤어지다	別れる
헬스클럽	スポーツクラブ
현금지급기	ATM
현금카드	キャッシュカード
현대	現代
형	兄(弟から見て)
형제	兄弟
호랑이	虎
호박	カボチャ
호텔비	ホテル代
혹	こぶ
혼자	一人、一人で
혼자서	一人で
홈페이지	ホームページ
홍차	紅茶
화를 내다	怒る
화요일	火曜日
화장	化粧
화장실	トイレ
화장지	トイレットペーパー
화창하다	うららかだ
확실하다	確実だ
확인하다	確認する
활동	活動
활약하다	活躍する
활짝	ぱあっと、からっと
황사	黄砂
회	~回
회복	回復
회사	会社
회사원	会社員
회의	会議
회화	会話
횟수	回数
횡단보도	横断歩道
효과	効果
효과적	効果的
후	後、のち
후배	後輩
후보	候補
후회하다	後悔する
훌륭하다	立派だ
훨씬	ずっと、はるかに
휴가	休暇、休み
휴가철	休暇シーズン
휴강	休講
휴대폰	携帯電話
휴일	休日
휴지통	ごみ箱
흐리다	曇る
흔히	よく、多く
흘리다	流す
흥미	興味
흥미롭다	興味深い
희망	希望
흰떡	ヒントック餅
흰머리	白髪
흰색	白色
힘	力
힘들다	大変だ

日韓単語リスト

あ

会う	만나다
赤くなる	빨개지다
秋	가을
開ける	열다
朝	아침
明後日	모레
朝寝坊をする	늦잠을 자다
脚	다리
明日	내일
遊ぶ	놀다
暖かくなる	따뜻해지다
頭	머리
あちら	저쪽
あっちこっち	여기저기
暑い	덥다
集まる	모이다
後	후, 뒤
兄(妹から見ての)	오빠
兄(弟から見て)	형
姉(妹から見ての)	언니
姉(弟から見て)	누나
あの子	저 아이
あの方	저분
危ない	위험하다
甘い	달다
あまりに	너무
雨	비
雨に降られる	비를 맞다
あやまる	사과하다
現れる	나타나다
歩いて行く	걸어가다
歩く	걷다
案内する	안내하다

い

家	집
家に帰る	집에 가다
行く	가다
いくら	얼마, 아무리
医者	의사
意地を張る	고집을 부리다
一生懸命に	열심히
いす	의자
忙しい	바쁘다
忙しすぎる	너무 바쁘다
痛い	아프다
一度	한번
傷む	상하다
市場	시장
いちばん	가장, 제일
一週間	일주일
一緒に	같이, 함께
一杯	한 잔
いつ	언제
いつも	언제나, 늘
いない	없다
犬	개
イベント	행사
今	지금
今頃	지금쯤
妹	여동생
いらっしゃる	계시다
入れる	넣다

う え

上	위
歌	노래
歌う	부르다
美しい	아름답다
海	바다
売る	팔다
嬉しい	반갑다, 기쁘다
運がよい	운이 좋다
運転する	운전하다
運動	운동
絵	그림
映画	영화
映画館	극장, 영화관
英語	영어
駅	역
駅の前	역 앞
鉛筆	연필
得る	얻다

お

多い	많다
大きい	크다
大きな	큰
お母さん	어머니
お金	돈
お客さん	손님
起きる	일어나다
送る	보내다
教える	가르치다
押す	찍다
夫	남편
お父さん	아버지
弟	남동생
お腹	배
お腹が一杯だ	배가 부르다
お腹が空く	배가 고프다
同じだ	같다, 마찬가지다
おばあさん	할머니
面白い	재미있다
おもちゃ	장난감
親, 両親	부모님
終わる	끝나다

か

会社	회사
買う	사다
帰る	돌아가다, 가다
顔	얼굴
かかる	걸리다
書き終える	다 쓰다
書く	쓰다
歌手	가수
風邪	감기
風邪を引く	감기가 들다
家族	가족
価値	가치
悲しい	슬프다
必ず	꼭, 반드시
かなり	꽤
彼女	그녀
かばん	가방
髪	머리
紙	종이
通う	다니다
火曜日	화요일
から	부터, 에서
辛い	맵다
体	몸
借りる	빌리다
彼	그
川	강
渇く	마르다
考え	생각
看護師	간호사
漢字	한사
感じる	느끼다
学年、年生	학년

き く け

木	나무
聞いてみる	물어보다
黄色	노란색
聞く	듣다
危険だ	위험하다
季節	계절
切手	우표
昨日	어제

決まる 정해지다
気持ち 기분
休暇 휴가
今日 오늘
教科書 교과서
教師 교사
教室 교실
去年 작년
着る 입다
切る 자르다
きれいだ 깨끗하다
気を付ける 조심하다
緊張する 긴장하다
金曜日 금요일
牛肉 쇠고기
牛乳 우유
銀行 은행
具合が悪い 아프다
空港 공항
薬 약
果物 과일
靴 구두
靴下 양말
くらい、ころ 쯤
暮らす 살다
繰り返す 반복하다
来る 오다
クレジットカード 신용카드
くれる 주다
景色 경치
経済 경제
結果 결과
結婚する 결혼하다
欠席 결석
月曜日 월요일
現金 현금
喧嘩する 싸우다
健康 건강

こ

コーヒー 커피
公園 공원
合格する 합격하다
高校生 고등학생
行動する 행동하다
声 소리,말
故郷 고향
こちら 이쪽
今年 올해
子供 아이
個人的 개인적
言葉 말
子供 아이
この 이
この頃 요즘
この方 이분
好む 좋아하다
これから 앞으로
今回 이번
今週 이번주
こんなに 이렇게
コンビニ 편의점
午後 오후
午前 오전
ご飯 밥

さ し

最近 요즘
最初 처음
最善 최선
探す 찾다
先に 먼저
咲く 피다
作品 작품
昨夜 어젯밤
酒 술
差し上げる 드리다
さっき 아까
砂糖 설탕
さらに 더, 더욱
触る 만지다
三杯 세 잔
散歩する 산책하다
雑誌 잡지
塩 소금
しかし 하지만, 그러나
試験 시험
仕事 일
指示 지시
市場 시장
静かだ 조용하다
静かに 조용히
親しい 친하다
次第だ 나름이다
湿度 습도
市内 시내, 전부
死ぬ 죽다
閉める 닫다
写真 사진
社長 사장
就職する 취직하다
週末 주말
宿題 숙제
出発する 출발하다
出版される 출판되다
趣味 취미
紹介 소개
奨学金 장학금
小学校 초등학교
賞をもらう 상을 받다, 타다
食事 식사
食卓 식탁
食堂 식당
しょっぱい 짜다
使用する 사용하다
知らない 모르다
資料 자료
信じる 믿다
身長、背 키
新聞 신문
次回 다음 번
時間 시간
辞書 사전
時代 때, 시절, 시대
実力 실력
自転車 자전거
自分 자기
事務室 사무실
住所 주소
渋滞する 막히다
授業 수업
授業料 수업료
重要だ 중요하다
準備 준비
上手だ 잘하다
情報 정보

す

水曜日 수요일
スカート 치마
好きだ 좋아하다
過ぎる 지나다
空く(腹) 고프다
すぐ 곧, 금방
すぐ隣 옆
少し 조금, 좀
少しずつ 조금씩
過ごす 지내다
ずっと 죽
すばやく 신속히, 빨리다
すべて、全部
すまない 미안하다
住む 살다
する 하다
座る 앉다
ズボン 바지

せ そ

背、身長 키
性格 성격
成績 성적
背が高い 키가 크다
狭い 좁다
先週 지난주
先生 선생님

洗濯　빨래
先輩　선배
全部　전부, 다, 모두
全部で　모두
相談　상담
そして　그리고
卒業　졸업
卒業式　졸업식
卒業する　졸업하다
外　밖
その方　그분
その日　그날
そのまま　그냥, 그대로
それで　그래서
そんな　그런
そんなに　그렇게

た

大会　대회
高い(背)　크다
高い　높다
高い(値段)　비싸다
たかくなる　높아지다
たくさん　많이
ただ　그냥, 그저
立つ　서다
経つ　지나다
建物　건물
度々　자주
多分　아마
食べ物　음식
食べる　먹다
たりない　부족하다
誕生日　생일
担当者　담당자
大学時代　대학 때
大学生　대학생
大根　무
大丈夫だ　괜찮다
大体　대개
誰　누구
誰が　누가
誰でも　누구나
誰も　아무도

ち つ

小さい　작다
近い　가깝다
近く　근처
地下鉄　지하철
違い　차이
違う　다르다
遅刻する　지각하다
父　아버지
中学校　중학교
昼食　점심
中止　중지
注文する　시키다
朝食　아침
貯金　저금
ちょっと　조금, 좀, 잠깐
ちょっとずつ　잠깐씩
使う　사용하다
机　책상
尽くす　다하다
作る　만들다
常に　늘

て と

手紙　편지
手伝ってあげる　도와주다
テレビ　텔레비전
点　점
天気　날씨
展示会　전시회
では　그럼
デパート　백화점
でも　그래도
寺　절
テレビ　텔레비전
電車　전철
電話　전화
電話に出る　전화를 받다
トイレ　화장실
当然だ　당연하다
到着する　도착하다
動物　동물
遠い　멀다
時　때
解く　풀다
時計　시계
どこか　어디
ところ　곳
歳、年齢　나이
図書館　도서관
とても　아주, 무척
隣、側、横　옆
努力する　노력하다
撮る　찍다
ドア、門、扉　문
どうだ　어떻다
道路　길
どこ　어디
どのくらい　얼마나
どのように　어떻게
土曜日　토요일
ドラマ　드라마

な に

ない、いない　없다
治る　낫다
中　안, 속
仲良く　사이좋게
長い　길다
泣く　울다
無くす　잃어버리다
夏　여름
何　무엇, 뭐
何曜日　무슨 요일
何を　뭘
名前　이름
なる　되다
何月　몇 월
何歳　몇 살
何時　몇 시
何時頃　몇 시쯤
何でも　아무거나, 뭐든지
何度も　자꾸, 여러번
何日　며칠
何の　무슨
何分　몇 분
日本人　일본 사람
に比べて　에 비해서
日曜日　일요일
日本語　일본어
入学する　입학하다

ね の

猫　고양이
値段　값
眠たい　졸리다
寝る　자다
年生　학년
年齢　나이
農村　농촌
述べる　말하다
のど　목
飲む　마시다
乗る　타다

は

杯　산
入ってくる　들어오다
俳優　배우
はかどる　잘 되다
履く　신다
白菜　배추
初めて　처음
働く　일하다
発音　발음
発揮する　발휘하다
発表する　발표하다
花　꽃
話　이야기, 말
母　어머니, 엄마

早く	빨리, 일찍
流行る	유행하다
腹	배
貼る	붙이다
春休み	봄방학
判子	도장
半、半分	반
反対する	반대하다
番号	번호
パン	빵
パン屋	빵집

ひ ふ

日	날
低い(背)	작다
飛行機	비행기
久しぶりに	오래간만에
人	사람
ひどい	심하다
一言	한마디
一人	혼자
一人で	혼자서
非難される	욕을 먹다
表現する	표현하다
ひょっとしたら	어쩌면
開かれる	열리다
開く	열다
昼	낮
昼寝をする	낮잠을 자다
ビール	맥주
ビビンバ	비빔밥
病院	병원
美容室	미용실
風に	식으로
不快指数	불쾌지수
服	옷
二つ	둘
二日	이틀
不便だ	불편하다
冬	겨울
降る	오다
風呂に入る	목욕을 하다
プレゼント	선물

へ ほ

平均	평균
部屋	방
部屋を探す	방을 구하다
勉強	공부
勉強する	공부하다
報告する	보고
報告書	보고서
欲しい	갖고 싶다
ほとんど	거의
本	책
本当に	정말
本屋	책방
ボール投げ	공던지기

ま み

毎朝	매일아침
毎日	매일
前	앞
前もって	미리
まじめだ	성실하다
まだ	아직
町	동네
間違いなく	틀림없이
待つ	기다리다
まで	까지
窓	창문
まともに	제대로
学ぶ、習う	배우다
まもなく	곧
回って行く	돌아가다
漫画	만화
見える	보이다
短い	짧다
水	물
水遊び	물놀이
店	가게
味噌汁	된장국
道	길
みな	모두
見る	보다
民謡	민요
メモ	메모
元々	원래
もの	것
もらう	받다
問題	문제

む め も

息子	아들
難しい	어렵다
胸が痛む	가슴, 아프다
メール	메일
眼鏡	안경
召し上がる	드시다
免許を取る	면허를 따다
も	도
もう	벌써
もう少し	좀더
木曜日	목요일
もっと	더
もの、こと	것
もらう	받다
門	문
問題	문제

や ゆ よ

焼肉	불고기
野球	야구
約束	약속
易しい	쉽다
やすい	싸다
休む	쉬다
薬局	약국
山	산
やめる	끊다
夕方	저녁
夕食	저녁
郵便局	우체국
雪	눈
雪だるま	눈사람
良い	좋다, 괜찮다
よく	잘, 자주
予習	예습
読む	읽다
選り好む	가리다
夜	밤
喜ぶ	좋아하다

ら り れ

来週	다음주
流行する	유행하다
両親、親	부모님
料理	요리
旅行	여행
リンゴ	사과
冷麺	냉면
練習する	연습하다
連絡する	연락하다
論文	논문

わ を

わかめスープ	미역국
忘れる	잊다
渡る	건너다
悪い	나쁘다

李昌圭
武蔵野大学名誉教授

やさしく仕組みがわかる
韓国語中級Ⅲ講義ノート

2017 年　3 月　30 日　初版発行
2024 年　9 月　30 日　6刷発行

著　者　李 昌 圭
発行者　佐藤和幸
発行所　株式会社　白帝社
〒171-0014 東京都豊島区池袋 2-65-1
電話 03-3986-3271　FAX 03-3986-3272
https://www.hakuteisha.co.jp
組版　　崔 貞 姫
印刷・製本　大倉印刷

表紙デザイン　トミタ制作室
本文イラスト　劉隆年／崔貞姫

Printed in Japan〈検印省略〉　ISBN978-4-86398-211-6
＊定価は表紙に表示してあります。